Jakob Thomä

Der KILL SCORE

**Auf den Spuren
unseres ökologischen und
sozialen Fußabdrucks**

KLETT-COTTA

Klett-Cotta

www.klett-cotta.de

© 2022 by J. G. Cotta'sche Buchhandlung Nachfolger GmbH,
gegr. 1659, Stuttgart

Alle Rechte vorbehalten

Cover: Rothfos & Gabler, Hamburg

unter Verwendung einer Abbildung von © Shutterstock/studiostoks

Gesetzt von Dörlemann Satz, Lemförde

Gedruckt und gebunden von GGP Media GmbH, Pößneck

ISBN 978-3-608-96593-3

E-Book ISBN 978-3-608-11927-5

Bibliografische Information der Deutschen Nationalbibliothek

Die Deutsche Nationalbibliothek verzeichnet diese Publikation in der
Deutschen Nationalbibliografie; detaillierte bibliografische Daten
sind im Internet über http://dnb.d-nb.de abrufbar.

INHALT

»Es gibt zwei Arten zu töten: eine, die man frei-weg mit dem Verb ›töten‹ bezeichnet; die andere, diejenige, die gewöhnlich hinter dem zartfühlen-den Euphemismus mitschwingt: ›das Leben un-möglich machen‹. Das ist die Art von Mord, die, langsam und insgeheim, eine Menge unsichtba-rer Komplizen ausführt. Es ist ein Autodafé (Ur-teilsvollstreckung) ohne *coroza* (Büßermütze) und ohne Flammen, das von einer Inquisition ohne Richter und Urteilsspruch verübt wird.«

EUGENI D'ORS, *DAS LEBEN GOYAS* (1928)

»Think'st thou existence doth depend on time? It doth; but actions are our epochs.«

»Denkst du, Dasein hängt von Zeit ab? Wohl! Doch Taten sind Epochen.«

GEORGE GORDON LORD BYRON, *MANFRED* (1817)

VORBEMERKUNG

GENDERN. Dieses Buch beschreibt viele Akteure. Leider gibt die deutsche Sprache diese nicht in gleicher Eleganz wie andere Sprachen genderneutral wieder. Ich bin nicht sonderlich daran interessiert, diese Akteure alle in männlicher Farbe zu zeichnen. Allerdings ist ein Ausschreiben mit Sternchen oder »Leser und Leserinnen«, zumindest in einer Detektivgeschichte, wie ich sie schreiben möchte, für viele anstrengend, irritierend im Lesefluss. Deshalb wähle ich hier eine unorthodoxe Variante: Ich würfle. Mal sind es Verkäufer, mal ist es eine Politikwissenschaftlerin, mal sind es Verbraucher, mal ist es eine Fließbandarbeiterin.

LITERATURVERZEICHNIS. Die Urheberinnen aller wichtigen Zahlen, Fakten und Zitate werden im Text erwähnt. Um den Lesefluss nicht zu sehr zu stören, werden jedoch nicht alle Quellen direkt angegeben. Stattdessen sind sie im Literaturverzeichnis entsprechend der Reihenfolge ihrer Verwendung im Text aufgeführt. Dass bewusst keine peniblen akademischen Verweise angebracht werden, mag die Quellensuche hier und dort etwas mühsamer machen, dient aber dem Fluss der Geschichte.

ZAHLEN & FAKTEN. Kill Score, der Titel dieses Buches ist Programm. Zwar handelt es sich bei diesem Buch um eine Detektivgeschichte, aber dennoch wird viel gezählt und vermessen. Unweigerlich tauchen im Laufe der Recherchen Studien mit unterschiedlichen Antworten auf dieselbe Frage auf. Ich versuche, dieser Meinungsvielfalt Rechnung zu tragen, ohne dabei jede Umdrehung und jedes Detail zu berücksichtigen. Dies würde den Rahmen dieser Erzählung sprengen. Dort, wo Meinungsunterschiede besonderes groß sind, habe ich diese ausgeführt oder Anmerkungen hinzugefügt. Aber es werden nicht bei jeder Zahl die sogenannten Konfidenzintervalle ergänzt. Interessierte Leserinnen und Leser können diese in den Originalquellen auffinden.

TEIL 1

EIN NEUER FALL

1.

ÖKOS UND ERBSENZÄHLER

Ökos. An sie denken viele Menschen beim Thema Nachhaltigkeit. Der Öko hat es sogar in den Duden geschafft – für die einen ein Ehrenabzeichen, für andere eine Beleidigung. Klischees halten sich hartnäckig. Hinter der herablassenden Rede vom Öko steckt die Annahme, dass Nachhaltigkeit etwas Weiches sei – eine Parallelwelt für diejenigen, die den harten Fakten des wirtschaftlichen und sozialen Lebens nicht gewachsen sind, für Utopisten, denen Pandas mehr am Herzen liegen als Menschen, oder für Umweltschützer, die sich an Bäume ketten oder sie »umarmen«. Das englische Pendant zum Öko ist der *tree hugger*. Der »Baumumarmer«.

Solche Ressentiments sind lagerübergreifend. Ein Teil der politischen Rechten hält Umweltschützer für gescheiterte Politikwissenschaftler, die unfähig oder unwillig sind, die Wunder und das Diktat des freien Marktes zu schätzen. Ein Teil der Linken wiederum lästert über Kunststudentinnen aus bildungsbürgerlichen Familien, die Avocado-Smoothies trinken, im Berliner Stadtteil Prenzlauer Berg wohnen und mit ihrem Umweltaktivismus die Fließbandarbeiterin, den Edeka-Verkäufer und den Klassenkampf insgesamt verraten. Dank der linken Politikerin Sahra Wagenknecht hat dieses Stereotyp nun auch einen Namen: »Lifestyle-Linke«.

Die Warnung vor der Klimakatastrophe ist im Bewusstsein der meisten Menschen angekommen, doch an ihr hängt immer noch die Parole »Rettet den Planeten« – also nicht die Menschen, sondern eben den Planeten.

Ökos. Man spürt auch beim zweiten Lesen die mitschwingende Herablassung.

Noch ein zweites »Schimpfwort« macht die Runde, das *yin* zum *yang* namens Öko. Ich arbeite seit zehn Jahren zum Thema Nachhaltigkeit, und dort, wo ich sitze, sehe ich nur selten Ökos. In meiner Welt leben die Erbsenzählerinnen. Wie für Neo im Film *Matrix* besteht für sie die Welt ausschließlich aus grünen Zahlen. Sie arbeiten mit Abstraktionen oder Modellen, die wie die Schatten in Platons Höhle einen dürftigen Abklatsch der gelebten Wirklichkeit darstellen. Ihre Antwort auf die atemberaubende Schönheit, Kraft und Macht der Natur ist es, sie zu ordnen, zu zählen, zu katalogisieren.

Ökos oder Erbsenzählerinnen bevölkern die Nachhaltigkeitswelt, so zumindest die Wahrnehmung, zwei Extreme, eines in der Welt der Natur, eines in der Welt der Zahlen. Beide jedoch nicht in der Welt des öffentlichen Raums und beide nicht in der Lage, in uns das Feuer für das wichtigste Thema des 21. Jahrhunderts zu entfachen.

Wir sind entweder Ökos, denen zwar – so das Klischee – der Planet am Herzen liegt, nicht aber die Menschen, die auf ihm leben. Die, wenn sie ehrlich zu sich sind, weder von den »wichtigen Menschen«, also Entscheidungsträgerinnen aus

Politik und Wirtschaft, noch von der breiten Öffentlichkeit ernst genommen werden.

Oder wir sind Erbsenzählerinnen, die nach den Worten des Philosophen Walter Benjamin in den »Eiswüsten der Abstraktion« leben und sich über Energieeffizienzstandards streiten, während die Mitwelt und die Mitmenschen um sie herum Tag für Tag existenzielle Sorgen bedrücken.

Ich selbst bin ein Erbsenzähler. Meine Arbeit – und die anderer Erbsenzähler – läuft darauf hinaus, Flora, Fauna und Lebenswelt in eine Zahlenstruktur zu übersetzen, die aus Treibhausgasemissionen, Biodiversitätsleistungsindikatoren oder Naturkapitalwerten besteht. Uns Erbsenzählern geht es darum, wirtschaftliche Argumente für Nachhaltigkeit zu liefern oder, wo dies scheitert, Zahlen als Hammer zu verwenden, um den moralischen Imperativ des Handelns ins Gewissen der Menschen zu nageln.

Wir Erbsenzähler verleben unsere Tage in zu hell oder zu schwach beleuchteten Konferenzsälen in Hauptstädten und Finanzzentren. In einem dieser Säle, an einem eisigen Januartag 2018 in Frankfurt am Main, entstand die Idee für dieses Buch. Ich war eingeladen, einen Vortrag über eine Finanzinnovation zu halten, die im Begriff war, die europäischen Märkte im Sturm zu erobern – grüne Anleihen oder Green Bonds. Dabei handelt es sich um Kredite, die Unternehmen, Finanzinstitute und Regierungen aufnehmen, um ihr grünes Image aufzupolieren und – zumindest theoretisch – Geld für grüne Projekte zu sammeln. Dieses Instrument hatte es bereits auf die Titelseiten der etablierten Wirtschaftsmagazine und Tageszeitungen geschafft. Nur wenige Monate zuvor hatte die Commerzbank ihre erste grüne Anleihe gezeichnet. Politische Entscheidungsträgerinnen sprangen auf den Zug auf, Regierungen gaben grüne Staatsanleihen aus, und Branchenfachleute versuchten, Standards für dieses Instrument zu entwickeln. Die Bundesregierung sollte zwei Jahre später nachziehen, mit dem ersten »grünen Bundeswertpapier«.

Schnell wurde die Debatte im Saal hitzig. Sollte Atomkraft als grüne Energiequelle gelten?[1] Jemand aus dem Publikum erwähnte ein Beispiel aus den USA, wo eine solche Anleihe Solarpaneele finanziert habe, die ausgerechnet auf einem Parkhaus installiert worden seien. Dreist! Andere wiederum fragten, ob die Berichtspflichten der Anleger transparent genug seien und ob man sicher sein könne, dass tatsächlich grüne Investitionen getätigt würden. Eigentlich hatte das Gespräch für die kleine Gemeinschaft der Erbsenzählerinnen, die sich an diesem Nachmittag versammelt hatte, nichts Anrüchiges. Als ich jedoch die Konferenz verließ, um in mein anonymes Hotelzimmer zurückzukehren und den Abend damit zu verbringen, E-Mails zu schreiben, um dann welche zurückzubekommen, war es nicht nur die kalte Januarluft, die mich meinen Schal enger ziehen ließ. Es waren auch die Eiswüsten Walter Benjamins, die ich gerade durchquert hatte. *Wer,* so fragte ich mich, *soll, wer kann dies alles verstehen?*

Ein paar Monate später hatte ich die Chance, diese Frage zu beantworten. Wir bauten gerade die MeinFairMögen-Plattform auf, die Kleinanlegerinnen dabei hilft, Nachhaltigkeit in ihre Anlagen zu integrieren. Teil unserer Arbeit damals war es, Umfragen durchzuführen, um besser zu verstehen, wie unsere Zielgruppe beim Thema »Nachhaltigkeit und Finanzen« tickte. In letzter Minute mogelte ich dem Umfrageteam noch eine relativ banale Frage unter: »Was ist eine grüne Anleihe?« Ich wusste ja die Antwort, durfte immerhin über das Instrument referieren, aber was denken die Leute darüber? Wie weit klaffen die Realität des Erbsenzählers und die gelebte Wirklichkeit auseinander?

Vielleicht zuerst ein Exkurs darüber, was eine grüne Anleihe *nicht* ist. So muss man, um eine grüne Anleihe auf den Markt zu bringen, kein »grünes Unternehmen« (oder Finanzinstitut) sein. Man muss sich auch nicht verpflichten, irgendwann ein vollständig »grünes Unternehmen« zu werden. Mehr noch, es ist ebensowenig verpflichtend, überhaupt grüner oder klimafreundlicher zu werden. Man kann seinen CO_2-Fußabdruck um 1000 Prozent erhöhen und trotzdem eine grüne Anleihe ausgeben. Es genügt voll und ganz, grüne Aktivitäten zu betreiben, die man in der Anleihe bündeln kann. Die gesammelten Gelder darf man jedoch nur für die grünen Geschäftsbereiche verwenden (und muss dann allenfalls klären, wie Sonnenkollektoren auf Parkhäusern oder Atomkraftwerke zu bewerten sind).

Wenn klar ist, wie die Sache läuft, wie können Probleme überhaupt entstehen? Probleme kommen dann auf, wenn sich 90 Prozent der 2000 Personen, die auf meine banale Frage antworteten, unter einer grünen Anleihe etwas anderes vorstellen. Sie waren mit dem Konzept nicht einverstanden, dass man eine grüne Anleihe emittieren kann, ohne grüner werden zu müssen. Ein bisschen Konfusion hatte ich erwartet. Aber nicht das! Nicht 90 Prozent! Ich hatte einen Vortrag über grüne Anleihen gehalten, Nachhaltigkeitsstandards verhandelt, aber den Kern der Wahrheit verschwiegen: Niemand versteht uns. Und wer uns doch versteht, glaubt uns nicht.

Dies ist nur ein kleines Beispiel für ein großes Problem: das PR-Desaster namens »Nachhaltigkeit«. Die traurige Wahrheit ist, dass ich meist eine Sprache gesprochen habe, die außerhalb meines Zirkels kaum jemand verstanden hat. Ich bin Teil des Problems, musizierend schaue ich Rom beim Brennen zu.

Dass Experten in ihren Elfenbeintürmen sich amüsieren, weltfremd miteinander musizieren, kann zu der Ansicht verleiten, so sei die Welt nun einmal. Das hat schon seine Ordnung.

Aber *in* Ordnung ist das nicht! Denn Experten müssen die Menschen überzeugen. Und hier kommt es auf die Kommunikation an, die Klarheit der Gedanken und Botschaften. Wir müssen die emotionale Sprache ebenso beherrschen wie Fachsprachen. Baumumarmer sollten lernen, ihre Emotionen zu strukturieren; Erbsenzähler müssen ihre Abneigung gegen das Ungefähre und Vage der Emotionen überwinden. Denn nur wenn wir überzeugt sind und das sichere Gefühl haben, die richtigen Entscheidungen gefällt zu haben, werden wir die eigentliche Aufgabe meistern: den Klimawandel begrenzen oder umkehren, die Ökologie der Welt bewahren und dadurch uns selbst schützen. Wir retten uns und die Welt nur gemeinsam und gleichzeitig – oder wir scheitern alle. Nirgends ist das PR-Problem sichtbarer als in der Klimaforschung. Man nehme nur das Wort »Klimawandel«. Soll ich mich vor einem »Wandel« tatsächlich fürchten, den man eher mit einem erholsamen Sonntagsspaziergang als mit einer todbringenden Lawine verbindet? Ist die Aussicht auf einen Klimawandel erschütternd, wenn doch die meisten beim Klima ans Wetter denken, das sich sowieso jeden Tag ändert? Beunruhigt uns ein Temperaturanstieg von 2 °C, obwohl wir nicht einmal die Raumtemperatur richtig einschätzen können?

Ich möchte nicht nur schwarzmalen. Es gibt Lichtblicke, denn viele haben das Problem erkannt. Medien wie der englische *Guardian* ersetzen inzwischen das Wort »Klimawandel« durch »Klimakrise«. Das klingt dramatischer. Den Panda, das Wappentier des WWF, kennt fast jeder, und er schafft es an Flughäfen regelmäßig, die unterernährten Kinder der UNICEF-Werbung zu schlagen, wenn es um Spenden geht. Fürchterliche, schockierende Überflutungsbilder wirken intensiv. Große gemeinnützige Organisationen nutzen solche medialen Inszenierungen, um uns davon zu überzeugen, ihnen unser Geld zu geben, unseren Konsum zu reduzieren oder endlich politisch aktiv zu werden. Aber das sind Einzelfälle. Die Meinungsmacherinnen, die Stimmen, unser gesellschaftliches Gewissen – geprägt wird es von Ökos und Erbsenzählerinnen.

2007 gründete der amerikanische Umweltschützer Bill McKibben mit einer Gruppe von Studierenden des liberalen Middlebury College in Vermont eine Organisation namens 350.org. Der Name geht zurück auf den NASA-Klimawissenschaftler James Hansen. Hansen und seine Kolleginnen kamen zu dem Schluss, dass die CO_2-Konzentration in der Atmosphäre so lange unschädlich ist, wie sie die Obergrenze von 350 Teilen pro Million (ppm) nicht überschreitet. 350.org – das klingt fast so gut wie 360 Grad. Der Name eines meiner Lieblingsrestaurants in Istanbul. Jede Klimakämpferin kann inzwischen nur nostalgisch auf diese Zahl blicken, seit Jahren schon haben wir sie in den Rückspiegel verbannt, die CO_2-Konzentration hat inzwischen längst 400 ppm überschritten.

McKibben und seine Studenten nannten sich also 350.org. Probieren wir, diesen Namen etwas plastischer darzustellen. Unsere moderne Lebensgrundlage soll also davon abhängen, von 1 000 000 Murmeln nicht mehr als 350 (oder 400) anzumalen. Schon 550 hätten dramatische Folgen. Aber wer kann solche Nuancen nachvollziehen? Zwar ist 350.org inzwischen als NGO recht erfolgreich, doch der Name ist ein Hinweis darauf, dass große Teile der Debatte über Nachhaltigkeit in einer Parallelwelt stattfinden.

Im Großen wie im Kleinen. Wenn ich zugäbe, durch meine Ernährung jährlich 1500 Kilogramm Kohlenstoffdioxid auszustoßen, würde ich wahrscheinlich in viele verdutzte Gesichter schauen. Ist das viel? Ist das wenig? Wer kann das schon sagen? Das schmutzige Geheimnis ist, dass die meisten Nachhaltigkeitsexpertinnen dies auch nicht wissen (mehr, als es sein sollte, der Durchschnitt liegt nur knapp darüber bei 1690 Kilogramm).

Oder nehmen wir den Fußabdruck Deutschlands, 762 Millionen Tonnen Treibhausgasemissionen im Jahr 2021. Das klingt nach viel, ausgeschrieben sind das 762 000 000. Aber was bedeutet das? Welche Wirkung auf das Klima und unsere Umwelt haben 762 Millionen Tonnen? In dieser globalen Auseinandersetzung leiden Zahlen an Bedeutungsverlust. Sie werden erhoben, aber nicht zur Kenntnis genommen, nicht verstanden.

Die These, Erbsenzählerinnen und Ökos hätten ein PR-Problem, ist nicht sonderlich spektakulär. Aber der Ursprung dieses Problems ist etwas schwieriger zu lokalisieren. Ein Faktor ist sicherlich, dass wir Erbsenzählerinnen meinen, mit unseren Daten und Analysen das Problem beheben zu können. Allzu oft sind es jedoch genau unsere Schaufeln, die

die Wahrheit unter dem Staub unserer Analyse begraben, sie förmlich ersticken mit Fußnoten, Klammern, Nuancen, Wenn-dann und Aber-sonst und Potenzialitäten und Fragezeichen und Schlaubergerdefinitionen und »Konzepten« und »Frameworks« und »Principles«.

Es schaudert mich, wenn ich heute an das erste Nachhaltigkeitsmodell zurückdenke, das ich 2015 mit meinem Team gebaut habe, um Finanzportfolios auf die Einhaltung von Klimazielen zu überprüfen – das PACTA-Modell. Den Investoren, die unser Modell benutzten, lieferten wir 300 000 Datenpunkte pro Portfolio. Wer würde jemals Zeit finden, diese Details durchzusehen oder gar zu verstehen? Im Nachhinein kommt es mir verrückt vor, solche Ergebnisse erarbeitet zu haben. Die traurige Wahrheit ist, dass ich auf sie damals stolz war.[2]

In präzisen Kennzahlen spiegelt sich die Komplexität der Welt, sie ist in ihrer Vielfalt nicht einfach reduzierbar, wenn man sie akkurat darstellen will. Das hilft aber nicht bei der PR. Beim Klimawandel ist das PR-Thema besonders ausgeprägt, aber es existiert auch andernorts. Im Bereich der Arbeitssicherheit wird zum Beispiel unterschieden zwischen TRCF (*Total Recordable Case Frequency*) und LTIFR (*Lost Time Injury Frequency Rate*). Unter dem ersten Begriff, der die Zahl der Unfälle bezeichnet, mag man sich noch etwas vorstellen, aber mit dem zweiten Begriff wird seltsamerweise nur gemessen, wie sehr ein Unternehmen unter der Abwesenheit eines verletzten Mitarbeiters oder einer verletzten Mitarbeiterin gelitten hat. Die eigentliche Verletzung rückt in den Hintergrund.

Nachhaltigkeit ist komplex. Auch ihre Erfassung – aber das ist nicht neu. Darin verbirgt sich jedoch ein gewaltiges

Problem. Wie können wir sozialen Wandel erwarten, wenn niemand versteht, wann viel *viel* und wenig *wenig* ist?

Unsere Umfrage zu grünen Anleihen führte mir diese Wahrheit schonungslos vor Augen: Fast genau ein Jahr nach meinen eisigen Irrwegen in Frankfurt schickte mir ein Kollege und Freund eine SMS mit dem Link zu einem Artikel von Richard Parncutt, seit 2009 Direktor des Zentrums für Systematische Musikwissenschaft in Graz. In seinem Artikel errechnete er – eigener Aussage zufolge – in einer »semiquantitativen« Prognose, wie viele Tonnen CO_2 benötigt werden, um einen Menschen zu töten.[3] Sein Text wurde 2019 in einer psychologischen Zeitschrift veröffentlicht. Es mag kurios sein, dass ein Musikwissenschaftler in einer psychologischen Zeitschrift über die tödlichen Folgen des Klimawandels schreibt. Parncutt traf bei mir jedoch einen Nerv.

Wenn wir messen können, wie viele Tonnen CO_2 einen Klimatoten verursachen, dann können wir einen Kill Score berechnen. Mein Erbsenzählergehirn fing sofort an zu rattern. Hier war ein Nachhaltigkeitsindikator, der nicht 300 000 Datenfelder brauchte oder seitenlange Erläuterungen zu Methoden und Indikatoren oder Bilder von niedlichen Pandas und Bäumen. Der Kill Score fängt nicht nur unsere Aufmerksamkeit ein, sondern fesselt sie auch. Ich konnte tagelang an nichts anderes denken.

Das Problem war nur, dass Parncutt die Geschichte nicht zu Ende gerechnet hatte. Wer waren die Täter, wer die Opfer? Warum sprach er nur über Verbraucherinnen? Was war mit den Finanzinstituten und ihren grünen Anleihen sowie mit den Unternehmen? Und wieso beschränkte er sich auf den Klimawandel? Ein Kill Score bleibt unvollständig, wenn nicht alle Tatorte geprüft und alle Opfer gezählt sind.

Also begann ich zu suchen. Und fand: Ein sechsjähriger Junge in Japan stirbt an einem Hitzschlag, ausgelöst durch extrem hohe, vom Klimawandel beeinflusste Temperaturen. Ein junger Mann in Accra, der Hauptstadt von Ghana, fällt den giftigen Dämpfen aus verbranntem Plastik und Elektroschrott zum Opfer. Moritz Erhardt stirbt in der City of London, nachdem er drei Tage und drei Nächte durchgearbeitet hat. 19 Menschen hängen tot an einer Brücke in Mexiko, Opfer von Bandenkriegen. Molly Russell, eine junge Britin, wird von den sozialen Medien in den Selbstmord getrieben.

Als ich auf diese Toten stieß, fand ich auch etwas über mich selbst heraus. Ich hatte meine berufliche Karriere dem Versuch gewidmet, die Welt nachhaltiger zu machen, redete dabei aber die ganze Zeit nicht von Menschen und deren Geschichten. Ich las Artikel über Bäume, Wildtiere, Korallenriffe und studierte (und entwickelte) Statistiken zu den ökonomischen und finanziellen Konsequenzen des Artensterbens und der Umweltverschmutzung. Aber die Menschen hatte ich irgendwie aus den Augen verloren.

Natürlich geht es bei der Nachhaltigkeit nicht nur um uns Menschen – und auch nicht nur um niedliche Pandas. Der menschengemachte Ökozid ist ein Horror unvorstellbaren Ausmaßes. Schätzungen zufolge sterben jährlich Millionen Lebewesen, weil ihnen der Plastikmüll zum Verhängnis wird.[4] Darüber nachzudenken, sprengt unsere Vorstellungskraft. Dieses Buch soll in keiner Weise den Horror verneinen oder gar kaschieren. Aber wenn wir ehrlich sind, ist das Problem doch nicht, dass wir bei Nachhaltigkeit zu wenig über Tiere nachdenken. Das Problem ist, dass wir zu wenig über uns nachdenken.

Hier kommt der Tod ins Spiel, der für einen »gut vorbereiteten Geist«, wie es Albus Dumbledore Harry Potter verspricht, »nur das nächste große Abenteuer« ist. Das PR-Desaster der Nachhaltigkeit besteht darin, dass wir eine einfache Tatsache nicht vermitteln können: nämlich, dass wir durch unsere nicht nachhaltigen Konsum-, Produktions- und Investitionsentscheidungen töten.

Diese Einsicht motiviert diese Detektivgeschichte. Für vier Kernbereiche nachhaltigen Lebens, zwei ökologische und zwei soziale, untersucht sie den Kill Score. Sie befasst sich mit *Klimawandel*, *Abfall* und *Abgasen*, modernen *Arbeitsbedingungen*, die uns krank machen, und *anonymem Konsum* und analysiert unseren Einfluss auf das Leben heutiger und künftiger Generationen. Sie dreht sich um Todesfälle, die auf unsere Entscheidungen zurückzuführen sind, aber auch um solche, die Unternehmen und Finanzinstituten zuzuschreiben sind. Und es geht am Schluss noch um einen fünften, uns aus der Geschichte schmerzlich vertrauten Tatort: *Krieg* und *Konflikte*. Welche Rolle dieser vermeintlich fachfremde Tatort in dieser Detektivgeschichte spielt, lösen wir später auf.

Nun, wie viele Menschen tötet man während eines Lebens? Diejenigen, die weder Mörder noch Henker sind, lehnen sich entspannt zurück und rechnen mit einer klaren Antwort: Keinen einzigen. Parncutt kam zu dem Ergebnis, dass ein durchschnittlicher Mensch in den westlichen Industrienationen im Extremszenario durch seinen CO_2-Fußabdruck im Lauf seines Lebens etwa einen anderen Menschen tötet. Einige Schätzungen setzen diese Zahl niedriger an, andere höher.

Widmen wir uns noch einmal kurz dem Fußabdruck

Deutschlands. 762 Millionen Tonnen kann man auf ganz unterschiedliche Weise interpretieren. Zum Beispiel als marginalen Beitrag zum Klimawandel und zum Artensterben, das damit verbunden ist. Oder zum Töten. Gemäß dem Faktor von Parncutt wären das 762 000 zukünftige Klimatote, pro Jahr. Auch bei konservativeren Rechnungen anderer Wissenschaftler landen wir immer noch bei knapp 200 000. Diese Zahl kann jeder verstehen.

Wir sind alle Killer, manche mehr, manche weniger. Durch unsere Konsum-, Produktions- und Investitionsentscheidungen sind wir verantwortlich für »vorzeitige Todesfälle« (ein Konzept, welches wir gleich näher entfalten und prüfen). Eigentlich ist diese Tatsache allgemein bekannt, aber sie wird verdrängt oder weggedrückt wie der unangenehme Anruf eines Ex-Freunds.

Es gibt viele Gründe, dieses Buch beiseitezulegen. Erbsenzählerinnen kommen wahrscheinlich nicht auf ihre Kosten. Zwar spielt hier auch Rechenwerk eine Rolle, aber es ist nicht das einer Erbsenzählerin. Zu eindimensional ist der Kill Score, vereinfachend vielleicht sogar, weil er der Diversität des Schreckens nicht ausreichend Rechnung trägt.

Ebenso unbefriedigend ist das Buch für Ökos. Wer Bäume und Tiere umarmt und mehr über ihr Schicksal erfahren will, wird hier nicht fündig. Vielleicht geht es der einen oder anderen Leserin auch wie einem Freund von mir, der meinte, es komme ihm gar nicht so viel vor, wenn eine einzige Person durch seinen CO_2-Fußabdruck ihr Leben verliere. Wir leben ohnehin in einer Welt, die übervoll ist mit Furcht und Schrecken, Leiden, Schmerz und Tod. Was zählt da schon ein Toter im Tausch für ein schönes Leben?

Das sogenannte Trolley-Problem (im deutschen Sprachraum auch »Weichenstellerfall«) ist inzwischen ein überbemühtes Motiv aus der Wissenschaft. Ein Güterzug rollt entfesselt über die Gleise, die Bremsen sind ausgefallen, und man muss sich entscheiden, den Zug entweder geradeaus fahren zu lassen und dabei fünf Personen zu überrollen oder durch eine Weichenstellung den Zug umzulenken und dadurch nur eine Person zu töten. Die meisten würden sich für die zweite Option entscheiden. Der amerikanische Philosoph Michael Sandel weist uns jedoch darauf hin, dass die Präferenzen sich ändern, wenn man das Problem leicht abändert. Wie würde man entscheiden, wenn man, statt die Weiche zu stellen, einen dicken Mann auf die Gleise werfen müsste, um damit den Zug zum Stehen zu bringen? Bei dieser Sachlage fühlen sich die Befragten sichtlich unwohler. Sie bekommen ein anderes Gefühl von Verantwortung. Zum einen, weil sie sich aktiver einbringen sollen; zum anderen, weil es nicht mehr nur um fünf Personen geht, sondern auch um einen dicken Mann. Unser Opfer hat Konturen bekommen, im wahrsten Sinne des Wortes. Der Schleier der Anonymität wurde uns von den Augen gerissen.

Wir sollten die Nachhaltigkeitsdebatte eher auf diese Weise führen, also statt über statistische Tode zu fachsimpeln, über Fuseini aus Ghana oder Molly aus London reden und dabei unseren ökologischen und sozialen Fußabdruck nachzeichnen. Man schließe die Augen, ziehe die Waffe, drücke den Abzug und lausche auf den dumpfen Ton des leblosen Körpers, wenn er auf dem Altbauparkett aufschlägt. Beim Öffnen der Augen liegt ein toter Mann auf dem Boden, unnatürlich gekrümmt, still, kälter werdend mit jeder

Sekunde, in der man auf ihn hinabblickt. Ist eine Person immer noch nicht viel?

Und was ist, wenn man nicht auf sich selbst schaut, sondern auf ein Unternehmen? Hält man sich an Parncutts Schätzung, dann treibt eine gewisse Fast-Food-Kette allein durch ihre Hamburger-Verkäufe 24 Menschen am Tag in den Tod, jede Stunde einen. Dabei geht es wohlgemerkt um Todesfälle, die nicht mit ungesunder Ernährung, sondern vor allem mit den langfristigen ökologischen Folgen der Fleischproduktion zu tun haben.

Weil wir ein gebrochenes Verhältnis zum Tod haben, zaudern wir, uns mit dem Kill Score zu beschäftigen. Wer denkt darüber schon gern nach? Doch auch wenn der Kill Score nicht nach Schonkost klingt, können wir ihm nicht aus dem Weg gehen. Jeder von uns muss irgendwann sterben, aber es ist doch ein erheblicher Unterschied, ob man eines »natürlichen« oder eines »vorzeitigen« Todes stirbt. Leo Tolstoi eröffnet seinen Roman *Anna Karenina* mit dem berühmten Satz: »Alle glücklichen Familien gleichen einander, jede unglückliche Familie ist auf ihre eigene Weise unglücklich.« Analog gilt: Der natürliche Tod ist für alle gleich. Der vorzeitige Tod nicht.

Wahrscheinlich führt diese Dramaturgie dazu, dass wir nicht wirklich über den Kill Score sprechen wollen. Wir möchten nicht über den Tod zur Unzeit reden. Und wahrscheinlich auch nicht wirklich den Tatort bis ins letzte Detail prüfen. Womöglich fänden wir dann unseren eigenen Fußabdruck auf dem Parkett.

Wo ein Opfer, da ein Täter. Und in diesem Buch geht es um Todesfälle *mit* Täter. Manchmal ist dieser Täter nicht leicht zu finden. Die Geschichten des Social-Media-Opfers

Molly, des Jungen aus Japan, oder von Moritz' tragischem Schicksal haben mich besonders berührt, weil hier Menschen getötet wurden, aber weit und breit kein Täter in Sicht war. Mollys Tod war Selbstmord, der Junge starb an einem Hitzschlag, Moritz bekam einen epileptischen Anfall. Sonst war wirklich niemand beteiligt? Keiner verantwortlich?

Erst wenn wir uns in solchen und anderen Fällen auf die Suche nach Täterinnen machen, können wir verstehen, wie wir durch unseren Fußabdruck in ökologischer und sozialer Hinsicht töten. Wir finden heraus, inwieweit unsere alltäglichen Entscheidungen – ob wir nun Lebensmittel im Supermarkt kaufen oder online bestellen und liefern lassen, mit dem Fahrrad oder Taxi fahren, Plastikmüll recyceln oder gedankenlos entsorgen – tödliche Folgen haben. Und was wir anders machen können.

Im Herzen bin ich immer noch ein Erbsenzähler. Und als Erbsenzähler weiß ich, dass sich Gott und Teufel im Detail verstecken. Ermittelt wird mit Genauigkeit und methodischer Vorsicht, wie sich dies bei einer Kriminalgeschichte – denn darum handelt es sich – gehört. Große Fragen gilt es zu klären. Wer ist für einen Todesfall – in welchem Ausmaß – verantwortlich? Wer haftet? Wie verändert sich unser Verständnis von Verantwortung durch neue Einsichten aus der Forschung über die Attribution von Handlungsfolgen?

Aber wir können die Schuld nicht nur bei den Verbraucherinnen suchen. Dieses Buch ist kein weiterer Beitrag zu dem Thema, wie Recycling den Planeten rettet. Neben dem Konsum eines Produkts geht es auch um diejenigen, die es herstellen. Tötet die Mutter, die ihrem Kind bleiverseuchtes Wasser reicht, oder tötet das Wasserwerk? Töten Heroinabhängige sich selbst oder töten die Dealer sie? Und was ist mit den Finanzinstituten, die in Unternehmen investieren? Sie stellen das Kapital bereit, das den Maschinenraum unserer Volkswirtschaft am Laufen hält, und treten als Eigentümer globaler Unternehmen auf.

Es gibt drei Verdächtige in dieser Geschichte – den Verbraucher, den Produzenten und den Investor. Sie alle haben sich offenbar stillschweigend damit arrangiert, ihre Rolle(n) im Kill Score zu ignorieren. *Kein Kläger, kein Richter.* Also auch *kein Angeklagter.*

Aber ein neuer Fall liegt auf dem Tisch, es gibt Tatorte zu besichtigen!

Bevor wir dieses erste Kapitel schließen, muss ich noch einmal kurz zu einem Freund zurückkehren, der genauso wichtig ist wie die Erbsenzählerin: dem Öko. Wir haben ihn auf den letzten Seiten etwas vernachlässigt. Wenn die Erbsenzählerin in den Eiswüsten der Abstraktion unwissentlich und meistens unwillentlich die Wahrheit vergräbt, welchen Spott hat unser Öko verdient?

Es war einfach, über Erbsenzähler zu lästern. Ich bin ja auch einer. Beim Öko fällt es mir schwerer. Aber es gibt zwei Körnchen Wahrheit in diesem Stereotyp. Das erste ist das Ausmaß, in dem Aufmerksamkeit weg von den Menschen hin zu dem Planeten gelenkt wird, für den es – um ein beliebtes Plakatmotiv abzukupfern – »keinen Planeten B gibt«.

Und dann kommt der Leitspruch der Ökos: »Primum non nocere«, *erstens nicht schaden.* Wir dürfen keinen negativen, nicht nachhaltigen Fußabdruck in unserer Umwelt hinterlassen. Ich habe gewisse Sympathien für diese Prämisse. Jedoch passt sie allzu offensichtlich nicht zur Lebensrealität. Der Öko sagt, unser Kill Score solle null sein. Nirgendwo sonst im Leben denken wir so radikal. Ob es um die Zulassung teurer medizinischer Behandlungen oder um den Einbau von Rauchmeldern geht, wir wägen ständig ab zwischen Leben und Tod auf der einen Seite und wirtschaftlichen Interessen sowie angeblichen Bedürfnissen auf der anderen. Warum also sollten wir diesen Grundsatz hier aufgeben?

Entscheidungen über Leben und Tod als Trade-offs zu klassifizieren, lässt einen unweigerlich zynisch wirken. Aber das Trolley-Problem ist, wie wir nicht zuletzt an den Tatorten dieses Buchs lernen werden, Lebensalltag.

Manchmal sind diese Trade-offs falsch, manchmal hat der Güterzug eine Bremse, und das Problem ist nur, dass wir sie nicht finden. Aber manchmal auch nicht. Wir können uns natürlich in die von Isaiah Berlin beschriebene »innere Zitadelle« zurückziehen, uns von der Welt abwenden, unseren Fußabdruck dadurch verwischen oder gar nicht erst entstehen lassen. Dieser Pfad führt zur sozialen Isolation, zum Verzicht auf jegliches Vergnügen. Kein glücklicher Weg. Auch wir müssen leben und, um den größten Genuss vom Dasein zu ernten, gemäß Nietzsche vielleicht sogar »gefährlich leben«. Wer gar keinen Fußabdruck haben möchte, der muss sich unweigerlich aus dieser Welt zurückziehen. Die Wahrheit – und vielleicht damit auch die Moral – liegt wahrscheinlich irgendwo zwischen diesen beiden Extremen, dem unbedachten gefährlichen Leben und dem Rückzug in die innere Zitadelle. Mensch sein heißt, auch einen Fußabdruck zu haben. Wir haben Einfluss auf unseren Fußabdruck, *Macht*, möchte man vielleicht sogar sagen, auch wenn wir den Weg nicht immer vorbestimmen können, Gefangene unseres Zeitalters, unserer Herkunft und der ökonomischen und sozialen Bedingungen sind, unter denen wir aufwachsen. Diese Umstände beschränken vielleicht unsere Macht, aber nicht unseren Willen zu handeln.

Wo auch immer die Verantwortung oder sogar die Schuld zu verorten ist, wie auch immer die wirtschaftlichen Fliehkräfte mit den moralischen bei der Ermittlung des »richtigen« Kill Score zusammenspielen: Menschen sterben. Das ist eine brutale Wahrheit. Und es ist Zeit, dass wir uns alle damit auseinandersetzen, Zeit für ein PR-Facelift für die Ökos und Erbsenzählerinnen. Und es ist an der Zeit, etwas dagegen zu tun.

In dieser Kriminalgeschichte wird es handgreiflich und ungemütlich. Aber diese Geschichte bietet auch die Chance, uns wie nie zuvor mit Nachhaltigkeit zu beschäftigen und sie zu verstehen. Ein Happy End kann ich nicht versprechen. Welches Ende diese Geschichte – unsere Geschichte – schließlich nimmt, hängt von uns ab. Willkommen beim Kill Score.

2.

VOM LIFESTYLE-TOD
ZUM KILL SCORE

Der erste Tote in diesem Buch stirbt weitgehend in Eigenverantwortung. Noch sind wir nicht bei den Tatorten in
Teil 2 (Kapitel 4–8); unsere Detektivgeschichte beginnt mit
einem unscheinbaren, unerwarteten Opfer. Sein Name:
Farrel Austin Levitt, auch bekannt als Dick Farrel. Selbst
wenn Farrel in unserem Kill Score später nicht auftauchen
wird, ist seine Geschichte eine wichtige Krücke, um den
Kill Score zu verstehen.

Im August 2021 starb Farrel am Coronavirus, nachdem er
ein paar Wochen zuvor auf Facebook noch gegen die Impfung gewettert und sie als Schwindel bezeichnet hatte. Spätestens mit seinem Tod gelangte er zu trauriger Berühmt-
heit, denn Farrel war ein Moderator am rechten Rand des
politischen Spektrums, der für den rechtspopulistischen
US-Fernsehkanal *Newsmax* und verschiedene Sender in
Florida arbeitete.

Farrels Geschichte ist deshalb interessant, weil sein Tod
als »Lifestyle-Tod« bezeichnet werden kann. Er hat sich für

seinen Tod selbst *entschieden*. Farrel, der kurz nach seinem 65. Geburtstag starb, lebte in einem Land, das allen Menschen über 60 Jahre eine kostenlose Corona-Impfung ermöglichte – und zwar schon seit Februar 2021. Farrel hätte sich im Februar, März, April, Mai, Juni oder Juli impfen lassen können. Er entschied sich jedoch für einen Lebensstil, der den Impfschutz ausschloss.

Keine Impfung ist perfekt.[5] Aber die Schlüsselfrage, um die es hier geht, ist die Entscheidungsfreiheit. Seit Februar 2021 hatte jeder US-Bürger über 60 die Wahl, sich impfen zu lassen oder nicht. Dabei ist die Wissenschaft sich einig darüber, dass die Impfung die Wahrscheinlichkeit, an dieser Virusvariante zu sterben, fast auf null senkt. Farrel stand vor jener Wahl und sagte: »Danke, aber nein danke!« Eine Lifestyle-Entscheidung.

Damit ist Farrel nicht allein. Sein Tod ist vielmehr typisch für eine Zeit und Generation, in der viele Menschen sich mit ihrem Lebensstil töten – zumindest in der westlichen Welt. Rauchen, Trinken, Drogen, Selbstmord, Zucker, Fett, mangelnde Bewegung. Wir wählen und schmieden Waffen, die den Tod bringen. Die Auswirkungen des Gebrauchs dieser Waffen sind detailliert untersucht. Wir wissen fast alle sehr genau, welche Folgen der Konsum von Alkohol, Drogen, Zucker etc. hat. Ohne die Pointe dieses Kapitels vorwegnehmen zu wollen – aber sollten wir uns nicht ehrlich fragen: Wenn wir uns selbst schaden und töten, wieso meinen wir, andere zu verschonen?

Auf den ersten Blick hat Farrels Geschichte jedoch nicht viel mit uns zu tun. Die Mehrheit der Europäer ist inzwischen »grundimmunisiert«. Sie verachtet Impfgegnerinnen und hält ihre Einstellungen für unwissenschaftlich. Tatsächlich aber wollen wir selbst nicht wahrhaben, dass unser eigener Lebensstil uns tötet. Wir Menschen handeln fast alle mehr oder weniger »unwissenschaftlich«. Der Adrenalinstoß, den Farrel genoss, als er sich an die Spitze der Impfgegnerbewegung setzte, unterscheidet sich nicht grundsätzlich von dem Adrenalinstoß, der durch ein kaltes Bier, Cola, Hamburger, Zigaretten, Joints oder Pillen ausgelöst wird. Wir alle treffen fast täglich Konsumentscheidungen, die vielleicht nicht als Todesursache auf unserer Sterbeurkunde vermerkt werden, aber das Risiko erheblich erhöhen, dass ein solcher Totenschein unseren Angehörigen vorzeitig ausgehändigt wird.

Selbstverständlich wirken sich diese (oft unbewusst in Kauf genommenen) Entscheidungen auf unsere Mitmenschen äußerst unterschiedlich aus. Dort, wo wir anderen schaden, interveniert dann meistens Vater Staat. Deshalb gibt es die Tabaksteuer, die Verkehrsregeln und auch die Impfpflicht für Personen, die in bestimmten Bereichen arbeiten. Aber der durch unseren Lebensstil bedingte (Frei-)Tod wird weitgehend toleriert. Es gibt nur einige wenige Waffen, die wir nicht legal gegen uns selbst richten können.

Natürlich sterben wir streng genommen beispielsweise nicht an Alkohol. Auch in einer Welt ohne Alkohol würde jeder und jede sterben. Übermäßiger Alkoholkonsum führt »nur« dazu, dass der Tod eher eintritt und das Lebensende quälender, schmerzhafter und übrigens auch kostspieliger wird als »friedlichere« Todesarten. Und dennoch nimmt der eine oder die andere eine Lebenserwartung in Kauf, die um 5 oder sogar 10, 15, 20 Jahre verkürzt ist, wenn er oder sie Rauschmittel wie Alkohol genießen kann.

Dick Farrel mag den Impfstoff für einen Bluff gehalten

haben, die tödliche Wirkung des Virus war ihm jedoch bewusst und durchaus klar. Dennoch nahm er das Risiko auf sich – vielleicht weil ihm seine Anti-Impfstoff-Kampagne öffentliche Aufmerksamkeit und viele Facebook-Likes einbrachte. Farrel spielte mit seinem Leben und hat verloren.

Wo verläuft die Grenze zwischen Selbstzerstörung und Genuss? Die Frage wird uns in diesem Buch immer wieder beschäftigen. Wenn meine Frau morgen verkündet, sich nur noch mit *Huel* zu ernähren, einem Pulver, das mit Wasser angerührt angeblich alle Nährstoffe optimal kombiniert enthält, werden wohl viele darüber den Kopf schütteln, selbst wenn ihr damit ein Leben vergönnt wäre, das statistisch gesehen ein paar Monate länger währt als üblich.[6] Ähnlich würden wir uns über den Freund echauffieren, der zum Frühstück erst mal zehn Bier trinkt. Eine Variante dieses Verhaltens würden wir jedoch wahrscheinlich bei uns allen finden, wenngleich möglicherweise weniger extrem und weniger bewusst. Nicht zuletzt stellt sich die Frage, ob all dies unsere Umwelt etwas angeht, wenn wir uns nur selbst schaden.

Aber wie verhalten sich diese beiden Welten, unsere Eigenwelt und die Welt der anderen, zueinander? Wie sehr töten wir uns selbst? Welches Ausmaß hat das Lifestyle-Töten bereits angenommen, also der Kill Score, das Thema dieses Buches?

Den Beginn einer Antwort auf diese Frage finden wir in den Statistiken der Sterbefälle des Statistischen Bundesamts, das uns Auskünfte bereitstellt, die man sich detaillierter nicht wünschen kann.

Man nehme nur die Unterscheidung zwischen Todesursache V011 (»Fußgänger bei Zusammenstoß mit Fahrrad verletzt: Verkehrsunfall«) und V019 (»Fußgänger bei Zusammenstoß mit Fahrrad verletzt: Nicht näher bezeichnet, ob Verkehrsunfall oder Unfall außerhalb des Verkehrs«).[7] Im Jahr 2019 gehörten vier Todesfälle zur ersten Gruppe, ein Todesfall zur zweiten. Mithilfe der deutschen Statistik kann man also in einen Abgrund der Pedanterie blicken – und sich dann entschlossen davon abwenden. Deshalb halte ich mich für meine Beispiele lieber an Zahlen aus einem anderen Land: Großbritannien. Die Briten sind pragmatischer, und ihr Pragmatismus spiegelt sich auch in den öffentlichen Statistiken wider. Außerdem ist das Land in seiner demografischen und sozialen Struktur Deutschland recht ähnlich.

Das Amt für nationale Statistik (Office for National Statistics) unterscheidet zwischen »vermeidbaren« und »nicht vermeidbaren« Todesfällen. Intuitiv lassen sich diese Kategorien keineswegs nachvollziehen, zumindest nicht in der Art und Weise, wie sie angewendet werden. So gelten mit HIV/Aids verbundene Todesfälle immer und in allen Lebenslagen als »vermeidbar«. Auch an Tuberkulose zu sterben, wenn man noch keine 75 Jahre alt ist, gilt als »vermeidbar«. Wer jedoch mit 75 Jahren oder älter an Tuberkulose stirbt, dessen Tod gilt als »nicht vermeidbar«. Zum besseren Verständnis dieser Welt des Sterbens besuchen wir das Endspiel der Fußball-Europameisterschaft 2021 zwischen England und Italien. Wir dürfen annehmen, dass unter den Zuschauern niemand darüber nachgedacht hat, wie er sterben wird. Alle Zuschauer werden mit ihrer Mannschaft mitgefiebert haben. Nehmen wir jedoch an, dass die Zuschauer im Stadion einen halbwegs repräsentativen Querschnitt der englischen Bevölkerung bildeten (was nicht ganz zutrifft, denn Menschen verschiedener Nationalitäten waren anwesend und Männer überproportional vertreten), dann kann man anhand dieses sehr großen Publikums einen recht guten Überblick darüber gewinnen, wer woran sterben wird.

Gehen wir davon aus, dass etwa 65000 Menschen im Stadion waren, und schauen wir uns die dazu passende Todesliste an. Die folgenden Angaben basieren auf britischen Statistiken, aber sie lassen sich im Geiste der Europameisterschaft auf den ganzen Kontinent und wohl auch auf die westliche Welt insgesamt übertragen. Die Übersicht der »vermeidbaren« Todesfälle liest sich wie folgt (mit der Einschränkung, dass in bestimmten Kategorien Altersgrenzen existieren, wie oben erwähnt):

- Die häufigste Todesursache, nämlich Herz-Kreislauf-Erkrankungen, betrifft 1800 Personen.
- Die zweithäufigste Todesursache, Lungenkrebs, wird für 1429 Todesfälle verantwortlich sein, auf alle anderen Krebsarten verteilen sich 2200 Tote.
- Fast 1200 werden bei irgendeiner Art von Unfall (außer Verkehrsunfall) ums Leben kommen.
- 484 werden einer durch Alkohol verursachten Krankheit erliegen.
- Mehr als 400 werden Selbstmord begehen.
- 287 wird eine Lungenentzündung das Leben kosten, 7 ein grippaler Infekt.
- Rund 140 werden bei Verkehrsunfällen sterben, meist im Straßenverkehr.
- 95 werden an ärztlichen »Kunstfehlern« sterben (ein Wort, das seltsam harmlos klingt).
- 59 werden an Epilepsie sterben.

- Rund 50 werden umgebracht werden.
- 12 von ihnen werden der Tuberkulose zum Opfer fallen.
- 9 werden durch Drogenkonsum umkommen.

Die übrigen Todesfälle gehören in die Kategorie »nicht vermeidbar«, rund 82 Prozent. Von den 65 000 Stadionbesuchern wären dies etwas weniger als 55 000.

Führt man dieses Gedankenexperiment in einem Entwicklungsland durch, fallen die Zahlen anders aus. Hier geht es aber um Lifestyle-Tote, und dafür ist die westliche Welt von besonderem Interesse. Ich habe weiter oben von den Todesursachen gesprochen. Tatsächlich sind diese Statistiken gespickt mit »Waffen« (Krankheiten etc.), aber nicht mit Ursachen. Eigens aufgeführt sind zwar Alkohol und Drogen als besonders auffällige »Todesarten«, ebenso die Selbsttötung, aber wo sind die anderen Laster, wie mangelnde Bewegung, Rauchen, zu hoher Konsum von Fett und Zucker? Um sie zu entdecken, muss man den Schleier lüften, den die jeweilige Krankheit fabriziert und der das dazugehörige Laster verhüllt.

Lungenkrebs ist eine tödliche Krankheit. Die eigentliche Todesursache ist der Tabakkonsum. Eine Behörde des amerikanischen Gesundheitsministeriums (Center for Disease Control and Prevention [CDC]) geht davon aus, dass 90 Prozent aller Todesfälle, die durch Lungenkrebs verursacht werden, auf das Rauchen zurückzuführen sind. Zu sagen, jemand sei an Lungenkrebs gestorben, ist also ungefähr so irreführend, wie zu sagen, jemand sei an einer Pistole gestorben. Genannt wird in beiden Fällen das todbringende Instrument, nicht der eigentliche Auslöser.

Dann gibt es noch Herz-Kreislauf-Erkrankungen und

Übergewicht. Auch wenn die einschlägigen Statistiken häufig zitiert werden, lohnt es sich doch, sie kurz zu erwähnen. Zwei Drittel der Männer und die Hälfte der Frauen in Deutschland gelten laut dem Robert Koch Institut als übergewichtig. Die Ursachen hierfür sind vielfältig, aber Zucker spielt eine entscheidende Rolle. Überraschenderweise ist hingegen in den meisten Ländern der Fettanteil der Ernährung während der letzten 30 Jahre zurückgegangen.

US-Amerikaner nehmen pro Tag im Durchschnitt fünf Esslöffel Zucker zu sich. Das ist dreimal so viel wie die ärztlich empfohlene Dosis. Fünf Esslöffel, das sind 18 Zuckerwürfel. Eine neuere Studie aus den USA stellt sogar fest, dass 180 000 Todesfälle weltweit jährlich auf zuckerhaltige Softdrinks zurückzuführen sind. Wissenschaftler der Universität Halle-Wittenberg haben herausgefunden, dass die Hälfte aller Herz-Kreislauf-Erkrankungen in Deutschland – 160 000 Fälle pro Jahr – durch extrem ungesunde Ernährung verursacht wird. In Europa betrifft dies jährlich eine Million Menschen.

Aber diese Statistiken zu einzelnen Krankheiten und Todesarten helfen nicht unbedingt, den großen Bogen zu schlagen. Wir haben immer noch nicht die Frage beantwortet, welches Ausmaß der Tod – um genau zu sein, der »vorzeitige« oder »vermeidbare« Tod – mittlerweile angenommen hat. Versuchen wir also noch einmal, ein Gesamtbild zu skizzieren, und richten dabei unseren Blick auf das 20. Jahrhundert.

Bei diesem kurzen medizinhistorischen Abriss können wir die Todesursachen nicht immer detailliert nachzeichnen. Aber wir gewinnen einen Eindruck, wie unsere Entscheidungen mit den Todesfolgen verbunden sind, ja diese

Todesfälle verursachen. Insgesamt starben im 20. Jahrhundert knapp 400 Millionen Menschen durch unseren Lebensstil im weiteren Sinne, also Drogen, Tabak, Alkohol, Bewegungsmangel, Ernährung und (ungeschützten) Sexualverkehr. Noch mehr Menschen starben an Schlaganfällen oder Herzkrankheiten, und viele dieser Krankheiten sind auch Folgen unseres Lebensstils. Ich habe sie ausgeklammert, ich brauche sie nicht, um das Ausmaß des Lifestyle-Todes zu bebildern, aber eine genauere Analyse würde auch hier, wie oben beschrieben, versteckte Lifestyle-Tode finden.

Der Lifestyle-Tod steht damit auf dem Siegerpodest des 20. Jahrhunderts; er fordert noch mehr Opfer als der Tod durch Kriege und dessen Aus- und Nachwirkungen. Wenn man jetzt doch noch überschläge, wie viele Lifestyle-Tote wir ignoriert haben (Stichwort Herz-Kreislauf-Erkrankungen), dann avancierte der Lifestyle-Tod in der zweiten Hälfte des 20. Jahrhunderts zur häufigsten Todesart.

Der »Lifestyle«-Begriff ist etwas irreführend, denn wir denken bei Lifestyle meistens an schnelle Autos, coole Klamotten und Musik, an verkopfte Abende mit (zu) viel Bier oder Wein, an Reisen und Abenteuer. Passender dürfte jedoch die eingängige Formulierung vom »Tod durch Verzweiflung« sein *(Deaths of Despair)*, die Anne Case und Angus Deaton, zwei amerikanische Ökonomen, geprägt haben. Mag dieses beängstigende Phänomen auch nicht die gesamte Bandbreite des Lifestyle-Todes umfassen, die traurige Ursache vieler Lifestyle-Entscheidungen reflektiert es allemal.

Der Umstand, dass der Lifestyle-Tod seit dem Ende des 20. Jahrhunderts, zumindest in westlichen Gesellschaften, als Todesart dominiert, ist eine dramatische Erkenntnis. Denn in den ersten 2 Millionen Jahren der menschlichen

Geschichte war der Hauptfeind des Menschen die Natur, obwohl der Mensch aus ihr hervorgegangen und ein Teil von ihr war und ist. Die Waffen der Natur waren Krankheiten und widrige Umweltbedingungen.

Aber irgendwann hat die Menschheit dann die Herrschaft über die Natur erlangt. Medizinische Errungenschaften (Impfungen, Antibiotika, Kaiserschnitt etc.) und die Wunder der Technik schützten und schützen immer mehr Menschen davor, in den Wellen natürlicher Auslese zugrunde zu gehen. Der Mensch hat sich, obwohl er nach wie vor ein Naturwesen ist, aus der Natur herauskatapultiert. Er bestimmt den Lauf der Dinge und der Natur, sodass sich die Lage, könnte man (fast) sagen, ins Gegenteil verkehrt hat: Inzwischen erscheinen besorgte Abhandlungen darüber, dass das Ende der natürlichen Auslese schwerwiegende, ja fatale Folgen haben könnte.[8]

Die Konsequenz dieser Transformation lautet: Der Lifestyle-Tod ist für schätzungsweise 400 Millionen Todesfälle im 20. Jahrhundert verantwortlich. Eine gewaltige Zahl, die wahrscheinlich sogar zu niedrig angesetzt ist.

Durch ihren Lifestyle schaden also viele (alle?) Menschen sich selbst. Kann es sein, dass unser Lifestyle unsere Umgebung unbeschadet lässt? Genau das ist undenkbar. Und so gelangen wir vom Lifestyle-Tod zum Lifestyle-Töten, zu unserem Kill Score.

Die unmittelbaren Effekte sind jedem und jeder bekannt. Dick Farrel hat höchstwahrscheinlich, während er am Coronavirus erkrankt war, einige Personen in seiner unmittelbaren Umgebung angesteckt, ähnlich wie Passivrauchen Konsequenzen für Nichtraucher nach sich zieht. Spannend und erschreckend zugleich ist, dass wir jetzt nicht mehr nur uns selbst oder unsere Nachbarinnen, sondern indirekt heute und morgen, hier und überall Menschen und Lebewesen aller Art töten – Menschen, die einander weder kennen noch voneinander überhaupt ahnen, dass es sie gibt. Weiter oben habe ich vom Schleier – wir könnten auch sagen: vom Mantel des Schweigens – gesprochen, der Lifestyle-Tode verhüllt, zudeckt und mit Stillschweigen übergeht. Derselbe Mantel des Schweigens deckt unseren Kill Score zu. Heben wir ihn auf. Werfen wir ihn weg! Stellen wir uns dem Kill Score.

Im ersten Kapitel der Menschheitsgeschichte tötete die Natur uns Menschen. Im zweiten Kapitel kam es zu einer unerwarteten Wendung, wir erlangten die Herrschaft über weite Teile der Natur und meinten, sie zu beherrschen. Aber letztlich verführte unsere vermeintliche Dominanz über die Natur uns dazu, uns selbst zu töten.

Im dritten Kapitel finden nun die Macht, mit der wir die Natur beherrschen, und die Technik, die unser Leben antreibt, ein neues Opfer: andere Menschen. Ein neues Zeitalter bricht an. Der Kill Score gibt ihm seinen Namen.

Das alles sei nicht neu, ließe sich einwenden. Menschen hätten sich früher schon gegenseitig umgebracht, in Kriegen und Konflikten und auch durch unseren Lebensstil, der den Kolonialismus befeuert hat. In Kriegszeiten ist das Töten – leider – Alltag, heute und vor 10 000 Jahren. Steven Pinker behauptet in seinem Buch *Gewalt: Eine neue Geschichte der Menschheit*, Menschen seien heute weniger gewalttätig als früher. Was ist heute neu? Wieso sind wir mit unserem Kill Score andere Täter als die vergangener Epochen? Um diese Frage zu beantworten, lohnt es sich, die Täter vergangener Tage kurz vorzustellen.

Der erste Tätertyp – das sei der Vollständigkeit halber erwähnt – ist das Individuum, das andere auf ganz altmodische Weise tötet, weil es von Gier, Lust, Angst, Liebe oder irgendeiner anderen Leidenschaft angetrieben wird, durch die – wie es in Ralph Waldo Emersons Essay »Liebe« heißt – »alle Dinge Leben und Bedeutung gewinnen«. Ein alter Hut, darum soll es in diesem Buch nicht gehen.

Bevor ich diesen Tätertyp jedoch ganz beiseitelasse, erlaube ich mir, hier zwei Eselsohren anzubringen. Erstens beschleunigen Netflix-Dokumentationen und True-Crime-Podcasts einen Kulturwandel, der Täter moralisch anders bewertet. Das Publikum scheint von den Charakterschwächen der Täter morbid fasziniert zu sein, sodass es die Grausamkeit der Täter gar nicht mehr wahrhaben will, nicht mehr ernst nimmt und in manchen Fällen sogar »empathisch« auf sie reagiert. Die Herausforderung, den Kill Score entscheidend einzuschränken und zu vermindern, ist in einer kulturellen Umgebung umso größer, je mehr das Töten gar nicht mehr als abstoßend, sondern als anziehend empfunden und »goutiert« wird.

Wir tun uns zweitens schwer, kollektive Verantwortung für Bedingungen zuzuordnen, die einen bestimmten Tätertyp hervorbringen: Wir fixieren uns beim ersten Tätertyp auf das Individuum, vergessen zu oft die Gesellschaft, das »System«, und sehen stattdessen in ihm die gängige Verkleinerungsversion des »großen Mannes«, der nun den Hauptvertreter des zweiten Tätertyps darstellt.

Die Theorie des »großen Mannes«, der über der Gesellschaft steht und radikal als Individuum handelt, ist hauptsächlich mit dem Namen des britischen Schriftstellers Thomas Carlyle verbunden. Bei Carlyle heißt es kurz und knapp: »Die Weltgeschichte ist nichts anderes als die Biografie großer Männer.« Unser zweiter Tätertyp. Es gibt inzwischen auch eine moderne, geschlechtsneutrale Version dieses Konzepts, und zwar die der »großen Biester«, erfunden von Diarmaid MacCulloch, Professor für Geschichte in Oxford.

Die Theorie der großen Männer oder Biester ist gleich nach ihrer Erfindung im 19. Jahrhundert unter Beschuss geraten, am wirkungsvollsten wohl vonseiten Leo Tolstois, der die vermeintlich großen Männer für »Sklaven der Geschichte« hielt. Und dennoch stehen wir heute, wenn wir über Töten und Morden in der Geschichte sprechen, immer noch im Bann der »großen Männer«. Wir lesen Artikel darüber, wie viele Menschen Dschingis Khan auf dem Gewissen hat, nicht die Mongolen, die ihm folgten. Wir zählen und vergleichen die Opfer Hitlers, Stalins, Maos und – in heutigen Tagen – Putins, jedoch nicht die Opfer der Deutschen, Chinesen und Russen. All dies tun wir, obwohl wir sicherlich Bertolt Brecht beipflichten müssen, der anmerkte, dass Cäsar, als er die Gallier schlug, »wenigstens einen Koch« bei sich hatte.

Erst Anfang 2022 gab es Aufregung, als Königin Elisabeth II. dem ehemaligen britischen Premierminister Tony Blair den Hosenbandorden verlieh. Eine auf der Website Change.org lancierte Petition, mit der gegen diese Entscheidung protestiert wurde, fand binnen Wochen mehr als eine Million Unterstützer. Die Petition besagte, dass Tony Blair »persönlich verantwortlich für den Tod zahlloser unschuldiger Zivilisten und Soldaten in verschiedenen bewaffneten Konflikten war«. »Große Biester« – wir lieben sie, wir hassen sie.

Wenn wir uns aber doch dafür entscheiden, Deutsche, Russen, Chinesen oder Briten wegen ihrer Taten zur Rechenschaft zu ziehen, laufen wir Gefahr, im Nebel zu stochern. Denn der dritte Tätertyp ist die anonyme Masse, die sich gerade und vor allem durch ihre Namen- und Gesichtslosigkeit auszeichnet. Über die Anonymität der Masse hält Hannah Arendt in ihrem Essay »Kollektive Verantwortung« fest: »Wo alle schuldig sind, ist es keiner.« Wie der Film *Spartacus* von 1960, in dem sich alle Sklaven als Spartacus ausgeben, oder Agatha Christies *Mord im Orient-Express* zeigen, glänzt individuelle Schuld durch Abwesenheit – jedenfalls wenn man sie diesseits der »großen Männer« zu finden sucht. Entweder gibt es einen großen Schuldigen (Tony Blair), oder aber wir sind alle schuldig und können uns die Details, wer was getan hat, ersparen.

Diese bequeme Aufteilung ist gar nicht so selten im Sinne aller Beteiligten, der Ankläger ebenso wie der Angeklagten. Wenn man die Täter anonymisiert, indem man sie kollektiv als *Krauts* oder *Rosbifs* bezeichnet, also die Täter entmenschlicht, dann hat deren Dämonisierung längst begonnen. Massen haben eine anonymisierende, vereinheitlichende Wirkung. Dies haben bereits die Väter der Massenpsychologie wie Gustave Le Bon (*Psychologie der Massen*, 1895), Sigmund Freud oder der amerikanische Soziologe Ralph Turner herausgestellt. Bei Le Bon heißt es: »Ein einzelner, der lange Zeit im Schoße einer wirkenden Masse eingebettet war, [befindet] sich alsbald – durch Ausströmungen, die von ihr ausgehen, oder sonst eine noch unbekannte Ursache – in einem besonderen Zustand […], der sich sehr der Verzauberung nähert, die den Hypnotisierten unter dem Einfluß des Hypnotiseurs überkommt.«

Gegen Le Bon ist im Lauf der Jahre wiederholt einge-wandt worden, er vereinfache die Sache und übergehe das individuelle Handeln zu sehr. Gänzlich von der Hand zu weisen ist aber seine Grundidee nicht. Wer von uns weiß nicht um das Gefühl, von einer mächtigen Strömung ge-meinschaftlicher Überzeugungen mitgerissen zu werden? Wir alle kennen die bedrückenden Aufnahmen von Goeb-bels' Rede im Berliner Sportpalast vom 18. Februar 1943, als er den »totalen Krieg« ausrief und das Publikum in Raserei versetzte. Und doch geht es zu weit, die Verantwortung für Handlungen und Verbrechen ganz von den Individuen, die in der Masse aufzugehen scheinen, abzuziehen.

Ich habe den größten Teil dieses Kapitels geschrieben, be-vor Putin am 24. Februar 2022 der russischen Armee den Befehl erteilte, die Ukraine anzugreifen. Die ersten Video-berichte von der Front belegten jedoch eindrucksvoll, dass eine Masse sich immer aus einzelnen Menschen bildet. Ge-zeigt wurden russische Soldaten, die sich an ihre Mütter wandten. Man sah verängstigte, verwirrte junge russische Männer, die Iwan, Dimitri oder Alexei hießen. Menschen, keine idealisierten Helden.

Unser Kill Score passt dann auch in dieses Bild und hat nichts mit den traditionellen Tätertypen der Geschichte zu tun. Es geht beim Kill Score nicht um kaltblütige Mörder aus Leidenschaft. Auch nicht um große Biester und ebenso nicht mehr um anonyme Massen. Es geht um den Men-schen als Menschen.

Diese neue Entwicklung ist nur in einer Gesellschaft denkbar, die dem Ideal individueller Entfaltung und per-sönlicher Freiheit höchste Priorität zubilligt und diese Freiheit auch zelebriert. Solange diese Vorherrschaft individueller Freiheit noch weit entfernt war, den Kern unserer Gesellschaft zu bilden, hatten Tod und Töten kaum etwas mit Lifestyle zu tun. Im Zeitalter von persönlicher Entfaltung und Selbstverantwortung sowie einer gewissen Befreiung von ökonomischen Zwängen ist es zum ersten Mal sinnvoll, unseren Kill Score zu thematisieren. Früher handelte der Mensch in einer ökonomischen und moralischen Zwangslage; früher töteten sich Menschen gegenseitig; eingebunden in Ordnungen, Gesellschaften und Systeme, töteten sie *systematisch, anonym*. Wir hingegen sind Akteure unseres Lifestyles, und »die ganze Welt ist eine Bühne«.

Nicht nur deshalb ist der Kill Score neu. Fast immer gab es Menschen oder Befehlsempfänger für Tötungen oder Ermordungen. Sie ziehen die Schlinge zu, geben den ersten oder den letzten Schuss ab, drehen ein Messer in der Wunde, führen die Peitsche. Und es gab und gibt indirekte Opfer oder zumindest vermeintlich indirekte. Die Lebenserwartung amerikanischer Ureinwohner ist bis zum heutigen Tag niedriger als die des amerikanischen Durchschnitts, sie sind indirekte Opfer der Vorfahren ihrer weißen Mitbürgerinnen. Mag sein, dass die damals handelnden Personen den Überblick über die weiteren, indirekten Konsequenzen verloren, deren Tragik den direkten in nichts nachstand. Indirektes, unabsichtliches Töten findet nicht erst im 21. Jahrhundert statt. Aber ein Ausmaß wie in diesem Jahrhundert ist noch nie da gewesen. An den Tatorten kommt der Tod eher durch ein schleichendes, teilweise unabsichtlich verabreichtes, jahrelang wirkendes Gift als durch eine Waffe an der Schläfe unserer Opfer.

Hinzu kommt unsere Fähigkeit, den Kill Score nicht nur

zu definieren, sondern auch zu messen. Umweltverschmutzung durch Abgase oder Minentote gab es auch vor unserer Zeit. Aber diese Todesfälle konnte man nicht unmittelbar mit dem durch uns verursachten Kill Score in Verbindung bringen. Diese Verbindung war zerschnitten oder genauer gesagt: noch nicht wieder geknüpft.

Wenn wir heute zu den Tatorten in diesem Buch beordert werden, erinnern gewisse Spuren an frühere Tatorte. Der Raubbau an der Natur ist auch auf der Osterinsel im Pazifik zu erkennen. Während der industriellen Revolution in Europa im 19. Jahrhundert wurden Menschen ebenso ausgebeutet wie durch die Sklaverei und den Kolonialismus. Die Luftverschmutzung in den Großstädten war bereits im frühen 20. Jahrhundert horrend hoch. Neu an den Tatorten, die wir heute aufsuchen, sind unsere Spuren, unser ökologischer und sozialer Fußabdruck, der von früheren Generationen naturwissenschaftlich und technisch gar nicht hätte erfasst werden können. Diese Spuren markieren den Boden unserer neuen Welt, die wir hervorgebracht haben.

Die Tatorte sind neu und ebenso das Instrumentarium, mit dem wir sie untersuchen, um den oder die Täter ausfindig zu machen. Die wissenschaftliche Seite des Kill Score ähnelt der Kriminalistik und Forensik.

Mit dem neuartigen Instrumentarium ermitteln wir das Ausmaß des Tötens und verfolgen die Spur zurück zu den Ursachen, selbst wenn wir dabei vielfach gewundene Pfade zurücklegen müssen. Der westliche Individualismus hat sich der individuellen Freiheit, aber auch der individuellen Verantwortung verschrieben, und das ermöglicht, die Täter namentlich zu ermitteln. Auf dieser Voraussetzung basiert der Kill Score.

Statt mit unseren Lifestyle-Entscheidungen nur unseren eigenen Tod herbeizuführen, zerstören wir mit ihnen auch die Natur und das Sozialgefüge unseres Lebens: Wir töten letztlich andere Menschen. Mögen auch Jahrzehnte verstreichen zwischen den Taten, die die tödlichen Folgen auslösen, und der Ausstellung der Todesurkunden – dieses Töten findet statt, und der Kill Score steigt an: Erst tötet die Natur die Menschen, dann töten die Menschen sich selbst, und jetzt töten sie ihre Zukunft.

Mir ist bewusst, dass ich hier die Geschichte des Tötens grob vereinfache und den historischen Wandel äußerst verkürzt wiedergebe: Die »Skepsis gegenüber den Metaerzählungen« (Jean-François Lyotard) ist hier angebracht. Dennoch dürfte diese Vereinfachung eine poetische und eine kalte Wahrheit enthalten. Denn unsere Umwelt schlägt längst zurück.

In Kapitel 1 habe ich bereits die Tatorte des Kill Score erwähnt, und sie sollen hier noch einmal zusammenfassend als Vorbereitung für die Tatorte, die uns in Teil 2 begegnen werden, genannt werden.

In diesem Buch werde ich mich mit Umwelt- und Sozialkrisen befassen. Genau genommen erforsche und ermittle ich den Kill Score, also das zukünftige Ausmaß des Tötens und die Anzahl der Toten, anhand von fünf Tatorten: Klimawandel, Abfall und Abgase, Arbeit, anonymer Konsum sowie Krieg und Konflikt.

Klimawandel wirkt indirekt. Emissionen in Europa beeinflussen den Klimawandel überall auf der Welt. Die zusätzlichen Todesfälle, die der Klimawandel verursacht, werden pessimistischen Schätzungen zufolge bis zum Ende des 21. Jahrhunderts auf 300 Millionen steigen. Selbst eine konservative Schätzung geht von 80 Millionen Opfern aus, sollten wir den Klimawandel weder abbremsen noch umkehren können.

Zur Kategorie des *Abfalls* und der *Abgase* gehören vor allem Plastikabfälle und Umweltverschmutzung. Deren Wirkung ist eher lokal, die Todesfälle belaufen sich nach derzeitigem Stand auf 4 bis 5 Millionen pro Jahr, wobei eine Million auf Plastikmüll und 3 bis 4 Millionen auf die Verschmutzung der Atmosphäre zurückzuführen sind. Die Folgen der Luftverschmutzung in Innenräumen bleiben bei diesen Schätzungen unberücksichtigt. Sie hängt nämlich mit den lokalen Wirtschafts- und Lebensbedingungen in Schwellenländern zusammen und lässt sich folglich nur schwer auf globale Wirkungsketten übertragen.

Geht man davon aus, dass die Abfall- und Abgasproduktion auf dem heutigen Niveau verbleibt, dann ergeben sich von 2020 bis zum Ende dieses Jahrhunderts etwa 320 bis 400 Millionen Todesfälle durch Abfall und Abgase. Wie kann es sein, dass Abfall und Abgase im 21. Jahrhundert noch tödlicher sind als der Klimawandel? Teilweise liegt dies daran, dass es große Unsicherheiten bei den Zahlen der Klimatoten und vor allem bei deren Zunahme im Lauf des Jahrhunderts gibt. Doch teilweise ist dies auf die Tatsache zurückzuführen, dass CO_2 nicht als Schadstoff gilt, der die Atmosphäre zerstört. CO_2 trägt zu ihrer Erwärmung bei – eine subtile, allmähliche Veränderung mit langfristigen, dramatischen Folgen. Der Klimawandel beunruhigt mehr als Abfall und Abgase, weil die gesamte Weltwirtschaft ins Schleudern zu geraten droht, sollte das Klima im globalen Maßstab kippen und sich nicht mehr selbst regulieren.

Was die Kategorie der *Arbeit*, nämlich die tödlichen Wirkungen globaler Produktions- und Lieferketten, betrifft,
so stütze ich mich auf Berechnungen der Internationalen
Arbeitsorganisation (ILO). Demnach ist direkt (also unmittelbar am Arbeitsplatz) mit rund 350 000 und indirekt (also
nicht am Arbeitsplatz, aber als Konsequenz der Arbeitsbedingungen) mit 2,3 Millionen Todesfällen pro Jahr zu rechnen.[9] Bleiben die Rahmenbedingungen so konstant, wie sie
derzeit sind, summiert sich dies zu 160 Millionen Opfern
bis zum Ende des 21. Jahrhunderts. Dies sind vorsichtige
Schätzungen; nicht berücksichtigt werden hier die Heraus-
forderungen, die mit dem Bevölkerungswachstum einhergehen.

Schließlich werden wir in eine globale Vereinsamungs-
krise geraten. Durch ein lange zu wenig beachtetes Unkraut
verändert sich im Lauf der Zeit, in den Worten von Carl
Friedrich von Weizsäcker, der »Garten des Menschlichen«.
Anonymer Konsum, die Reduktion wirtschaftlicher Aktivitäten im weitesten Sinne auf die eigenen vier Wände,
hat diverse Erscheinungsformen. Zuallererst denkt man
an Millionen älterer Menschen, die unsere Gesellschaft im
Stich lässt. Einsamkeit ist aber kein Privileg der Alten. Die
Corona-Pandemie hat unbarmherzig verdeutlicht, wie sehr
soziale Isolation Sterblichkeitsraten ansteigen lässt. Weitere
Formen anonymen Konsums ziehen gleichfalls zerstörerische Folgen nach sich, unter anderem missbräuchliche soziale Beziehungen, die im anonymen Internet schlagartig
zunehmen. Umfassende Untersuchungen zu den tödlichen
Folgen des anonymen Konsums und der Vereinsamung fehlen bislang. Konkrete Zahlen sind daher kaum zu erlangen.
Sind diese Todesfälle durch anonymen Konsum auf Selbst-

schädigung zurückzuführen, und lassen sie sich besser als Lifestyle-Tode verstehen? Wohl kaum.

Weil die Trends, die sich dem anonymen Konsum zuordnen lassen, schwer greifbar sind, habe ich lange gezögert, diesen Tatort überhaupt einzubeziehen. Aber die Sache ist zu wichtig, um sie zu vernachlässigen. Immerhin gibt es Untersuchungen, die zeigen, dass Vereinsamung das Risiko eines vorzeitigen Todes um 26 Prozent erhöht. Dieser Effekt übersteigt den der Fettleibigkeit und entspricht dem Konsum von 15 Zigaretten pro Tag. Eine Umfrage in Deutschland ergab, dass knapp jeder Fünfte sich häufig oder ständig einsam fühlt. Wenn es stimmt, dass das Sterberisiko der Vereinsamung dem des Rauchens entspricht, dann heißt das nichts anderes, als dass zwei Drittel der Menschen, die an Vereinsamung leiden, daran sterben.

Zu fragen bleibt, wie viele Menschen wirklich einsam sind, und zwar auf eine Art und Weise, die krank macht. Noch wichtiger für den in diesem Buch verhandelten Kill Score ist die Frage, wie eng unser Handeln mit der Vereinsamung anderer Menschen verbunden ist. Ich werde versuchen, eine Antwort auf diese Frage zu geben, wenn ich den anonymen Konsum genauer analysiere. Doch halte ich es nicht für sinnvoll, in diesem Fall einen quantitativen Kill Score anzugeben. Um Hamlet zu bemühen: »Es gibt mehr Ding' im Himmel und auf Erden,/ Als Eure Schulweisheit« – oder in diesem Fall: meine Rechenkunst – »sich träumt.«

Der fünfte Tatort spielt eine gesonderte Rolle bei unseren Untersuchungen. In ihm manifestiert sich das alte Spiel der Menschen, sich in Kriegen und Konflikten gegenseitig ins Unglück zu stürzen.

Dieses Spiel ist nur allzu bekannt. Doch wie Kriege und Konflikte mit dem Kill Score im Zusammenhang stehen, wird wohl erst nach dem Besuch der ersten vier Tatorte verständlich zu machen sein. Deshalb kann ich die Beobachtungen, die an dieser letzten Station unserer Detektivgeschichte zu machen sind, hier nicht schon vorwegnehmen.

Es gibt einen wichtigen Faktor, der tödliche Wirkungen entfaltet, hier aber aus Gründen, die ich wenigstens kurz erläutern will, nicht näher berücksichtigt wird. Gemeint ist die Resistenz gegen Antibiotika. Natürlich tragen wir hierfür kollektive Verantwortung, und wir wissen auch, dass sie dramatische Folgen hat. Eine Studie von 2022 kommt zu dem Schluss, dass sich bis zu eine Million Todesfälle pro Jahr auf Antibiotikaresistenz zurückführen lassen, eine Zahl, die sich bis zur Mitte dieses Jahrhunderts möglicherweise verzehnfacht. Sie kommt zustande, obwohl die meisten Menschen eher zurückhaltend im Umgang mit solchen Medikamenten sind, sie wenn möglich vermeiden oder behutsam einsetzen. Nichtvegetarierinnen tragen zwar durch ihren Fleischkonsum zur Ausbreitung von Antibiotikaresistenz bei, denn Antibiotika werden auch in der Tiermast eingesetzt und gelangen auf diese Weise in größeren Mengen ins Grund- oder Abwasser, aber insgesamt fehlen in diesem Fall klar wirksame, dominante Ursachen. Letztlich handelt es sich um einen quasi natürlichen Prozess des Abbaus an Wirksamkeit, der durch gewisse Praktiken (zum Beispiel Tiermast) nur beschleunigt wird.

Wenn man den Kill Score zusammenfasst, der sich den Tatorten, die in diesem Buch untersucht werden, zuordnen lässt, dann landet man nach pessimistischen Schätzungen bei einer Milliarde Menschen, die in diesem Jahrhundert getötet werden. »Optimisten« schätzen den Kill Score eher auf 500 Millionen. Das ist ziemlich genau in der Größenordnung des Lifestyle-Tods im 20. Jahrhundert.

Natürlich sind wir in der Lage, den Lauf der Dinge zu ändern, egal, ob es um Klima, Abfall und Abgase, Arbeit oder auch anonymen Konsum geht (und nicht zuletzt um Krieg und Konflikt). Ist es vorstellbar, dass wir Däumchen drehen und zusehen, wie es zu einem Gemetzel kommt, das geschichtlich ohne Vorbild ist? Ohne unser Zutun wird sich die Lage jedenfalls nicht verändern, denn es ist unser Zutun, das sie überhaupt erst hervorruft.

Es ist schwierig, die Zahl von 500 Millionen in vergleichender Perspektive einzuordnen, denn solche Vergleiche sind – hochgestochen ausgedrückt – mit komplizierten ethischen Abwägungen verbunden. Gemeint ist damit, dass nicht alle Toten gleich sind – und auch nicht alle Tötungen. So ist es nicht das Gleiche, ob eine Regierung oder ein Volk ein anderes Volk durch Genozid vernichtet oder ob wir an Billionen kleinster Transaktionen mitwirken, die – ohne dass wir dies beabsichtigten oder vielleicht auch nur wüssten – eine tödliche Wirkung haben. Aber nichtsdestotrotz ist das Ausmaß des Horrors, der uns in diesem Jahrhundert erwartet, wenn wir unser Verhalten nicht ändern, beispiellos. Noch einmal bemühe ich das letzte Jahrhundert als Vergleich. Der »klassische« Mord forderte im 20. Jahrhundert 177 Millionen Menschenleben, gemäß Schätzungen von Statista. Der Krieg 131 Millionen. Politische Ideologien (Faschismus und Kommunismus werden hier erwähnt) 142 Millionen. Selbst wenn wir all diese »direkt Getöteten« zusammenzählen, kommen wir nicht auf die oben erwähnten 500 Millionen. Natürlich lebten im 20. Jahrhundert weniger Menschen. Aber wir wiegen ja nicht Prozente, sondern Leben!

Zwar gilt, dass der Kill Score neu ist, aber nur um seine Größenordnung noch einmal zu reflektieren, erlaube ich mir zwei Vergleiche aus den Geschichtsbüchern.

Man nehme die deutsche Bevölkerung an einem lauen Junitag 1933. Gemäß Volkszählung umfasste sie 66 Millionen Menschen, darunter rund eine halbe Million Juden. Wenn man die Verantwortung für den Holocaust ganz grob der (nichtjüdischen) deutschen Bevölkerung insgesamt aufbürdet, käme auf zehn Deutsche ein Opfer des Völkermords. Man kann noch weitergehen und neben den Opfern des Holocausts alle zivilen und militärischen Opfer, die während des Zweiten Weltkriegs außerhalb des pazifischen Kriegsschauplatzes zu beklagen waren, auf die Verantwortung der Deutschen zurückführen. Wenn man die Schuld so verteilen würde, hätten zwei Deutsche die Verantwortung für ein Todesopfer zu tragen. Bei den Toten der Zukunft, von denen in diesem Buch die Rede ist, wird zwar ein wesentlich längerer Zeitraum berücksichtigt, aber der moderne Mensch im Westen ist auf dem besten Weg, durch den Klimawandel mehr Menschen umzubringen als die Deutschen durch den Holocaust oder den Zweiten Weltkrieg, und zwar sowohl in der Summe als auch »pro Kopf«.

Oder nehmen wir den Kolonialismus. Laut dem Office for National Statistics umfasste die britische Bevölkerung im Jahr 1851 rund 27 Millionen Menschen. Sieben Jahre später wurde die britische Herrschaft über Indien formalisiert. Entsprechend bietet es sich an, eine Bilanz der Kolonialherrschaft über Britisch-Indien zu ziehen. Dabei stößt man allerdings auf Probleme, denn die Deutschen sind nun mal emsigere Erbsenzähler als die Briten. Dank akribischer Buchführung haben wir heute einen genauen Überblick über die Grausamkeiten des Nazi-Regimes. Anders ist die Lage beim britischen Empire. Für die Menschen, die ihm zum Opfer gefallen sind, gibt es keine verlässlichen Zahlen. Immerhin kommen Historikerinnen weitgehend darin überein, dass circa 20 bis 30 Millionen Menschen unter der britischen Herrschaft in Südasien zu Tode kamen. Wenn man Zentral- und Südafrika sowie den Nahen Osten hinzunimmt, dann ergibt sich als Kill Score, dass auf eine britische Staatsbürgerin ungefähr ein Todesopfer kommt – auch unter Berücksichtigung der Tatsache, dass sich die Gesamtzahl der britischen Bevölkerung während der Zeit des Empire aus der Addition mehrerer Generationen ergibt.

An dieser Stelle drängt es sich auf, die Geschichte des europäischen Kolonialismus und Imperialismus, an der die Briten und andere Völker seit dem 16. Jahrhundert mitgewirkt haben, um eine wichtige Fußnote zu ergänzen. Neuere Forschungen legen nämlich nahe, dass der erste nachweisbare Fall eines menschengemachten Klimawandels gar nicht aus der Zeit der industriellen Revolution stammt, die in Liverpool, Manchester oder später in Chemnitz und Pittsburgh in Gang kam. Vielmehr steht für diesen ersten Fall ein Ereignis, das sich auf den Zeitraum zwischen 1492 und 1610 eingrenzen lässt: der Massenmord an geschätzt 50 Millionen Ureinwohnern in Nord- und Südamerika. Durch diese weitgehende Entvölkerung veränderte sich das Ökosystem – und zwar in genau umgekehrter Richtung als heute. Es kam damals zu einer Reduktion von CO_2 in der Atmosphäre und zu einer Mini-Eiszeit.

Solche gruseligen Vergleiche ziehen gewichtige Fragen nach sich. Gerade habe ich beiläufig die Verantwortung für den Holocaust und den Kolonialismus jeder einzelnen deutschen und britischen Staatsbürgerin in gleicher Weise zugeschlagen. Doch hat Hitler etwa den gleichen Kill Score wie mein Urgroßvater oder meine Großmutter, die gerade vier Jahre alt wurde, als Hitler an die Macht gelangte? Liegen die Toten des Zweiten Weltkriegs in Europa voll und ganz in Deutschlands Verantwortung oder fällt Stalins Einmarsch in Polen doch auch ins Gewicht? Welche Verantwortung hat die britische Handelsaristokratie, welche die Arbeiterin auf der Straße?

Der Kill Score, den ich in diesem Buch analysiere, wird präziser, detaillierter und aussagekräftiger sein als die Zahlen, mit denen ich gerade jongliert habe. Mir liegt die Absicht fern, vergangene Konflikte nachzuverhandeln oder gar rechnerisch mithilfe eines Kill Score zu bewältigen. Nicht zuletzt, weil ich ja auch gerade ausgeführt habe, dass der Kill Score eine neue Erscheinung ist, die fest im 21. Jahrhundert zu verorten ist. Es gibt gute Gründe dafür, die Idee eines Holocaust-Kill-Scores abwegig und widerlich zu finden. Individuelle Verantwortung lässt sich schwer zuordnen, wenn eine Bevölkerung aus Tätern, Mitläuferinnen und Opfern, Demagogen, Soldaten und Widerstandskämpferinnen besteht.

Aber auch beim modernen Kill Score reicht es nicht, nur die Todesfälle zu zählen. Erbsen zählen ist eine Sache, aber Verantwortung verteilen eine ganz andere. Auch, weil wir es ja hier mit drei Akteuren zu tun haben: dem Verbraucher, der Firma und den Finanzmarktakteuren. Sie alle spielen ihre Rolle. Deshalb wird auch in Teil 3 das Gerichtsverfahren eine komplizierte Angelegenheit und die Diskussion über die Konsequenzen politischen und privaten Handelns nicht nur wissenschaftliche, sondern auch rechtliche und ethische Fragen tangieren. Eine wahre, »richtige« Antwort wird sich, das muss ich schon hier am Anfang sagen, wahrscheinlich nicht finden. Moral, Ethik, Verantwortung sind etwas ganz anderes als der bloße Fußabdruck auf dem Wohnzimmerparkett. Der misst nur unsere Spur, aber nicht die Motivation und die Legitimation für unser Handeln.

Wir reden in diesem Kapitel vom Lifestyle-Töten, aber wer ist eigentlich für diesen Lifestyle verantwortlich? Die Verbraucherin, der Produzent, das Finanzinstitut? Und wie können wir den Spuren unseres ökologischen und sozialen Fußabdrucks überhaupt folgen und sie auf diese Akteure zurückführen? Um gut gerüstet die verschiedenen Tatorte zu besuchen, müssen wir uns in einem gesonderten Kapitel diesen Fragen zuwenden. Ich habe vorhin von der Kriminalistik gesprochen, der Forensik. Die Kriminalistik, die wir in dieser Detektivgeschichte brauchen, ist eine etwas andere. Wir nennen sie die Attributionsforschung.

3.

DIE WISSENSCHAFT DES KILL SCORE

Es handelt sich wohl um eines der berühmtesten Film-
plakate aller Zeiten: Uma Thurman alias Mia Wallace als
Protagonistin des 90er-Jahre-Streifens *Pulp Fiction* von
Quentin Tarantino. Mia Wallace liegt auf einem zerwühl-
ten Bettlaken. Sie trägt 15 Zentimeter hohe High Heels, eine
zeitlose schwarze Ponyfrisur. Lasziver Blick, dunkelroter
Lippenstift, eine Knarre auf dem Kissen, die linke Hand auf
einer Ausgabe der Zeitschrift *Pulp:* eine Ikone der Filmge-
schichte.

Doch irgendetwas fehlt an meinem Bild. Was habe ich ver-
gessen? Ich streife mental noch einmal über das Motiv: Mia
Wallace schaut in die Kamera, gekreuzte Beine, schwarze
Mörderabsätze, schwarze Nylons, schwarzes Kleid, roter
Lippenstift, linke Hand auf der Zeitschrift, Knarre auf dem
Kissen. Tatsächlich. Was hat sie in der rechten Hand?

Meine improvisierte Umfrage unter Freunden ergab: Wer
vor 1990 geboren ist, lag mit seiner Antwort fast immer
richtig. Dass sich dieses Detail – die Zigarette! – so hartnäckig eingeprägt hat, ist bemerkenswert.

Wer *Pulp Fiction* nicht kennt, den mag dieses Bild kalt-lassen. Andere Figuren dürften jedem bekannt vorkommen. Al Pacino als Michael Corleone, wie er sich in *Der Pate* eine Zigarre anzündet. Sean Connery als James Bond am Poker-tisch. Sharon Stone als Catherine Tramell ohne Slip, aber mit Zigarette in *Basic Instinct*. Helena Bonham Carter als Marla Singer in *Fight Club*. Olivia Newton-John als Sandy in der Schlussszene von *Grease*. Humphrey Bogart in *Casablanca*. Audrey Hepburn in *Frühstück bei Tiffany*. Renée Zellweger als Bridget Jones. Kendall Roy in der Eröffnungs-szene von *Succession*.

Zigaretten sind allgegenwärtig in der Kinogeschichte. In den 1960ern und 1970ern standen sie für sozialen Status, in den 80ern und 90ern waren sie wegen der aggressiven Vermarktungsstrategien weltweit präsent, eine Reaktion der Tabakindustrie auf die verschärfte Regulierung der klas-sischen Werbung. Die amerikanische Tabakfirma R. J. Rey-nolds ging sogar so weit, Schauspielern ein monatliches Zigarettenkontingent kostenlos bereitzustellen. Sie wuss-ten, was sie tun.

Studien in Amerika zufolge ist bei Kindern, die dem Zigarettenkonsum auf der Leinwand in erhöhtem Maße ausgesetzt sind, die Wahrscheinlichkeit, dass sie selbst zu rauchen beginnen, um den Faktor 3 erhöht. Als kausale Beziehung ist dieser Befund ziemlich beeindruckend. Man stelle sich einen 13-Jährigen vor, dessen Bereitschaft, Ziga-retten auszuprobieren, von 5 auf 25 Prozent steigt, weil er sie im Kino sieht. Das klingt wie Pop-Science, ist jedoch in deutschen Studien wiederholt und bestätigt worden. An dem Befund scheint etwas dran zu sein.

Dass Künste und Kultur unsere Gewohnheiten und unser Verhalten nachhaltig bis ins Unterbewusstsein prägen, bedarf nicht des Belegs durch akademische Studien, aber dass es sie tatsächlich gibt, hilft. Statt im nebulösen Halbwissen darüber, was die Welt im Innersten zusammenhält, stecken zu bleiben, profitieren wir von der Forschung, die Kausalitäten nachweist sowie Verantwortlichkeiten skizziert und quantifiziert. Forschung beleuchtet unbekannte Kausal- und Verantwortungsketten, die Täter und Opfer, Aktion und Reaktion miteinander verbinden. Ohne diese analytische Forschung, die sogenannte Attributionsforschung, hätte ich dieses Buch gar nicht schreiben können. Ohne sie, wie bereits erwähnt, gäbe es keinen Kill Score.

Attributionsforschung klingt abstrakt. Und doch hat jede und jeder von ihr gehört. Unser populäres Verständnis der Attributionsforschung beginnt mit einer ausgedehnten Kaffeepause im Jahr 1961.

Diese Pause des US-amerikanischen Mathematikers und Meteorologen Edward Lorenz dauerte, genau genommen, eine Stunde, in der sein Computer komplexe Wettervorhersagen durchrechnete. Die Ausgangsdaten hatte er zuverlässig eingegeben und »nur« bei einem einzigen Eintrag die letzten drei Ziffern hinter dem Komma gestrichen: Er hatte statt 0,506127 die Ziffernfolge 0,506 eingegeben. Als Edward an seinen Rechner zurückkehrte, hatte seine Modellrechnung dramatisch veränderte Ergebnisse hervorgebracht, die allein Folge jener minimalen Differenz nach dem Komma waren. In diesem Augenblick war der *Schmetterlingseffekt* geboren: Er veranschaulicht die Idee, dass etwas Beiläufiges wie der Flügelschlag eines Schmetterlings einen Wirbelsturm auslösen könnte.

Der Schmetterlingseffekt ist ein schönes, poetisches Bild. Aber bei diesem Effekt geht es nicht wortwörtlich darum, dass Schmetterlinge Wirbelstürme auslösen. Ursprünglich war dies vielleicht so gemeint, inzwischen wissen wir, dass das Bild etwas hakt. Quantenwissenschaftlerinnen legen heute besonderen Wert auf die Feststellung, dass die Gewichtung kleinster Details oft übertrieben wird. Neuere Studien aus der Quantenwissenschaft zeigen, dass Zeitreisende, anders als von Ray Bradbury vermutet, getrost auf ein Insekt treten können, ohne die Welt aus den Fugen zu heben. Alles ist Chaos. Und Chaos ist alles.

Kein gutes Omen für meine Ausführungen in diesem Buch. Wir können also die mannigfaltigen Mosaikstücke der modernen Welt und der Natur, in der wir leben, nicht exakt nachzeichnen. Daraus folgt aber keineswegs, dass es keine klar abgrenzbaren Handlungen gibt, auf die wir die Veränderungen unserer Umwelt zurückführen können. Nur wenige Chaostheoretiker dürften den Klimawandel leugnen. Aber kein Flügelschlag eines Schmetterlings hat diesen Wandel ausgelöst oder wird ihn verstärken. Wir sind die Täter.

Dass sich Todesfälle auf Handlungen zurückführen lassen, damit steht und fällt der Kill Score. Daher müssen wir die Ursachen für die Todesarten identifizieren, von denen dieses Buch handelt. Die Attributionsforschung erlaubt uns, die Täter den Tatorten (Klimawandel, Abfall und Abgase, Arbeit, anonymer Konsum) zuzuordnen. Und nicht nur das. Sie zeichnet die Rolle einzelner Akteure nach, bebildert die Umstände der Tat.

Genau genommen muss die Attributionsforschung zwei Aufgaben in dem Krimi leisten, der sich tagtäglich und weltweit vor unseren Augen abspielt. Zuerst muss sie die

Todesursache identifizieren. Und dann den oder die Täter nennen.

Wer sich mit Attributionsforschung beschäftigt, den könnte die Vorstellung eines Detektivs auf der Suche nach Tätern befremden. Forschung wirkt auf den ersten Blick oft dröge, weltfremd, schwer zugänglich und verstiegen in abstrakten Wahrscheinlichkeitsrechnungen. Vermutlich dürften nur wenige, die vom Klimawandel überzeugt sind, je versucht haben, eine von Erbsenzählerinnen verfasste Studie zum Klimawandel zu lesen und wirklich auch zu verstehen.

Niemand liest eine medizinische Studie, wenn er Kopfschmerzen hat. Man nimmt eine Tablette Paracetamol. Dennoch lohnt es sich zu verstehen, wie die einschlägige Forschung im Großen und Ganzen operiert. Wir öffnen also die Motorhaube und sehen uns die Maschine ein bisschen genauer an. Ein genauerer Blick erlaubt uns, das Potenzial des Kill Score zu umreißen.

Die Attributionsforschung hilft bei der Aufarbeitung der entstandenen Schäden und wird bereits in Gerichtsverfahren eingesetzt, in denen Personen angeklagt sind, die für Umweltschäden verantwortlich gemacht werden. Güte und Gründlichkeit dieser Wissenschaft haben einen Einfluss auf die Festlegung von Schadenersatz, auf die politische Entscheidungsfindung. Indirekt beeinflusst die Attributionsforschung damit auch unsere persönliche Lebensführung.

Untersucht man die Tatorte, um Todesursachen zu ermitteln, kann man zwei Typen von Attributionsforschung anwenden: *russisches Roulette* und *Tod durch tausend Stiche*.

Beim russischen Roulette halten sich die Spieler einen Revolver mit einer einzigen Patrone an den Kopf und drücken ab, ohne zu wissen, ob die todbringende Patrone im Lauf liegt. Normalerweise hält die Waffe sechs Schuss, also hat man eine 83-prozentige Wahrscheinlichkeit zu überleben. Eigentlich gar nicht so schlecht. Es gibt Laster mit schlechteren Überlebenschancen.

Nun weicht jedoch jemand von den Regeln ab und schiebt weitere fünf Patronen in die Trommel. Die Überlebenschancen stehen dann bei null. Attributionsforscher wollen herausfinden, wie viele Patronen sich anfangs in der Waffe befanden und wie viele am Ende noch darin sind, nachdem man die Welt verändert hat. Wir wollen also ermitteln, wer die Verantwortung trägt, wenn man das Spiel verliert. Das Roulettebild veranschaulicht auch schon die oben beschriebene Logik. Hier interessieren uns nicht die Spieler, also nicht, wer abdrückt, sondern die *Spielregeln*.

In der Attributionsforschung hat man es nie mit einem Revolver mit nur sechs Patronen zu tun. Vielmehr fasst die Waffe, mit der sie sich beschäftigt, oft eine Million Patronen, und es gibt Leute, die zu der einen Patrone, die sich bereits im Revolver befindet, 999 999 hinzugefügt haben.

Das klingt unsinnig? Ich erläutere das Konzept an einem konkreten Beispiel: Eine der interessantesten neueren Attributionsstudien aus dem Jahr 2020 argumentiert im Stil des russischen Roulettes und stammt von Yukiko Imada und ihrem Team vom Forschungsinstitut des japanischen Wetterdienstes. Yukiko Imada untersuchte eine Hitzewelle in Japan im Jahr 2018, die mehr als 1000 Tote forderte. Fasste man die Daten aus 927 Wetterstationen zusammen, so wurden im Juli 2018 mehr als 6000-mal Temperaturen über 35 °C gemeldet. Ist diese Hitzewelle auf den menschengemachten Klimawandel zurückzuführen?, fragten sich Imada und ihre Mitarbeiterinnen. Und wenn dies der Fall ist, wie lässt sich das herausfinden? Sie bauten einen Rechner, der das Wetter simuliert, und fütterten ihn mit drei Arten von Informationen. Erstens verwendeten sie zuverlässiges empirisches Material: ältere Wetterdaten. Das ist die Ausgangslage. Wie viele Patronen sind in der Trommel?

Zweitens wurde der Klimarechner mit einer Fülle von Informationen zu möglichen Wettereinflüssen versorgt. Dabei handelte es sich um Daten über Luftbewegungen und andere Dynamiken, die parallel zur Temperaturentwicklung ablaufen.

Als dritten Schritt entwickelten die Forscher Formeln und Regeln, die das Verhältnis zwischen Wetter und Rahmenbedingungen maßen und simulierten.

Wem das alles zu abstrakt ist, der denke an einen Flugsimulator. Er erfasst Wind, Temperatur, Flughöhe, Gewicht, Balance etc. Außerdem sieht er menschliche Eingriffe vor, weshalb er so gut in die Umweltgeschichte passt. Ein Flugsimulator hilft, verschiedene Ergebnisse unter wechselnden Voraussetzungen zu untersuchen. So ungefähr funktioniert auch die Attributionsforschung. Sie simuliert unterschiedliche Szenarien.

Betrachten wir zunächst die 5000 verschiedenen in der Studie untersuchten Verläufe im Juli 2018. Darunter waren Szenarien für eine (natürlich imaginäre) Welt, in der das Klima von Menschen gänzlich unbeeinflusst geblieben wäre. Zugleich analysiert die Studie jedoch mögliche Abfolgen des Klimawandels in unserer realen Welt. Anhand der Simulationen konnte man also herausfinden, wie oft es in einem Juli vorkommen kann, dass 927 Wetterstationen mehr als 6000-mal eine Temperatur von über 35 °C melden. Den Daten zufolge liegt in einer Welt ohne Erderwärmung die Wahrscheinlichkeit für eine solche Hitzewelle bei 0,003 Prozent. In einer Welt mit Erderwärmung (also in der Welt, in der wir leben) liegt die Wahrscheinlichkeit dafür bei 19,9 Prozent.

Was heißt das? Fangen wir mit dem an, was es nicht heißt. Es heißt nicht, dass eine solche Hitzewelle unmöglich wäre in einer Welt ohne Klimawandel; sie träte jedoch nur alle 30 000 Jahre auf. Denkt man an die möglichen Hitzetoten in einem solchen Sommer, bedeutet das auch nicht, dass es gar keine gegeben hätte. Man kann sich ja sehr einfach vorstellen, dass vielleicht nur 100-mal eine Temperatur von über 35 °C gemeldet worden wäre und dann etliche Menschen – aber wesentlich weniger als im Sommer 2018 – verstorben wären. Letztlich wird hier – wie bereits angedeutet – nur geprüft, wie wahrscheinlich es ist, dass ein Ereignis eintritt. Wie die Menschen darauf reagieren und damit umgehen, bleibt unbeachtet. Bildlich gesprochen wurde also nicht untersucht, ob man sich die Waffe an die Schläfe gelegt hat, indem man ohne Wasser und Klimaanlage der Hitze zu trotzen versuchte, obwohl man alt und schwach war.

Aber gerade diese Frage ist ausschlaggebend für die Schäden, die tatsächlich entstehen, und die Opfer, die zu beklagen sind.

Klar, das Ganze ist kompliziert; etwas anderes zu behaupten, wäre unverantwortlich. Das liegt auch daran, dass es – um die oben erwähnte Metapher aufzugreifen – auch ohne Schmetterlinge Wirbelstürme gäbe. Analog gilt, dass es auch ohne Menschen zu Hitzewellen, Lawinen, Flutkatastrophen etc. kommen kann. Dieser Einwand mag zwar mit Blick auf einzelne Ereignisse stichhaltig sein, doch ändert dies nichts an der beobachtbaren Dynamik des Klimawandels. Die Studie von Imada und Co. liefert eindeutige Hinweise, dass die Hitzewelle durch menschliches Handeln verursacht wurde.

Es macht einen Unterschied, ob ich eine Waffe mit 30 000 Schuss und einer einzigen Patrone in die Hand nehme oder eine Waffe mit 30 000 Schuss und 6 000 Patronen. Deswegen das Bild vom russischen Roulette.

Über Attributionsforschung lässt sich jedoch noch auf andere Weise nachdenken, mit einer Idee, die von vielleicht keinem so kunstvoll in Szene gesetzt wurde wie dem zumindest äußerlich biederen jüngeren Bruder von John F. Kennedy, Robert F. Kennedy. Als Senator reiste RFK, so sein Kürzel, 1966 nach Südafrika und beschrieb dort so etwas wie ein Pendant zum Schmetterlingseffekt mit Blick auf soziale und politische Entwicklungen. Freilich interessierten ihn als Mitglied der Kennedy-Familie und als Amerikaner weniger die Katastrophen als die Veränderungen zum Guten. In einer Anti-Apartheid-Rede vor südafrikanischen Studierenden im Juni 1966 bemühte er das Bild einer Welle: »Jedes Mal, wenn ein Mensch sich für ein Ideal einsetzt oder dafür kämpft, die Rechte anderer zu schützen, löst er eine kleine Welle der Hoffnung aus, und wenn sich diese Wellen treffen, die von einer Million Kraftzentren ausgehen, dann vereinigen sie sich zu einer Strömung, die die mächtigsten Mauern der Gegenwehr und der Unterdrückung niederreißen kann.« Diese Worte Kennedys sind so bedeutend, dass sie an seiner Grabstätte eingemeißelt wurden.

Bei der Russisch-Roulette-Variante zur Zuschreibung von Verantwortung geht es normalerweise eher um das Gesamtbild und um Kausalitäten im großen Maßstab. Hätte es die Hitzewelle ohne Klimawandel gegeben? Wie heftig wäre der Wirbelsturm ohne Klimawandel gewesen? Werde ich sterben, wenn ich den Abzug drücke? Mag dieser Ansatz auch mit Wahrscheinlichkeiten arbeiten und viele Faktoren berücksichtigen, so zielt er doch gerade mit Blick auf den Klimawandel auf binäre Szenarien: Hat x nun y verursacht, ja oder nein, beziehungsweise wie wahrscheinlich ist es, dass x am Ende des Tages y verursacht hat? Manchmal jedoch interessieren wir uns eher für Faktoren, die nur geringfügig zu einem Ergebnis beitragen. Dabei wollen wir nicht wissen, ob x nun y verursacht hat, sondern welchen prozentualen Anteil x an y hat.

Der Forschungsansatz, der hierzu passt, verwendet eine Methode, die mit dem sogenannten zurechenbaren Anteil arbeitet. Er fragt danach, welchen Beitrag jede einzelne »kleine Welle« zum Einsturz einer Mauer oder aber zur Entstehung einer Flutwelle leistet. Gelegentlich kommt die Methode des zurechenbaren Anteils in der Klimaforschung zum Einsatz, besonders gut scheint sie aber zu den sozialen Killern zu passen, die in diesem Buch verhandelt werden.

Vielleicht kann man diese Methode am besten erläutern, wenn man an eine chinesische Foltertechnik namens Lingchi erinnert, die im Westen unter dem Namen »Tod durch tausend Stiche« bekannt ist.

Wie der Name ahnen lässt, wird bei dieser Folter ein Stück Fleisch nach dem anderen aus dem Körper eines Menschen herausgeschnitten, bis er stirbt. Diese grausame Technik wurde offenbar tausend Jahre lang in China praktiziert, aber selten angewandt. Es gab zwar tausend Schnitte, aber auch *einen* letzten Schnitt, der tödlich war. Doch kein einzelner Schnitt für sich wäre tödlich gewesen. Es hätte nichts am Ergebnis geändert, einen bestimmten Schnitt wegzulassen. Umgekehrt führte nur die Summe aller Schnitte zum geplanten Ergebnis.

Die Methode des zurechenbaren Anteils versucht, dieses Phänomen fassbar zu machen. Man stelle sich vor, dass diese Foltertechnik bei tausend Menschen angewandt wird und jeder von ihnen nach genau tausend Stichen oder Schnitten stirbt – und zwar nach einer identischen Abfolge verschiedener Typen von Schnitten, die alle gleichermaßen schmerzhaft und schädigend sind. Nach dieser Rechnung tötet jeder einzelne Typ Schnitt genau einen Menschen. Diese Logik ist die Grundlage dieser Art der Attributionsforschung. Ein einzelner Schnitt, der zum Beispiel Fleisch von der Schulter entfernt, ist demzufolge für 0,001 Tote verantwortlich. Wenn er aber tausendmal angewandt wird, ist er folglich für einen Toten verantwortlich.

Vielleicht hilft es, an dieser Stelle auf die Studie über das Rauchen zurückzukommen, die ich am Anfang dieses Kapitels erwähnt habe. Sie wurde 2009 von Todd Heatherton und James Sargent veröffentlicht, zwei Naturwissenschaftlern, die am Dartmouth College in den USA forschten. Todd und James (oder vielleicht auch ihre Studierenden oder irgendeine Auftragsfirma) riefen 6522 Jugendliche zwischen 10 und 14 Jahren an, die nach dem Zufallsprinzip ausgewählt waren, und führten mit ihnen eine Umfrage durch. Sie stellten diesen Jugendlichen eine ganze Menge Fragen über ihre Routinen beim Kinobesuch, ihre Persönlichkeit, ihre Eltern, ihre Lebensumstände. Schließlich schauten sie auf die statistische Korrelation zwischen zwei Dingen: Man sieht Leute im Film rauchen – und man raucht selbst.

Zur Erinnerung: Bei dieser Studie kam heraus, dass die Wahrscheinlichkeit des Rauchens in der Altersgruppe der 13-Jährigen von 5 auf 25 Prozent steigt, wenn jemand im Kino dauernd rauchende Schauspieler sieht. Wendet man die Methode des zurechenbaren Anteils auf die Ergebnisse der Dartmouth-Studie an, ergibt sich folgende Rechnung: Nehmen wir an, man setzt 100 Menschen häufig Raucher vor die Nase. Über kurz oder lang werden 25 von ihnen ebenfalls Tabak konsumieren, wobei fünf ohnehin angefangen hätten zu rauchen. Das heißt, dass 20 Menschen von der »kleinen Welle« erfasst werden, die von den Kinofilmen ausgeht. Wenn man nun der Einfachheit halber annähme, dass jeder, der raucht, daran stirbt (was natürlich nicht der Fall ist), dann ergäbe sich bei dieser Berechnung von Verantwortlichkeit ein Kill Score von 20.

Nun stelle man sich aber vor, dass nur 50 Prozent aller Raucher an ihrem Laster sterben und dass es eine zusätzliche Todesursache gibt: ungesunde Ernährung. Dies vorausgesetzt, sterben von den 25 Rauchern nur noch 12,5 am Tabakkonsum. 2,5 von ihnen hätten sowieso – auch ohne Kino – mit dem Rauchen angefangen und wären daran gestorben. Jetzt lassen sich noch zehn Todesfälle mit den rauchenden Schauspielern in Verbindung bringen. Wir hatten aber noch eine zweite Komplikation eingeführt: ungesunde Ernährung. Wir müssen also die Sterblichkeit, die mit dem Kinobesuch zu tun hat, reduzieren, weil die zehn Todesfälle auf eine Kombination aus ungesunder Ernährung und Rauchen zurückgehen. Nehmen wir an, dass im Durchschnitt drei der zehn Menschen sowieso an ungesunder Ernährung gestorben wären. Das ergäbe einen Kill Score von 7, der an Kinofilme gekoppelt ist.

In diesem erfundenen Beispiel rauchen 25 Menschen, 12,5 von ihnen sterben ausschließlich an ihrem Tabakkonsum, 2,5 wären auch ohne Kinobesuch an den Folgen des Rauchens gestorben, drei hätte ihre ungesunde Ernährung dahingerafft, also bleiben sieben zusätzliche Tote übrig.

Man kann sich leicht ausmalen, dass solche Analysen ziemlich schnell kompliziert werden. Damit kann man leben, denn kluge Wissenschaftler sind dazu da, den Durchblick zu behalten.

Die Attributionsforschung zeigt uns – zumindest im sozialen Bereich –, dass der gesellschaftliche Wandel unweigerlich einer Strömung folgt, die sich »aus einer Million Kraftzentren« speist. Das bedeutet nicht, dass alle Kraftzentren in gleichem Maße Kraft ausüben. Aber aus ihnen allen speist sich der Wandel. Diese Kraftzentren zeigen uns die Kraft des Kleinen, die Möglichkeiten, nicht nur immer das System als Ganzes zu betrachten, sondern auch seine Akteure zu erforschen, zu verstehen und ja, auch zur Verantwortung zu ziehen.

Bislang ging es vor allem darum, wie man Verantwortung wissenschaftlich zuschreiben kann. Es stellt sich aber nicht nur die Frage, wer etwas tut oder lässt, sondern auch, wer etwas tun sollte oder von wem wir legitimerweise erwarten können, dass er etwas tut. Die Wissenschaft klärt uns nicht nur darüber auf, wer ein System beeinflusst, sondern auch, wer die Verantwortung für Veränderungen trägt.

Veranschaulichen lässt sich dies am Beispiel der Verschmutzung durch Plastikmüll. Angenommen, wir als Gesellschaft produzierten 100 Tonnen Plastikmüll pro Jahr und hätten das Ziel, diese Menge bis 2050 auf null zu reduzieren. Natürlich müssen bis dahin alle Beteiligten auf dem gleichen Level sein. Aber es gibt Zwischenschritte. Müssen alle den Müll gleich schnell reduzieren? Gibt es Sonderrechte oder auch -pflichten für einzelne Akteure, die vor 2050 greifen und zeitweise zu Unterschieden führen? Vor diesen drängenden Fragen stehen Unternehmen und Finanzinstitute, die sich unter dem Druck der Öffentlichkeit neu ausrichten sollen. Wer muss sich wie schnell verändern?

Auf diese Frage haben die Erbsenzählerinnen zum Glück passende Antworten, die wir uns kurz anschauen sollten. Genau genommen haben sich in den letzten Jahren vier Denkschulen etabliert, die vorschlagen, wie diese Verantwortlichkeiten zu verteilen sind.

Die erste Option besagt, dass die Verantwortung für den Wandel auf alle gleich umgelegt wird. Unternehmen werden anhand ihres Marktanteils gewichtet, auf zusätzliche Kriterien wird verzichtet. Dieser Ansatz zeichnet sich durch seine elegante Einfachheit aus. Andere Kriterien für Gewichtung und Gleichheit werden verworfen – aber nicht, weil man sie für falsch hält, sondern weil man keinen Weg sieht, sie auf faire und transparente Weise anzuwenden. Diese Logik können wir auch auf Privatpersonen anwenden. Je mehr Geld wir verdienen oder ausgeben, desto mehr Emissionen dürfen wir uns erlauben. Aber nur mit einem linearen Wachstum, Privatjets sind in dieser Welt eigentlich nicht erlaubt. Auf der anderen Seite muss dann auch jeder seinen Fußabdruck reduzieren, Arm und Reich.

Nach der zweiten Option hält man sich an Kriterien der Effizienz. Allgemein gesprochen bedeutet dies, dass diejenigen, die besonders unwirtschaftlich arbeiten, mehr zur Verantwortung gezogen werden als andere, dass man also mit ihnen beginnt und sich dann langsam zu den anderen vorarbeitet. Im Fall des Plastikmülls heißt das, dass die ineffizienteste Fabrik zuerst schließen muss und die effizienteste zuletzt. Die ökonomische Logik hinter dieser Überlegung leuchtet ein, und wahrscheinlich wird der reale Wandel tatsächlich nach diesem Schema verlaufen. Das Problem ist, dass die Messungen, die dieser Logik zugrunde liegen, oft nicht einfach durchzuführen sind und dass nichtökonomische Gesichtspunkte – politische oder soziale – dabei gar keine Rolle spielen.

Dies führt zur dritten Option, also zu einer Welt, in der die Verantwortung für den Wandel ökonomische, soziale und politische Gesichtspunkte berücksichtigt. Auf diese Weise will man den realen Verhältnissen möglichst vollständig Rechnung tragen. Allerdings sind die Bestimmung und Gewichtung diverser Faktoren eine ziemlich subjektive und oft undurchsichtige Angelegenheit. Transparenz und Verständlichkeit werden hier auf dem Altar der Wahrheit geopfert – ein Handel, auf den sich nicht alle von uns einlassen wollen.

Schließlich gibt es noch die vierte Option, wonach die Verantwortung für den Wandel aus der Vorgeschichte abgeleitet wird. Demnach wird denjenigen, die bereits am meisten Müll produziert haben, als Ersten das Recht auf weitere Verschmutzung abgesprochen. Eine Variante dieser Logik hat zum Beispiel Eingang in die UN-Klimaverhandlungen gefunden, in denen es darum geht, die Lasten zwischen entwickelten und sich entwickelnden Ländern aufzuteilen. In der Welt der Unternehmen und Finanzinstitute ist dieser Ansatz allerdings unüblich. Dafür gibt es viele Gründe, aber am ehesten sticht derjenige, wonach es sich bei der historischen Verantwortung eher um eine politische Kategorie handelt, die einfach nicht das Zeug dazu hat, in die Geschäftswelt übernommen zu werden.

Wer sich jetzt unsicher ist, welcher Schule zu folgen sei, betrachte folgende Frage, analog zur Frage der Reduktion von Plastikmüll. Wer darf angesichts des Klimawandels das letzte Fass Öl produzieren? Die erste Schule sagt: Na gut, jeder darf ein Drittel oder ein Viertel oder ein Hundertstel des letzten Fasses produzieren. Eine faire Verteilung. Die Effizienztheoretiker wiederum sagen: So etwas ist äußerst unpraktisch und unökonomisch. Geben wir das Recht dem saudischen Königreich oder vielleicht Iran, beide unter den kostengünstigsten Produzenten der Welt. Das mag man politisch unschön finden, ist jedoch in unserem Wohlfahrtsinteresse, wenn es darum geht, billige Energie zu beziehen. Und so funktioniert nun mal die Welt. Die dritte Gruppe sagt: Nicht so schnell. Die Ölförderung nur durch die Effizienzbrille zu betrachten, lässt das politische Ziel der Energieunabhängigkeit außer Acht. Ein Thema, das uns aufgrund des Kriegs in der Ukraine umtreibt. Erst recht lässt diese Sichtweise soziale Fragen, die Zukunft der Arbeitsplätze in der Ölindustrie, Kriegsfinanzierung etc. unberücksichtigt. Die vierte Gruppe wiederum sagt, dass sie ohne historische Bewertung diese Frage gar nicht beantworten kann, aber sie spielt wie erwähnt außerhalb der Hallen der politischen Macht so gut wie keine Rolle.

Man könnte sich natürlich noch mehr Optionen ausdenken, aber die vier genannten decken weitgehend ab, wie über diese Frage nachgedacht wird. Dabei handelt es sich um reale Optionen, nicht um Experimente im Elfenbeinturm. In gewisser Weise stellen sie eine spiegelbildlich verkehrte

Version dessen dar, was in der Ethik als effektiver Altruismus bezeichnet wird. Die Vertreterinnen dieser Schule versuchen herauszufinden, wie man auf möglichst effiziente Weise Gutes tut, wie man also Ressourcen optimal einsetzt. Hier sucht man nun umgekehrt nach dem besten Weg, um Schaden zu vermeiden, also Schlechtes zu unterlassen.

Welche Option oder welche Kombination von Optionen einem am meisten zusagt, entscheidet man sicher nicht nach wissenschaftlichen Kriterien allein. All diese Fragen haben zweifellos eine moralische Komponente, sie betreffen die persönliche Verantwortung und die Ethik unseres Handelns. Auch wenn die Verhaltensforschung Auskunft darüber gibt, welche Treiber zu unterschiedlichen Ergebnissen führen, auch wenn sich mittels der Zuschreibung von Verantwortung einiges zur Umsetzung von Wandlungsprozessen sagen lässt, hat die Frage, wie Verantwortung auf die Entscheidungen von Individuen, Produzenten und Investoren verteilt wird, eine moralische Dimension – und eine rechtliche, wie dies in der Gerichtsverhandlung, die in Teil 3 dieses Buches inszeniert wird, deutlich wird.

Hier hilft vielleicht eine Parabel, die von einer Geschichte aus dem Buch *Die Idee der Gerechtigkeit* des indisch-amerikanischen Ökonomen Amartya Sen inspiriert ist. Wir gehören zu dem (fiktiven) Komitee zur Verteilung königlicher Gunst. Die Königin war sehr krank, doch nun ist sie wieder genesen – und zwar dank der magischen Wirkung eines Flötenkonzerts, dem sie in ihren Gemächern gelauscht hat. Das Komitee ist nun zuständig für die Vergabe einer Goldmünze, mit der die Königin ihren Dank für die wiedererlangte Gesundheit zum Ausdruck bringen möchte. Drei Kandidatinnen stehen zur Wahl: Maria hat die Flöte gebaut, Sophie hat sie gespielt, und Josephine hat das Material für die Flöte besorgt, Maria für ihr Handwerk bezahlt und Sophies Musikunterricht finanziert. Wer bekommt die Münze? Oder anders gefragt: Wer kriegt die Verantwortung?

Erfreulicher könnte eine knifflige Frage kaum sein. Die Gefahr beim Verteilen von Geschenken ist immer, dass es unfair zugeht, aber im schlimmsten Fall läuft es hier darauf hinaus, dass man jemanden zu Unrecht zu wenig begünstigt. Das Problem der Verantwortung liegt beim Kill Score umgekehrt darin, dass hier nicht jemand für das Geschenk des Lebens verantwortlich gemacht wird, sondern für die Entscheidung, Leben zu nehmen. In einem ersten Schritt ist dies Sache der Wissenschaftlerinnen und auch der Praktiker, die versuchen, Verantwortung zuzuschreiben. Um unsere Münze zu verteilen, müssen wir jedoch zuerst die Fakten sichern, den Tatort begutachten und uns auf der Basis der ersten Kapitel dieses Buches den Killern nähern, die den Kill Score ausmachen. Deshalb sind nun auch der einleitenden Worte genug gesprochen. Um ein weiteres Mal Shakespeare zu bemühen: »Lasst die Trompete zu der Pauke sprechen,/ Die Pauke zu dem Kanonier hinaus,/ Zum Himmel das Geschütz, den Himmel zur Erde:/ ›Jetzt trinkt der König Hamlet zu.‹ – Fangt an,/ *Und ihr, die Richter, habt ein wachsam Aug'!*«

TEIL 2

DIE TATORTE

4.

KLIMAWANDEL

»Du kleines, glattes, banges Tier,
O welch ein Schrecken bebt in dir!
Flieh doch so hastig nicht vor mir,
Was huschst du fort?
Dir droht von meinem Pfluge hier
Kein blut'ger Mord!«

ROBERT BURNS, *AN EINE MAUS* (1785)

Was im Juli 2018 in der japanischen Stadt Toyota, vier Autostunden südlich von Tokio, geschah, verhalf einem sechsjährigen Jungen zu einem kleinen, traurigen Eintrag in den Geschichtsbüchern. Schon am Morgen erreichten die Temperaturen in der Stadt über 33 °C, später sollte eine Höchsttemperatur von 37,3 °C gemessen werden. Trotzdem entschlossen sich die Lehrer und Lehrerinnen der Umetsubo-Grundschule, mit den 112 Erstklässlern um 9.50 Uhr den einen Kilometer langen Ausflug zum Wago-Park zu machen. Sie sollten Insekten sammeln, und vielleicht war auch etwas Spielzeit auf der örtlichen Seilrutsche vorgesehen. Der Wago-Park ist eine grüne Oase in der japanischen Autostadt, die ursprünglich Koromo hieß und sich dank der Prominenz des größten lokalen Arbeitgebers 1959 umbenannte. Ein kurzer Ausflug in die Natur, eine kleine Ablenkung im grauen Schulalltag in einer grauen Stadt. Um 11.30 Uhr waren die Kinder wieder zurück.

Kurz nach seiner Rückkehr kollabierte der kleine Junge im Klassenzimmer. Ärztliche Hilfe kam zu spät, zum Krankenhaus schaffte es das Kind noch, den Nachmittag sollte es nicht überleben. Der Schulleiter erzählte später der lokalen Presse, man habe sehr darauf geachtet, dass die Schüler keinen Hitzschlag erlitten, und ihnen geraten, viel Wasser zu trinken. Auch drei Mädchen erkrankten an dem Morgen, anders als den kleinen Jungen sollte der Ausflug diese Kinder jedoch nicht aus dem Leben reißen.

Die Hitzewelle, der der Junge zum Opfer fiel, war dieselbe, die die Forscherin Yukiko Imada kurz darauf klar auf die Folgen des Klimawandels zurückführte. Einschlägige Fachzeitschriften kamen zu der traurigen Erkenntnis: Er und die rund 1000 anderen Menschen, die in Japan während des Juli 2018 an Hitze starben, sind die »ersten Toten, die unstrittig dem Klimawandel anzulasten sind«. Ein Mahnmal, länger als das Leben, das der Junge seins nennen durfte.

Wer zuerst zu der Einsicht gelangt ist, dass unser wirtschaftliches Handeln das Klima beeinflusst, ist umstritten. Einige halten sich an den französischen Physiker Joseph Fourier, der 1824 allgemeine Überlegungen zum Zusammenhang zwischen Atmosphäre und Klima angestellt hat. Andere wiederum berufen sich auf einen Brief, der im

Dezember 1882 in der Zeitschrift *Nature* veröffentlicht wurde und in klassischem britischem Understatement festhält: »Daraus lässt sich schließen, dass die wachsende Verschmutzung [durch Kohlendioxid] der Atmosphäre einen erheblichen Einfluss auf das Klima in der Welt haben wird.« Der Autor dieser Zeilen, ein gewisser H. A. Philipps aus Stokesley, wandte sich zur Beruhigung seiner Leser gegen alarmistische Spekulationen, wonach »durch die Menge von Kohlendioxid« in der Atmosphäre »alles tierische Leben« bis zum Jahr 1900 »ausgestorben« sein würde.

140 Jahre später sind wir nach allem, was wir wissen, immer noch ein paar Jahrzehnte oder sogar Jahrhunderte von dem Zeitpunkt entfernt, an dem Kohlendioxid dem tierischen Leben auf dem Planeten ein Ende setzen wird. Totale Vernichtung steht vorerst nicht auf dem Programm. Eine existenzielle Bedrohung für die menschliche Zivilisation und den Wohlstand ist der Klimawandel trotzdem. Und den Tod bringt er jetzt schon, ein Nebelstreif, dem Erlkönig gleich. Wie der Erlkönig droht der Klimawandel: Und änderst du dich nicht und bist du nicht willig, scheint er uns zuzurufen, so brauch ich Gewalt!

Wenn ich den Erklärungen der Klimaleugner zuhöre, muss ich oft an Goethes Gedicht denken, auch wenn der Vater in Gestalt der Klimawandelleugner eher den Irrsinn als die Vernunft repräsentiert. Sei ruhig, bleib ruhig, mein Kind, rufen die Klimaleugner im Auge des nächsten Wirbelsturms … *in dürren Blättern säuselt der Wind.*

Wie genau entfaltet jedoch die Waffe Kohlendioxid ihre tödliche Wirkung? Ich probiere den Vergleich mit einem Ball und einem Tuch. Wir leben auf einem Ball, der von einem Tuch umhüllt und einer Lampe bestrahlt wird. Die

Erde ist der Ball, die Sonne die Lampe, das Tuch die Atmosphäre. Hitze und Licht gelangen von der Lampe zur Kugel und werden von ihr zum Teil wieder in den (Welt-)Raum reflektiert. In welchem Ausmaß dies geschieht, hängt vom Tuch (der Atmosphäre) um die Kugel herum ab. Es besteht aus einem speziellen Material, nämlich aus einer Menge unsichtbarer Gase. Gäbe es am Tuch ein Etikett, dann stünde darauf: 78 Prozent Stickstoff, 21 Prozent Sauerstoff, 0,9 Prozent Argon, 0,1 Prozent andere Gase. Die sogenannten Treibhausgase gehören in diese letzte Kategorie. Was wir zurzeit tun – und seit Beginn der industriellen Revolution im Großmaßstab getan haben –, ist nichts anderes, als mehr Treibhausgase in das Material hineinzumischen, aus dem das Tuch zwischen Sonne und Kugel besteht. Das Tuch erwärmt die Kugel, weil es die Hitze besser hält als vorher – so wie auch ein Tuch wärmt, weil es Wärme speichert. Dieses Phänomen nennt sich Klimakrise.

Unheimlich ist das Ganze deshalb, weil das Tuch um die Erdkugel herum ungleich empfindlicher auf minimale Materialveränderungen reagiert als eine normale Decke. Über 800 000 Jahre lag der CO_2-Anteil der Atmosphäre zwischen 0,0002 und 0,0003 Prozent. Inzwischen sind wir schon bei 0,0004 Prozent angekommen. Wenn er auf 0,0005 Prozent steigt – der jetzige Trend –, dann erhöht sich die Temperatur auf der Kugel unter dem Tuch um ungefähr 2 bis 3 °C. Ich habe in Kapitel 1 das PR-Problem erwähnt, zu vermitteln, dass minimale Veränderungen dramatische Folgen haben. Aber vielleicht hilft es, ausnahmsweise nicht an die Lufttemperatur zu denken, sondern sich einen menschlichen Körper unter einer Decke vorzustellen. Wenn er 2 °C wärmer wird, dann hat er hohes Fieber. Ein Körper, der 4 °C wärmer ist als normal – eine Entwicklung, die uns bevorstehen könnte –, ist dem Tode nahe.

So einfach ist das mit dem Klimawandel. Wie Schillers Frauen flechten und weben wir himmlisches Kohlendioxid ins irdische Leben. Dadurch fängt es – also das Tuch – mehr Hitze auf dem (Erd-)Ball und lässt uns schwitzen. Die Folgen sind bekannt: Das Eis schmilzt, der Meeresspiegel steigt, und die Bäche und Flüsse, die Schmelzwasser führen, schwellen an. Das führt zu Überflutungen und Landverlusten. Die Durchschnittstemperaturen steigen, lokale Hitzewellen werden häufiger. Dazu kommen seltsame Zusatzeffekte. So werden bei der Eisschmelze weitere Treibhausgase freigesetzt, die im Eis gewissermaßen gefangen waren. Fast wie ein Virus vermehrt sich das Treibhausgas, das wir im Tuch verarbeiten. Die Brandgefahr steigt, also auch der CO_2-Ausstoß durch Wildfeuer. Regionale Trockenheit breitet sich aus, weil hohe Temperaturunterschiede zwischen Regionen zu starken Stürmen und zur einseitigen Verteilung von Niederschlägen führen. All dies hat tödliche Folgen. Wir ertrinken, verbrennen, vertrocknen, verarmen in einer unwirtlichen Welt.

Die Weltgesundheitsorganisation schätzt, dass der Klimawandel zurzeit über 150 000 Tote pro Jahr fordert.[10] Wenn man diese Zahl ins Gesamtbild aller natürlichen und unnatürlichen Tode einordnet, dann ist das überschaubar: Jeder 300. Tote fällt in diese Rubrik. Dabei wird es nicht bleiben. Pessimistischen Hochrechnungen zufolge wird die Zahl der Klimatoten bis 2040 eine Million, im Jahr 2080 5 Millionen und am Jahrhundertende 10 Millionen pro Jahr erreichen. Wenn man diese Angaben mit den Hochrechnungen der Todesfälle insgesamt abgleicht, dann heißt dies, dass am

Ende des Jahrhunderts fast jeder zehnte Todesfall ursächlich auf den Klimawandel zurückzuführen sein wird. Es ist hilfreich, zum Vergleich noch einmal an das Wembley-Stadion und seine Besucher zurückzudenken, deren spätere Tode kategorisierbare Ursachen haben werden. In dem globalen Stadion zum Beginn des 22. Jahrhunderts wäre der Klimawandel für mehr vorzeitige Todesfälle verantwortlich als heute Tuberkulose, Selbstmord, Mord, medizinische Kunstfehler, Verkehrsunfälle, Alkohol, Drogen, Lungenkrebs, Epilepsie, Lungenentzündung und Grippe zusammengenommen. Man mag einwenden, dass diese pessimistische Hochrechnung auf der Voraussetzung basiere, die Klimakatastrophe würde weitgehend ungebremst über uns hereinbrechen. Selbst in günstigeren Szenarien werden immer noch 2 Prozent aller Todesfälle durch den Klimawandel verursacht sein. Diese Vorhersage basiert aber, wie gesagt, auf der Voraussetzung, dass wir bei der Bekämpfung des Klimawandels die Kurve kriegen.

Zweierlei muss man hier eingestehen: Zum Ersten sind die genannten Hochrechnungen mit enormen Ungewissheiten behaftet, zum Zweiten ist es eine komplexe Aufgabe, Todesfälle ursächlich dem Klimawandel zuzuschreiben, denn er ergreift unser ganzes Leben und hat diverse gefährliche Nebenwirkungen. Die Weltbank schätzt, dass der Klimawandel allein bis zum Jahr 2030 100 Millionen Menschen in äußerste Armut stürzen wird. Wenn unter ihnen Tote zu beklagen sein werden, wird als Todesursache auf ihren Sterbeurkunden dann Armut oder Klimawandel vermerkt sein? Auf der erweiterten Todesliste des Klimawandels stehen auch die Migration und ihre Folgen, politische Konflikte um kostbare Ressourcen, die Zerstörung kulturellen Kapitals. Die meisten Schätzungen zu Klimatoten versuchen, all diesen Faktoren aus dem Weg zu gehen, indem sie sich auf individuelle Risiken wie Hitze, Unwetter etc. beschränken. Solche Hochrechnungen sind eine dürftige Simulation der gelebten Grausamkeit des Klimawandels. Sie zeigen jedoch, wie die Kassandren der modernen Klimawissenschaft vielleicht sogar – zumindest beim Tod – die Folgen des Klimawandels untertreiben.

Die genannten Ungewissheiten haben zur Folge, dass es keine saubere Methode gibt, den Schaden, den etwa der Ausstoß einer Tonne CO_2 verursacht, zu beziffern. Aber eine Bandbreite kann man angeben. Daniel Bressler vom Earth Institute der Columbia University hat in der Zeitschrift *Nature* eine Studie veröffentlicht, wonach der Ausstoß von 4434 Tonnen CO_2 heute für einen zusätzlichen Toten in der Zukunft verantwortlich zu machen sei. Der pessimistischere Schätzwert liegt bei ungefähr 1500 Tonnen.

Bresslers Schätzungen liegen etwas höher als die von Richard Parncutt aus Kapitel 1, nach der ein zusätzlicher Todesfall durch ungefähr 1000 Tonnen Emissionen im Extremszenario verursacht wird. Zumindest die Bandbreiten überschneiden sich; Parncutts konservativere Schätzung liegt bei ungefähr 3700 Tonnen. Die Angaben beider Forscher nähern sich einander an, wenn man einbezieht, dass Bressler nur hitzebedingte Todesfälle berücksichtigt und nicht das breitere Spektrum der Klimaopfer.

Letztlich ist es nicht sinnvoll, im Sinne Bresslers eine 4434-Tonnen-Regel anzuwenden, wenn wir doch wissen, dass in den Statistiken an anderer Stelle viele weitere Klimatote verborgen sind. Dazu kommt ein anderes Problem mit Bresslers Rechenkünsten. In seiner Welt gibt es nämlich nach dem Jahr 2100 gar keine Klimatoten mehr. Zwar ist verständlich, dass man aus formalen Gründen irgendwo einen Schnitt machen muss. Aber Kohlendioxid bleibt 300 bis 1000 Jahre lang in der Atmosphäre, und auch wenn niemand über Klimatote im Jahr 3000 spekulieren will, sind Bresslers Zahlen in jeder Hinsicht übervorsichtig.

Stattdessen halte ich mich als Ausgangspunkt einfachheitshalber an die 1000-Tonnen-Regel und werde zur Sicherheit im Blick behalten, wie sich die Ergebnisse bei vorsichtigeren Vorgaben darstellen. Vielleicht ergibt sich auf dieser Basis eine zu hohe Zahl von Todesfällen, aber wie bereits erwähnt, ist keineswegs auszuschließen, dass die Schätzung sogar zu niedrig ausfällt.

Ein zusätzlicher »Vorteil« der 1000-Tonnen-Regel besteht darin, dass nach dieser Rechnung die Menge von CO_2, die einen Menschen tötet, ziemlich genau der Menge entspricht, die man während eines langen Lebens in Deutschland erzeugt. Bei einer Jahresproduktion von circa 11 Tonnen ergeben sich bei einer durchschnittlichen Lebenserwartung von 82 Jahren 902 Tonnen CO_2. Wer sein Leben noch etwas länger genießt oder vielleicht etwas mehr geflogen ist, knackt dann die 1000-Tonnen-Grenze.

Ein Opfer auf dem Altar unserer Konsumgesellschaft. Ein Junge in Toyota. Ein Mädchen, 2021 ertrunken in der Flut in Ahrbrück.

Die 902 Tonnen, oder rund 1000, sind ein Flickenteppich, einem Fotoalbum des Lebens gleich, unzählige Momente und Entscheidungen. Wie sich dieser Flickenteppich zusammensetzt, hängt natürlich davon ab, wie man sein Leben gelebt hat. Genau können wir nicht jede Faser nachzeichnen, die hier verwebt wurde, jede Konsumentscheidung genau bewerten und bemessen. Geringe Fehlermargen bleiben. Außerdem gibt es keine eindeutige Antwort auf die Frage, was in der Rechnung genau berücksichtigt werden soll. Leitet sich der Konsumfußabdruck aus dem Geld ab, das man ausgibt, oder gehört zur individuellen Bilanz auch die öffentliche Infrastruktur, die ja ebenso CO_2 generiert? Und was passiert mit Steuerzahlungen und Abgaben, ungefähr jeder zweite Euro, den man einnimmt?

Man kann sich die Welt noch komplizierter machen. Was, fragte mich eine ältere Dame bei meiner ersten großen Nachhaltigkeitskonferenz 2013, sollen wir nur mit dem Fußabdruck unseres Trinkgelds machen, das die Kellnerinnen dann für Sprit ausgeben? Diese Umdrehung sparen wir uns. Anders, als es 2019 ein AfD-Politiker suggerierte, können wir das durch unser Ausatmen entstandene CO_2 ebenso vernachlässigen. Wir bilden schließlich hier einen Kreislauf mit der Umwelt.

Aber kommen wir zum Wesentlichen. Das Umweltbundesamt errechnete für jeden Deutschen im Jahr 2020 einen CO_2-Fußabdruck von rund 11,2 Tonnen. Um mich beim Rechnen nicht zu verhaspeln, übersetze ich diese Menge in zehn Tequila-Shots und erlaube mir ein paar kleine Auf- und Abrundungen.

Der erste Shot ist die öffentliche Infrastruktur, die einen umgibt. Hierbei handelt es sich dementsprechend um den Eintrittspreis, den Shot, der mit dem Eintrittsgeld für einen Billigclub auf den Ramblas in Barcelona quasi als Werbegeschenk verabreicht wird, den Eintritt in das moderne deutsche Leben.

Der zweite und dritte Shot sind mit Wohnen und Heizen verbunden. Ein paar CO_2-Emissionen mögen auch auf den

Zement oder gar Stahl in den eigenen vier Wänden zurückgehen, aber das meiste entfällt auf die Heizung. Damit hat
der Durchschnittsdeutsche für das bloße Leben in einem
Haus oder einer Wohnung schon drei Shots versenkt.

Als Nächstes kommt das Essen, dafür stehen der vierte
Tequila-Shot und die Hälfte des fünften. 15 Prozent des
gesamten CO_2-Fußabdrucks emittieren wir durch unsere
Nahrung. Wenn man den Haushaltsstrom noch hinzunimmt, dann ist der fünfte Shot vollends verbraucht. In
einem Haus oder einer Wohnung in Deutschland zu leben,
nicht zu frieren und über Essen, Licht und Strom zu verfügen – damit hat man schon die Hälfte der Tequila-Shots ge-
kippt, die vor einem stehen.

Das heißt wohlgemerkt nicht, dass wir alles über uns
ergehen lassen müssen. Den Geburtsort suchen wir uns
nicht aus, aber unseren Stromvertrag, unser Heizverhalten,
unsere Wohnung, unsere Nahrungsmittel, das liegt schon
in unserer Entscheidungsgewalt, zumindest weitgehend.
Dennoch ist bemerkenswert, dass die Hälfte der Tequila-
Shots mit menschlichen Grundbedürfnissen zu tun hat –
Wärme, Essen, Infrastruktur, Licht (und, nicht zu vergessen, Streaming!).

Die Tequila-Shots 6 und 7 stehen für Mobilität. Gemeint
sind damit Auto- und Zugfahrten, Flüge etc., also alles, was
einen von A nach B bringt, zumindest wenn man nicht gerade zu Fuß oder mit dem Rad unterwegs ist (Letzteres
macht sich allenfalls bei dem Nahrungsaufnahme-Volumen
bemerkbar). Auch hier liegt auf der Hand, dass eigene Entscheidungen die Tequila-Menge kräftig beeinflussen können.

Die letzten drei Tequila-Shots stehen für all die Güter, die
man sonst noch kauft. Kleidung, Möbel, Bücher, Elektro-

nik, der ganze Rest. Das CO_2, das bei der Produktion dieser Güter freigesetzt wird, fällt natürlich teilweise in Kategorien, die wir schon kennengelernt haben. So ist das T-Shirt unter anderem mithilfe von Strom hergestellt worden, aber der taucht nun nicht in dem persönlichen Strom-Fußabdruck auf (also bei Tequila-Shot Nummer 5), sondern ist gewissermaßen ins T-Shirt hineingewebt.

Wenn man nun von Individuen zu Unternehmen übergeht, wird die Kalkulation unweigerlich ein bisschen umständlicher. So ergibt es zum Beispiel keinen Sinn, in der gleichen Weise über das durchschnittliche Unternehmen zu sprechen wie über die durchschnittliche Konsumentin. Die CO_2-Bilanz hängt stark davon ab, ob ein Unternehmen der Pharmazie, Ölindustrie oder Bauwirtschaft zuzuordnen ist. Auf diesem Wege komme ich also nicht weiter.

Stattdessen möchte ich mit einem anderen Beispiel beginnen, nämlich mit dem CO_2-Fußabdruck von British American Tobacco (BAT). Auf seiner Website verkündet dieses Unternehmen ein großes Ziel: »Building a Better Tomorrow™«. Tatsächlich hat BAT diesen Spruch unter Markenschutz gestellt. Es ist also nicht nur ein der Allgemeinheit gehörendes Morgen. Es ist EIN besseres Morgen™. Das von BAT! Die Zukunft wird privatisiert.

Weil das Unternehmen an einem besseren Morgen arbeitet (Verzeihung, DEM besseren Morgen™), hat es sich zum Ziel gesetzt, bis 2030 CO_2-neutral zu werden. Damit wendet BAT übrigens einen geradezu klassischen Nachhaltigkeitstrick an. Wenn ein Unternehmen irgendwo miserabel abschneidet (BAT logischerweise auf dem Gebiet der Gesundheit), dann setzt es darauf, anderswo gewaltig zu punkten (in diesem Fall im Bereich des Klimawandels). Auf diese Weise gelingt es ihm, seinen sogenannten ESG-Score hochzujagen.

Das ist Insider-Kauderwelsch für Environment, Social, Governance (Umwelt, Soziales, Governance), ein Fachbegriff im Finanzsektor, mit dem die »Nachhaltigkeitsrisiken« von Firmen bewertet werden sollen. Etwas vornehmer als das »Gedöns« von SPD-Altkanzler Gerhard Schröder, aber die gleiche Philosophie – alles »Unwichtige« oder im Fall des Finanzsektors sogenannte »Nichtfinanzielle« wird zusammengewürfelt, egal, ob es miteinander zusammenhängt. Passenderweise zeigen auch unzählige Studien, dass die tatsächlichen ESG-Bewertungen keine Korrelation unter Bewertungsanbietern aufweisen. Ein Affront nicht nur gegen die Logik, sondern auch gegen das Prinzip. Natürlich spielt das in die Karten von Firmen, die bei Umweltthemen katastrophal sind, aber dann bei sozialen Themen aufholen können. Oder umgekehrt.

BAT kann jedenfalls mit seiner Klimastrategie einen PR-Erfolg feiern, denn das Carbon Disclosure Project (CDP) – eine der größten NGOs, die weltweit im Bereich Klima arbeiten –, das besonders großen Wert auf Transparenz beim CO_2-Fußabdruck legt, hat nicht gezögert, BAT im Jahr 2020 in die renommierte »A List« und den »Supplier Engagement Leaderboard« der klimafreundlichsten Unternehmen aufzunehmen. »A Better Tomorrow™«.

Die Aussicht, sich genauer mit der Ökobilanz von BAT zu befassen, wirkt nicht allzu verführerisch. Der Eindruck täuscht ein wenig. Die von BAT eingesetzte Art der Bilanzierung ist in der Nachhaltigkeitswelt weit verbreitet und taugt als Orientierung, um sich im Feld der Emissionen und der Verantwortung von Unternehmen zurechtzufinden.

BAT verteilt die Emissionen des gesamten Unternehmens auf drei Töpfe oder »Scopes«, wie es fachsprachlich heißt. Topf 1 umfasst die direkten Emissionen der Fabriken etc. Also den Schornstein auf dem eigenen Fabrikgelände. Topf 2 bezieht sich auf Strom und Heizung, also den Schornstein auf dem Kraftwerk, das die Fabrik mit Elektrizität beliefert. Topf 3 deckt den ganzen Rest ab, alles von Banalitäten wie Geschäftsreisen bis zu den Emissionen, die in gekauften und verkauften Gütern und Dienstleistungen verborgen sind. Also die Emissionen aus dem Auspuff des Autos, das verkauft wurde. Logischerweise machen Topf-3-Emissionen (im Fachjargon Scope-3-Emissionen) bei einer Automobilfirma wie Volkswagen über 90 Prozent der Emissionen aus. Ebenso bei Öl- und Gasfirmen. Bei der Lufthansa wiederum sind Scope-1-Emissionen die wichtigsten, da hier ja der Auspuff der Flugzeuge selbst betrieben wird. Die Fabrik der Lufthansa ist das Flugzeug.

Beim Rauchen werden kleine CO_2-Mengen produziert, das sind die Scope-3- beziehungsweise Topf-3-Emissionen von BAT, aber die meisten Forscher halten sie für unerheblich. Andere Komponenten von BATs Scope 3 fallen mehr ins Gewicht. Die Töpfe 1 und 2 stehen für 10 Prozent der gesamten Emissionen von BAT (541 000 Tonnen), Topf 3 für 90 Prozent (6 781 000 Tonnen).

Kommen wir also nochmal auf das Versprechen von BAT zurück, bis 2030 CO_2-neutral zu werden. Nun, dieser Plan bezieht sich nur auf die Töpfe 1 und 2. Topf 3 mit immerhin 90 Prozent der Emissionen muss sich noch 20 weitere Jahre gedulden. »A Better *Day After* Tomorrow™« kommt überübermorgen. Und was ist in den Töpfen 1 und 2 enthalten? Zwei Drittel Fabriken, 20 Prozent Transporte, 10 Prozent

»Gewerbeimmobilien«, 6 Prozent die sogenannte Grün-blattverarbeitung (die Weiterverarbeitung der Tabakblätter nach der Trocknung).

BAT ist der Freund auf der Silvesterparty, der stolz ver-kündet, nicht morgen, aber nach Ablauf des kommenden Jahres mit dem Trinken aufzuhören. Und dann an Wochen-enden noch eine Ausnahme zu machen. Nach diesem Schema funktionieren großspurige Ankündigungen à la BAT, deren Zeitplan so sehr in die Länge gezogen wird, dass kaum je-mand ihn noch ernst nimmt.

Am Anfang dieses Buches habe ich die Erbsenzählerinnen kritisiert, doch nun habe ich mit vielen Zahlen um mich ge-worfen. Schleunigst will ich zurückkehren zum Kill Score, also auch zur Daumenregel von 1000 Tonnen Kohlendi-oxid. Nimmt man alle drei Töpfe zusammen, dann »tötet« BAT mit seinem CO_2-Fußabdruck alljährlich 7322 Men-schen. Diese Zahl lässt sich besser einordnen, wenn man vergleichend fragt, wie viele Raucher BAT jedes Jahr tötet. Das Unternehmen verkauft circa 640 Milliarden Zigaretten pro Jahr. Wenn man Zigarettenkonsum und Todesfälle bei Rauchern ins Verhältnis setzt und annimmt, dieses Ver-hältnis sei halbwegs konstant (was nicht ganz stimmt, für die hier angestellte Rechnung aber nicht von Belang ist, da es nur um Referenzwerte geht, nicht um den Tabak-Kill-Score), dann lautet das Ergebnis, dass BAT mit seinen Tabakerzeugnissen alljährlich eine Million Menschen tötet.

Dass BAT mit dem Tod von Rauchern zu tun hat, bleibt niemandem verborgen. Doch der CO_2-Fußabdruck dieses Unternehmens ist auch keine Kleinigkeit, selbst wenn 7322 im Vergleich zu einer Million Menschen kaum ins Gewicht zu fallen scheinen. Immerhin schafft es BAT damit auf die

Liste der 500 Privatunternehmen mit den höchsten CO_2-Emissionen weltweit. Das wirft einen großen Schatten auf das CDP-Gütesiegel, mit dem dieses Unternehmen ausgezeichnet worden ist. Wie ist es möglich, dass eine solche CO_2-Schleuder eine Spitzenbewertung von CDP erhält? Das Problem besteht darin, dass diese Bewertung hauptsächlich die Transparenz eines Unternehmens misst, nicht aber, ob das, was offengelegt wird, gut oder giftig ist. Nachhaltigkeitsberichterstattung ist eine Welt für sich.

Ein Blick auf BAT gibt Aufschluss über Kuriositäten und Kalamitäten in der Welt der CO_2-Emissionen, aber BAT ist weit entfernt von den Marktführern in diesem Bereich. Welche Privatunternehmen unter den Top Ten rangieren, ist leicht zu erahnen. Wenn man nur auf die börsennotierten Großunternehmen schaut, dann zeigt sich, dass eine überschaubare Zahl von Firmen, deren Aktienwert sich ungefähr auf 20 Prozent des Gesamtmarktes beläuft, für ungefähr 80 Prozent aller CO_2-Emissionen verantwortlich ist. Dabei handelt es sich um Unternehmen, die Kohle schürfen, Öl oder Gas fördern, fossile Energieträger in Strom verwandeln, den Transport von Menschen und Gütern ermöglichen, Beton und Stahl produzieren. Dazu kommen Immobilienfirmen, Landwirtschaft, wenn denn neben Kohlendioxid noch andere Treibhausgase in die Rechnung eingehen. Der Rest der Unternehmen fällt kaum ins Gewicht. So schafft es BAT zwar, wie erwähnt, unter die 500 größten Emittenten, aber der CO_2-Fußabdruck von Shell ist rund 33-mal so hoch.

Nach der oben aufgeführten Rechnung bedeutet das, dass Shell rund 230 000 Menschen pro Jahr tötet. Das entspricht einem Fünftel der Tabaktoten von BAT und ist rund 30-mal so hoch wie die Zahl der Klimatoten von BAT. Zwei

Wahrheiten stehen nebeneinander. Der CO_2-Fußabdruck von BAT ist groß und tödlich. Und: Der CO_2-Fußabdruck von BAT ist geradezu niedlich im Vergleich zu dem großer Energieunternehmen.

Unser Blick wird eingeengt, wenn wir nur auf die Toten eines Jahres schauen. 20 Unternehmen sind verantwortlich für rund ein Drittel aller menschengemachten CO_2-Emissionen weltweit, seit Beginn der industriellen Revolution. 20 Briefkästen stehen für ein Drittel der Klimakrise und der Klimatoten. Wenn man das Spektrum erweitert, dann kann man einer Studie aus dem Jahr 2013 folgen und feststellen, dass zwei Drittel aller Emissionen auf 90 Unternehmen zurückzuführen sind. Unter ihnen sind wieder die üblichen Verdächtigen, große Öl- und Gasfirmen etc. Aber einiges an dieser Liste ist vielleicht überraschend. So findet sich auf den ersten sieben Plätzen keine einzige amerikanische oder europäische Firma. Den Spitzenplatz besetzt Saudi Aramco mit rund 5 Prozent der globalen CO_2-Emissionen, Gazprom folgt mit knapp 4 Prozent, dann National Iranian Oil und Coal India mit jeweils 3 Prozent. Auf dem fünften Platz landet PetroChina mit gut 2 Prozent, Rosneft und Abu Dhabi belegen die nächsten Ränge, und erst dann kommt die erste US-Firma, nämlich ExxonMobil mit rund 1,5 Prozent. Shell und BP liegen mit Anteilen von rund 1,4 Prozent auf den Plätzen 10 und 11.

In diesem Buch geht es vor allem um den Kill Score des Westens, denn sonst wäre das Bild, das zu zeichnen wäre, unfassbar kompliziert. Aber die gerade erwähnte Liste verweist auf die Grenzen dieser Weltsicht. Vor allem in den letzten beiden Jahrzehnten haben sich die Beiträge einzelner Länder zu den globalen CO_2-Emissionen drastisch verschoben. So hat China seinen Anteil von 1990 bis 2021 von 5 auf 15 Prozent verdreifacht.

Wenngleich es hier auch um den Kill Score von Unternehmen geht, sollte nicht in Vergessenheit geraten, dass hinter Firmennamen Menschen stecken. Konkret heißt dies, dass drei Unternehmen, die auf der CO_2-Hitliste sehr weit oben stehen, von ein und derselben Person gegründet worden sind. Im Jahr 1870 gründete John D. Rockefeller StandardOil. 1911 wurde das Unternehmen aufgeteilt, zwei der Folgeunternehmen waren Esso (später Exxon) und Mobil. Dass diese beiden Firmen sich später wieder zusammenschlossen, mag die Zweifler davon überzeugen, dass Geschichte im Kreis verläuft. SOhio, ein anderer Nachfolger von StandardOil, wurde später von BP gekauft, und der kalifornische Zweig von StandardOil verwandelte sich in Chevron.

All diese Unternehmen erschlossen später Ölvorkommen im Nahen Osten, die heute Aramco, Kuwait Petroleum oder National Iranian Oil gehören. Überdies kauften sie Firmen aus benachbarten Branchen. Den CO_2-Fußabdruck all dieser Unternehmen auf den alten Rockefeller zurückzuführen, wäre unsinnig. Schnell ist das Argument bei der Hand, dass diese wirtschaftlichen Initiativen von jemand anderem lanciert worden wären, wenn es Rockefeller nicht gegeben hätte. Mir geht es an dieser Stelle nur darum, Buch zu führen, nicht Verantwortung und Schuld zuzuschreiben. Immerhin ist auffällig, wie viele Unternehmen jener Liste mit einem einzelnen Namen verknüpft sind.

Wenn schon die Rede auf Verantwortung und Zuschreibung kommt, möchte ich nochmals betonen, dass es bei den CO_2-Emissionen zu einem Zusammenspiel von Unternehmen und individuellen Konsumenten kommt. Eine Lesart dieses Zusammenspiels läuft darauf hinaus, dass Unternehmen nichts weiter tun, als Bedürfnisse der Konsumenten zu erfüllen. Wir wären ziemlich betreten, wenn alle großen Öl- und Gasfirmen morgen eine Erklärung veröffentlichten, dass sie mit sofortiger Wirkung die Produktion einstellten. Die Weltwirtschaft bräche zusammen, und wir stünden im Supermarkt vor leeren Regalen, wenn wir denn überhaupt dorthin kämen. Der Ukrainekrieg hat diese Abhängigkeit schmerzhaft in Erinnerung gerufen.

Grundsätzlich muss man bei der Zuschreibung von Verantwortung einen Weg finden, der zwischen Pedanterie und Schlamperei liegt. Wie bei der Berechnung des CO_2-Fußabdrucks kommt es auch beim Kill Score unweigerlich zu doppelten Anrechnungen. Wenn der Fußabdruck einer Person auf der Basis ihres individuellen Konsums errechnet wird, wird in diese Rechnung ein Energieverbrauch eingehen, der zumindest teilweise auch an anderer Stelle zu Buche schlägt – etwa in der Ökobilanz eines Unternehmens. Das sind die Spielregeln. Ich werde später noch beim Gerichtstermin Gelegenheit haben, das Problem der doppelten Anrechnung anzupacken, aber einstweilen gilt die Auskunft, dass wir um sie nicht herumkommen.

Noch komplizierter wird das Geschäft der Zuschreibung dadurch, dass es manchmal zwischen Unternehmen hin- und hergeht. So sind die Emissionen, die bei Shell in Topf 3 landen, mit den Raffinerien verbunden, in denen das Rohöl verarbeitet wird, aber auch mit Unternehmen wie Volkswagen oder Toyota, deren Autos von Benzin angetrieben werden, sowie mit Käuferinnen und Fahrern, die mit diesen Autos herumfahren. Wenn die Emissionen – wie in der obigen Analyse und Tabelle vorausgesetzt – ausschließlich den großen Energieunternehmen zugeschlagen werden, dann ist die Buchhaltung einigermaßen einseitig. Es spricht wohlgemerkt nichts dagegen, die Analyse genau so anzulegen – jedenfalls dann nicht, wenn man die methodischen Vorgaben offenlegt und auf deren Folgen hinweist. Letztlich hängt aber alles an der Entscheidung, wo man die Verantwortung für Emissionen platziert und wem man sie in welchem Ausmaß zuordnet.

Wie gesehen, benutzt BAT drei Töpfe, um seinen CO_2-Fußabdruck zu sortieren. Manchmal muss man beim Sortieren noch genauer vorgehen und diese Töpfe unterteilen. Deutlich wird das, wenn wir nun den Blick auf Finanzinstitute richten. Bei ihnen dreht sich fast alles um Topf 3, Untergruppe 15, also um den Bereich der Investitionen. Der CO_2-Fußabdruck, der ihm zuzuordnen ist, kann 700-mal größer sein als der ganze Rest. Warum ist das so? Die Stromrechnungen in den Hauptverwaltungen von HSBC oder der Deutschen Bank bringen niemanden um den Schlaf (höchstens diejenigen, die dort die Nächte durcharbeiten). Eine ganz andere Dimension haben die Emissionen der billionenschweren Portfolios aus Krediten und Investitionen, die von diesen Instituten verwaltet werden.

Wie genau kommen Finanzinstitute zu ihrem eigenen CO_2-Fußabdruck? Das finden wir heraus, wenn wir einer der größten Pensionskassen in Großbritannien einen Besuch abstatten: dem Railways Pension Scheme (RPS). Es wurde im Rahmen der Privatisierung der britischen Eisenbahn in den 1990er Jahren gegründet und ist zuständig im weiteren Sinne für Mitarbeiterinnen des Bahnsektors, also zum Beispiel das Personal in überregionalen Zügen oder in der London Overground (der englischen Version der S-Bahn). Fast

350 000 Menschen gehören zum RPS – sei es als Rentner, als Beschäftigte einer Bahnfirma oder als sogenannte geschützte Mitglieder, die zwar nicht mehr für eine einschlägige Firma arbeiten, aber wegen einer früheren Beschäftigung noch Privilegien genießen.

Den 350 000 RPS-Mitgliedern, ungefähr ein Prozent aller Briten, die Vermögen in Pensionskassen erwirtschaftet haben, gehören Anlagen im Wert von 32 Milliarden Pfund oder 92 000 Pfund pro Kopf. Diese Summe wirkt vielleicht niedrig für einen Lebensabend, aber es handelt sich hier um eine Durchschnittssumme, bei der sowohl die 22-Jährige, die noch nichts angespart hat, als auch die 65-Jährige, die gerade in Ruhestand geht, berücksichtigt werden. Außerdem kann eine Person unter Umständen auf weitere Quellen für ihre Alterssicherung zurückgreifen.

Die Pensionskasse RPS hat beschlossen, bei ihren Investitionen bis zum Jahr 2050 Klimaneutralität erreichen zu wollen. Dieser Beschluss ergibt sich aus ihrer Zugehörigkeit zur Dachorganisation »Glasgow Financial Alliance for Net Zero«, die weltweit operiert und von Mark Carney, dem früheren Chef der Bank of England, im Vorfeld des Weltklimagipfels in Glasgow 2021 ins Leben gerufen wurde. Diese Selbstverpflichtung des RPS wird nun von einem Vermögensverwalter namens Railpen umgesetzt. Railpen geht davon aus, dass sich das Ziel der Nullemissionen mit einer Strategie erreichen lässt, die nur 65 Prozent des gesamten Anlagevermögens betrifft. Einstweilen ist der CO_2-Fußabdruck von 55 Prozent der Investitionen erfasst und berechnet worden, bei den anderen sind Methoden noch in der Entwicklungsphase. Demnach schlägt sich eine Million Pfund Anlagevermögen in 70 Tonnen CO_2 pro Jahr nieder. Leider stellt

Railpen keinerlei Informationen über die Berechnung dieser Ergebnisse zur Verfügung. Wir finden uns damit ab.

Nach der Railpen-Rechnung ergibt sich ein CO_2-Fußabdruck der RPS-Investitionen in Aktien und Unternehmensanleihen in Höhe von ungefähr 1,2 Millionen Tonnen für das Jahr 2020. Das entspricht 3,5 Tonnen pro Mitglied. Eine Person, die mit 20 Jahren bei der London Overground einsteigt und das reife Alter von 90 Jahren erreicht, erzeugt mit ihrem Pensionskassenanteil durchschnittlich einen Fußabdruck von ungefähr 210 Tonnen Kohlendioxid, also ein Viertel bis ein Fünftel des Fußabdrucks, den dieselbe Person während ihres langen Lebens als Konsumentin erzeugt. Natürlich ist das wichtigste Ziel des neuen Nullemissionen-Plans, jene Zahl zu drücken.

Die 210 Tonnen sind mit ein paar Fragezeichen zu versehen. Zum Ersten basiert diese Zahl nicht auf allen Investitionen, die die Pensionskasse getätigt hat, sondern nur auf 55 Prozent davon. (Manche Pensionskassen arbeiten mit 100 Prozent Aktienvermögen, wodurch theoretisch 100 Prozent abgedeckt werden könnten, aber ein Anteil von 55 Prozent ist relativ Standard unter britischen Pensionskassen.) Zum Zweiten beziehen sich die Berechnungen, die Railpen für das Nullemissionen-Ziel angestellt hat, leider nur auf Topf 1 und 2 der analysierten Unternehmen. Die Folgen liegen auf der Hand: Unberücksichtigt bleiben Emissionen aus Topf 3, die in der Lieferkette entstehen oder im Endprodukt gespeichert sind. Das fällt ins Gewicht, weil – wie oben erwähnt – die Emissionen aus Topf 3 enorm signifikant sein können. Nach diesem Prinzip bewertet man Volkswagen aufgrund des Stromverbrauchs und nicht der Klimaschädigung der Autos, die verkauft werden. Nachhaltigkeitsberechnung, so wird schon Franz von Schober sich gedacht haben, »du holde Kunst, in wie viel grauen Stunden, wo mich des Lebens wilder Kreis umstrickt, hast du mein Herz zu warmer Lieb entzunden«.

All diese Leer- und Schwachstellen bei der Berechnung führen zu Problemen. Die meisten Experten gehen davon aus, dass Topf 3 vier- bis fünfmal so groß (über alle Sektoren hinweg) ist wie Topf 1 und 2, aber hier gibt es eben auch die oben erwähnten Doppelberechnungen (die Emissionen einer Kohlefabrik tauchen bei Topf 3 eines Bergbauunternehmens, Topf 1 eines Stromproduzenten und Topf 2 eines Zementunternehmens auf). Wahrscheinlich müssen wir nicht von 3,5 Tonnen pro RPS-Mitglied und Jahr ausgehen, sondern eher von 12 Tonnen, wenn wir Topf 3 berücksichtigen und Doppelzählungen außer Acht lassen. 12 Tonnen werden zu 840 Tonnen für das oben erwähnte langlebige Mitglied. Fast die gleiche Zahl wie beim Konsum. Gänzlich unberücksichtigt sind noch die anderen, immerhin 45 Prozent der Gesamtsumme umfassenden Investitionen, deren Erfassung Railpen sich gespart hat, fairerweise mangels angemessener Methoden. Schätzungen in diesem Segment sind derart wacklig, dass ich darauf verzichte, die Gründe dafür auszubreiten. Ich begnüge mich mit dem Ergebnis, dass bei einem typischen Mitglied von RPS der CO_2-Fußabdruck, der von seinem Konsum herrührt, ungefähr demjenigen entspricht, der mit seiner Mitgliedschaft in der Pensionskasse einhergeht.

Ein typischer Bürger dieser Art wird also nicht einen, sondern zwei Menschen während seines Lebens töten – es sei denn, er gehört zu denen, die ihren Konsum reduzieren oder einer Pensionskasse angehören, deren Verwalter eine substanzielle Verringerung von Emissionen umgesetzt haben.

Viele Menschen haben noch andere Vermögenswerte oder Anlagen. Ihre Ersparnisse bringen sie zur Bank, sie schließen Lebensversicherungen ab etc. Bei den Versicherungen läuft es ähnlich wie bei den Pensionskassen, nur dass die großen Versicherungsunternehmen dazu neigen, das meiste Kapital nicht in den Aktienmarkt, sondern in Staatsanleihen zu stecken. Bei der Bank, die ein Sparguthaben verwaltet, ist die Lage etwas weniger übersichtlich. Schließlich erwirbt der Kunde keinen Anteil an der Bank und hat deshalb nur einen geringen Einfluss darauf, welchen Firmen (oder Privatpersonen) die Bank des Vertrauens das Geld als Kredit zur Verfügung stellt. Da das Geschäft der Banken im Zuge der zurzeit üblichen wundersamen Geldvermehrung noch komplexer abläuft als in dem gerade erwähnten altmodischen Beispiel, ist die Zuordnung der Verantwortung im Geschäft der Banken mit Guthaben und Krediten extrem schwierig. Das heißt nicht, dass es keine Unterschiede zwischen der GLS Gemeinschaftsbank, einer Genossenschaftsbank, und einer klassischen Mainstream-Bank gibt. Wir können uns alle aussuchen, welcher Bank wir unser Geld anvertrauen.

Das Bild wird auch nicht unbedingt klarer, wenn man tiefer in diese Welt eintaucht. Auf einer abstrakten Ebene darf man sagen, dass beim Blick auf den Finanzmarkt die gesamte Wirtschaft wie in einem zerbrochenen Spiegel erscheint. Man sieht sich selbst, aber verzerrt und entstellt.

Bevor ich dieses Kapitel beschließe, möchte ich all denjenigen, die eine ungeschminkte Bilanz des Schreckens ziehen wollen, einen Strich durch die Rechnung machen. Die Güter und Dienstleistungen, die während der letzten 100 Jahre den Klimawandel angetrieben haben und tödliche Folgen nach sich ziehen, haben auch Menschenleben gerettet. Man kann sogar sagen, dass sich CO_2-Emissionen während des 20. Jahrhunderts insgesamt eher positiv auf das Überleben der Menschen ausgewirkt haben. Denn CO_2-Emissionen gehen auf die Verwendung fossiler Energieträger zurück, die das Wirtschaftswachstum angetrieben haben, welches wiederum die durchschnittliche Lebenserwartung erhöht, Hunger verringert und allgemein mehr Ressourcen zum Wohle der Menschheit produziert hat. Ich verzichte darauf, Vor- und Nachteile mathematisch gegeneinander aufzurechnen (insbesondere die Kraft der Kriegsführung, die fossile Brennstoffe entfesselt haben) und den großen Streit über Nutzen und Nachteile des Fortschritts für die Menschheit zu schlichten – und zwar schon deshalb, weil heutzutage niemand mehr irgendein Leben rettet, wenn er mit dem Auto statt mit dem Fahrrad fährt. Wir müssen uns aber spätestens in Teil 3 vor Gericht dieser Frage noch einmal stellen. Freud muss Leid, Leid muss Freude haben, das wissen wir spätestens seit Faust.

Mit diesem Tod aufs Engste verbunden sind die fossilen Energieträger Öl, Gas und Kohle. Öl vor allem ist der Stoff, der die Maschine des Wirtschaftswachstums antreibt und Ursache für unendlich viel Krieg und Elend in der Welt geworden ist. Es bewegt Autos, Flugzeuge, Schiffe, es heizt – inzwischen nur noch zu einem kleinen Teil – Häuser und Wohnungen. Öl kann aber noch mehr. Rund 15 Prozent davon werden nie in einem Verbrennungsmotor oder in einem Kraftwerk verfeuert. Vielmehr werden sie in ein Material verwandelt, das in der heutigen Welt allgegenwärtig ist und im Zentrum des nächsten Kapitels steht: Plastik.

5.

ABFALL

>»Der Teetopf war so wunderschön,
> Sie liebt ihn wie ihr Leben.
> Sie hat ihm leider aus Versehn
> Den Todesstoß gegeben.«
> **WILHELM BUSCH**

Die meisten denken nicht an Öl, wenn sie an Plastik denken. Öl, das ist eine zähflüssige, schwarze oder braune Schmiere, die in Fässern landet, verarbeitet und schließlich in Motoren verbrannt wird, die uns von A nach B bringen. Für zwei Drittel des Ölverbrauchs stimmt das auch. Doch das verbleibende Drittel landet woanders: in Buntstiften, Kreditkarten, Rettungswesten, Schlafanzügen, Basketbällen, Skiern, Kontaktlinsen, Zahnpasta, Schnullern und Telefonen. Dazu kommen noch andere industrielle Produkte, zum Beispiel Dünger und Chemikalien.

Öl ist allgegenwärtig, weil es nicht nur ein Treibstoff für unsere industrielle Maschinerie, sondern auch ein Rohstoff für Plastik ist. So spielt es eine Schlüsselrolle nicht nur beim Klimawandel, um den es im vorigen Kapitel ging, sondern auch beim Kill Score des Abfalls.

Über Abfall denken wir normalerweise nur dann nach, wenn es die Pflicht gebietet, wir mal wieder ein unnütz gewordenes Objekt in der Hand halten und vor den Müllcontainern am Bahnhof stehen, verzweifelnd an den Beschriftungen, die aus irgendeinem Grund nie auf das Objekt passen, das sich in unserer Hand befindet. Oder vielleicht noch beim Blick auf die Wohngeldabrechnung, beim allabendlichen Gang zu den Müllcontainern im Hof, der vagen Entscheidung, den Apfelstiel doch ins Beet zu werfen, im Glauben, dass er sich dort von selbst zersetze. Abfall ist trivialer Alltag. Dabei handelt es sich um ein erstaunlich tiefsinniges Phänomen. Der Duden definiert Abfall als »Reste, die bei der Zubereitung oder Herstellung von etwas entstehen; unbrauchbarer Überrest«. Diese Definition enthält eine sehr subjektive Wertung, die in dem englischen Sprichwort *One man's trash is another man's treasure* zum Ausdruck kommt. Abfall ist ein wesentlicher Teil des Naturkreislaufs. Bevor man Chemikalien verwendete, um den Ackerboden mit Nährstoffen anzureichern, benutzte man Gülle und Kompost. Kaum etwas trägt mehr zum Gedeihen der natürlichen Welt bei als eben Abfall. Gäbe es keinen Abfall, wäre die Welt ziemlich unproduktiv – und das gilt keineswegs nur für den Naturkreislauf. Forschungen zufolge spielt der Abfall, oder *das Überschüssige,* auch eine Schlüsselrolle bei der Sicherung der Resilienz oder der von Nassim Nicholas Taleb skizzierten »Antifragilität«. Abfall ist ein Schatz, Abfall ist ein Instrument des Fortschritts und Wohlstands, Abfall bringt den Tod. Wenn Abfälle nicht mehr vom Naturkreislauf aufgefangen werden können, werden sie zum Problem. Die kaputte Teekanne.

Seltsam am Abfall ist auch, dass die meisten dabei nur an Müll denken. Das ist nicht ganz richtig – jedenfalls dann nicht, wenn man sich an die oben erwähnte Definition hält, wonach Abfall für einen »unbrauchbaren Überrest« steht. Dazu zählen nämlich auch CO_2-Emissionen und Partikel, die von Auspuffen ausgestoßen werden und die Atmosphäre belasten. Entsprechend produziert der menschliche Körper Abfall – und zwar nicht nur auf dem Abort, sondern mit jedem Atemzug in Form von CO_2. All jene Arten von Abfall mögen sich unterscheiden, doch ihnen ist gemeinsam, dass sie Nebenprodukte unserer Lebensweise oder unseres Lebensstils sind. Deshalb sind Plastikmüll und Luftverschmutzung verwandte Phänomene und werden hier, so unterschiedlich sie auf den ersten Blick auch sein mögen, in einem Kapitel verhandelt. Wir werden dann eben auch zwei Tatorte besichtigen, den einen in Ghana, den anderen in London. Denn wenn sie sich auch ähneln, so töten sie beide auf ihre eigene Weise.

Wir beginnen unsere Ermittlungen in Ghana, bei einem 19-jährigen Jungen namens Fuseini. Wir wissen nur wenig über ihn, sein Nachname, seine Familie, Hobbys und Vorlieben bleiben im Dunkeln. Er wird in einer *Spiegel*-Reportage, als Fußnote der Geschichte, eher beiläufig erwähnt. Fügt man die Bruchstücke seines Lebens zusammen und erlaubt sich ein zulässiges Maß dichterischer Freiheit, eröffnet sich ein dramatisches Bild.

Fuseini wurde in Ghanas Hauptstadt Accra geboren, genau genommen in Agbogbloshie, einem Stadtteil am Ufer der Korle-Lagune. Es handelt sich dabei nicht um eine pittoreske Siedlung am Meer, sondern um ein Gewerbegebiet, das als Müllkippe der Stadt, aber auch – den unterschiedlichen dort vorzufindenden Marken und Bauteilen nach zu urteilen – der Welt dient. Eine Spezialität von Agbogbloshie ist Elektroschrott. Ihn gibt es dort in Massen. Fuseini kannte zeit seines Lebens nichts anderes, er tat, was die meisten Kinder aus seiner Nachbarschaft taten, und gesellte sich zu den *e-waste boys*, die tagein, tagaus Elektrokabel anzündeten, um das Kupfer von seinem Plastikmantel zu befreien, es für kleines Geld auf dem Markt zu verkaufen und damit zum Lebensunterhalt ihrer Familien beizutragen. *One man's trash, another man's treasure.*

Tagsüber zerstörte das brennende Plastik Fuseinis Lungen. Abends aß er vor Ort gefangene Fische, die Blei in hochgiftiger Konzentration enthielten, ausgetreten aus dem Elektroschrott und anderem Abfall. Man muss annehmen, dass sein Körper schon mit Blei vergiftet wurde, als seine Mutter ihn stillte. Untersuchungen zeigen, dass die Muttermilch von Frauen aus dieser Gegend die Bleiverbindung PCB, die in alten Elektrogeräten verbaut ist, in einer Konzentration enthält, die international festgelegte Grenzwerte um das 2- bis 34-Fache überschreitet.

Als Fuseini 19 Jahre alt war, hatte das Gift ihn besiegt. Spät, zu spät kam er in Kontakt mit einer Hilfsorganisation, die ihm den Schulbesuch und Schutzmasken spendierte. In seinem Fall ist die genaue Todesursache unbekannt, aber Kinder aus seiner Nachbarschaft, die von derselben Hilfsorganisation betreut werden, sind meistens an Krebs erkrankt. Wahrscheinlich ereilte Fuseini das gleiche Schicksal.

Das ist alles, was wir über Fuseini wissen. Tatsächlich wissen wir nicht einmal all das genau, was ich geschildert habe. So ist nicht sicher, ob er wirklich in Agbogbloshie geboren wurde oder erst als Kind dorthin zog. Wir können sein Leben nur in Umrissen erfassen, ähnlich wie bei einer Höhlenmalerei aus der Steinzeit. Doch reden wir über ein Leben nicht aus der Vorzeit, sondern aus der Jetztzeit.

Forscher setzen alles daran, zu verstehen, wie sich Plastik, vor allem Mikroplastik, auf unsere Gesundheit auswirkt. Während es, wie erwähnt, viele Studien über Luftverschmutzung gibt, ist über die tödliche Wirkung von Plastik wenig bekannt. Immerhin weiß man, dass das Verbrennen von Plastik schlimme Folgen für die Gesundheit hat. Im Fall von Fuseini war es die wahrscheinliche Todesursache. Plastik spielte dabei in zwei Phasen die Rolle des Abfalls. Erst wurde es als Teil des Elektroschrotts ausgemustert und nach Agbogbloshie verfrachtet, dann kamen die *e-waste boys* auf der Müllkippe und verbrannten das Plastik, um an das wertvolle Kupfer zu gelangen. Als »unbrauchbarer Überrest« löste es sich in Rauch auf und setzte sich in ihren Lungen fest.

Meine zweite Geschichte spielt in London, einer Stadt, in der auch zwei andere Opfer zu Hause sind, von dem in diesem Buch noch die Rede sein wird. Daran wird deutlich, dass Todesopfer nicht nur in der Ferne, sondern auch in der Nähe zu beklagen sind.

Der Name des zweiten Opfers ist Ella. Sie ist die Tochter einer wunderschönen, beeindruckenden Frau namens Rosamund Adoo-Kissi-Debrah. Ähnlich wie bei der Geschichte des japanischen Jungen aus der Stadt Toyota gibt es bei Ellas Geschichte ein spezielles Detail, eine Kleinigkeit, an der viel hängt. Ihre Sterbeurkunde. Darin wird als Todesursache Luftverschmutzung genannt.

Von dieser Todesursache war offiziell noch keine Rede, als Ella im Jahr 2013 an einem Versagen der Atemwege starb. Der BBC-Beitrag von 2020 ist eine Dokumentation des Schreckens: »Ella wurde im Jahr 2010« – also im Alter von sechs Jahren – »wegen eines schweren Hustenanfalls zum ersten Mal ins Krankenhaus eingeliefert und danach 27 weitere Male. Nach Auskunft von Frau Kissi-Debrah [sic!] wurde Ella im Jahr 2012 als behindert eingestuft. Oft musste ihre Mutter sie auf dem Rücken herumschleppen, um sie irgendwohin zu bringen. [...] In den Jahren vor ihrem Tod wurde Ella von Spezialisten in sechs verschiedenen Krankenhäusern untersucht. Frau Kissi-Debrah erinnerte sich daran, dass ihre Tochter laut schrie, als sie am Tag vor ihrem Tod vom Rettungswagen abgeholt wurde. ›Als ich sie im Wagen sah, wusste ich, dass sie einen Anfall haben würde, es ging ihr so schlecht‹, sagte Frau Kissi-Debrah. Sie beschrieb die Bemühungen der Notärzte, Ella in ihrer letzten Nacht wiederzubeleben: ›Sie haben es versucht und versucht und versucht.‹ Ella starb um 3.27 Uhr am 15. Februar 2013.«

Ihre Mutter verbrachte die folgenden acht Jahre damit, die wahre Todesursache klarzustellen und zu beweisen, dass solche Atemprobleme nicht natürlich sind und auch nicht irgendeiner höheren Macht zugeschoben werden können – es sei denn jener höheren Macht, die am Altar des Konsums verehrt wird. Ellas Sterbeurkunde ist die erste in Großbritannien und vielleicht sogar die erste auf der Welt, auf der Luftverschmutzung als Todesursache angegeben wird – und nicht Atemwegsprobleme oder Asthma. Ihre Atemwegsprobleme hatten eine Ursache: die Überschreitung der Feinstaubwerte in ihrer Straße in Lewisham, der Auspuff der vorbeifahrenden Autos, die naheliegende Fabrik.

Die Kampagne ihrer Mutter mag als bloßer Streit um Worte erscheinen. Aber das Wort ist mächtiger als das Schwert. Ein ganzes Kapitel habe ich darauf verwandt, die Zuschreibung von Todesursachen mitsamt statistischen Anomalien und Problemen zu erörtern. Alle einschlägigen Statistiken basieren auf Sterbeurkunden. Solange die Täter im Dunkeln bleiben, können wir das Ausmaß ihres Gemetzels nicht bestimmen.

Doch was genau finden wir an unserem Tatort? Welche Waffen? Wie werden sie geschmiedet und geschärft? An diesem Tatort ist das todbringende Unheil dreiköpfig – Feinstaub, Plastik und Elektroschrott.

Fangen wir mit Feinstaub an. Die Luft enthält Schweb- und Schadstoffe, die aus Schornsteinen und Auspuffrohren, aber auch aus natürlichen Quellen stammen; man denke an Saharasand, Vulkanasche oder in die Luft gewirbeltes Meersalz. Der menschliche Fußabdruck beim Feinstaub entsteht, weil wir Dinge in Brand setzen. Dazu gehören neben Holz und Biomasse natürlich fossile Energieträger, die im Lauf von Millionen von Jahren aus biologischem Material entstanden sind und sich durch Druck und Hitze in Kohle, Öl oder Gas verwandelt haben. Abgesehen davon, dass sie die Treiber des Klimawandels sind, spielen sie auch eine wichtige Rolle bei der Luftverschmutzung und sind – neben und vor den Holzfeuern, die in unseren Kaminen prasseln – für bis zu 4 Millionen Tote pro Jahr verantwortlich. Keine Waffe zählt so viele Opfer in diesem Buch, zumindest noch in diesem Jahrhundert, wie der Feinstaub.

Stellen Sie sich vor, sie säßen an einem frischen Herbstabend im Garten und beobachteten, wie die Scheite an der Feuerstelle glühen und knacken. Vielleicht wirft jemand ein

Blatt Papier ins Feuer, das sich krümmt, bräunt, in Flammen aufgeht und zu Asche zerfällt. Ähnlich wie die sogenannten Steppenläufer, die in amerikanischen Western ominös durch Geisterstädte wirbeln, werden letzte Reste des Blatts über das Feuer hinausgehoben und verglühen in der kühlen Luft. Die Reste, die über dem Feuer tanzen, sind eine vergrößerte Form von Feinstaub. Abertausende kleinster Teile gesellen sich zu diesem Tanz, doch man sieht nur Rauch.

Feinstaub ist deshalb ein so großes Problem, weil die Mikropartikel, die mit bloßem Auge überhaupt nicht zu sehen sind, anders als das verglühende Stück Papier nicht zurück auf den Boden fallen, sondern sich mit der in der Luft gespeicherten Feuchtigkeit verbinden und weiterverbreiten. In Statistiken zur Luftreinhaltung werden sie unter den Bezeichnungen PM_{10} oder $PM_{2.5}$ geführt – abgeleitet von ihrem Durchmesser von 10 oder 2,5 Mikrometern. Sie setzen sich in unseren Lungen, unserem Blutkreislauf und unserem Gehirn fest. Je kleiner sie sind, desto gefährlicher sind sie.

Wenn wir an einem Herbstabend das Lagerfeuer genießen und die Luft durch unsere Lungen strömen lassen, dann atmen wir zahlreiche Schadstoffe und krebserregende Stoffe ein. Insgesamt sterben nach Auskunft der Europäischen Umweltagentur (EEA) in Deutschland pro Jahr 62 000 Menschen an Luftverschmutzung. Das sind knapp 0,1 Prozent der Gesamtbevölkerung. Feinstaub ist die sechsthäufigste Todesursache weltweit. Gemäß der vorsichtigen Schätzung, die der Errechnung des Kill Score in diesem Buch zugrunde liegt, sterben daran jedes Jahr 4 Millionen Menschen. Das entspricht der Todeszahl der ersten 18 Monate der Corona-Pandemie. Andere Statistiken sprechen von über 6 Millionen Opfern.

Die fossilen Energieträger bringen nicht nur den Tod, weil sie den Klimawandel verursachen, sondern auch, weil sie einen großen Teil des Feinstaubs erzeugen. Zwar gibt es den natürlichen Feinstaub, doch ist es primär der menschengemachte, der unsere Lungen verklebt und unser Blut verdreckt.

Auch die zweite tödliche Waffe, von der in einem Kapitel über Abfall die Rede sein muss, ist auf fossile Energieträger zurückzuführen: Plastikmüll.

Fuseini starb wahrscheinlich an den Giften, die er einatmete, als er das Plastik verbrannte, das die Kupferleitungen einhüllte. Doch wenn heute das Thema Plastikmüll in Zeitungen und Nachrichtensendungen aufkommt, dann geht es nicht um Agbogbloshie, sondern um die Weltmeere. Mikroplastik, das heißt Kunststoffreste in einer Größe von weniger als 5 Millimetern, findet sich auf dem Grund der Ozeane und auf dem Gipfel des Mount Everest. Die größte Herausforderung beim Thema Mikroplastik besteht darin, dass dessen schädliche oder sogar tödliche Wirkung auf den menschlichen Organismus noch sehr schlecht erforscht ist. Laborstudien haben gezeigt, dass Mikroplastik menschliche Zellen schädigt, aber was dies für den Kill Score bedeutet, kann keiner verbindlich sagen. Wenn später genauer vom Kill Score die Rede sein wird, werde ich darauf zurückkommen. Einstweilen halte ich mich an die allgemeine Auskunft der Zeitschrift *Nature* von 2020, dass das gesamte Plastik auf diesem Planeten mehr wiegt als alle derzeit lebenden Land- und Wassertiere zusammen. An dieser Stelle kann man nur Han Solo aus *Star Wars* zitieren: »I have a bad feeling about this.« Diese Auskunft bezieht sich wohlgemerkt auf Plastikmüll sowie auf Plastik, das aktuell in Gebrauch ist. Der Schatz von heute jedoch ist allzu oft der Abfall von morgen.

Von Mikroplastik haben die meisten schon gehört, aber besonders beunruhigend aus der Sicht der Wissenschaft ist das sogenannte Nanoplastik, eine Subkategorie des Mikroplastiks, auf das man stößt, wenn man vom Kleinsten zum Allerkleinsten gelangt. Beim Nanoplastik, das noch kaum erforscht ist, stellt sich insbesondere die Frage, ob es klein genug ist, in Zellen einzudringen und die Blut-Gehirn-Schranke zu überwinden – also jene Grenze, die das Gehirn vor im Blut zirkulierenden Krankheitserregern schützt.

Auch wenn die Wissenschaft zum Thema immer noch in den Kinderschuhen steckt, sind viele Horrorgeschichten im Umlauf, von denen man nicht weiß, ob sie alle falsch sind. Apropos Kinder: Ein Baby, das Milchersatz in einer Plastikflasche bekommt, verschluckt angeblich mehr als eine Million Teile Mikroplastik pro Tag.

Die Gefährlichkeit der »Zeitbombe Plastik« lässt sich, wie Bart Koelmans, einer der führenden Forscher in diesem Bereich, betont, nach dem derzeitigen Stand der Forschung nicht genau bestimmen. Koelmans sagt: »Was die Risiken betrifft, so habe ich keine großen Befürchtungen mit Bezug auf die Gegenwart, aber ich mache mir ein bisschen Sorgen um die Zukunft, wenn wir nichts tun.« Der abschwächende Einschub »ein bisschen« in diesem Satz ist ziemlich wichtig. Trotz der Panikmache in den Medien liegt Koelmans richtig – und er findet Bestätigung durch Jennifer Lynch, eine Meeresbiologin, die erklärt, Forscher seien »uneins in der Frage, ob Verschmutzung durch Mikroplastik zu drastischen Problemen führt«.

Es gibt so viele Arten von Abfall, dass ich unmöglich

alle mustern kann. Doch wie bereits angekündigt, möchte ich eine dritte Kategorie erwähnen, auch wenn sie längst nicht das gleiche Ausmaß einnimmt wie Feinstaub oder Plastikmüll. Gemeint ist Elektroschrott. Von ihm war schon die Rede, als ich Fuseinis Schicksal schilderte, obwohl die Todesursache in seinem Fall wohl die Schadstoffe im verbrannten Plastik waren. Doch nun geht es nicht um diese Schadstoffe, sondern um die große Menge giftiger Substanzen, die sich in kaputten Kühlschränken, Waschmaschinen, leeren Batterien, ausgemusterten Computern oder Smartphones findet. Elektroschrott ist freilich eine unscharfe Bezeichnung, denn er enthält eine Vielzahl von Giften und ist überdies in der Entstehung eng mit Plastikmüll verbunden. So fällt es nicht leicht, Todesfälle eindeutig einzelnen Ursachen zuzuordnen. Immerhin kommt eine Studie aus dem Jahr 2020 zu dem Schluss, dass in der Stadt Guiyu, dem chinesischen Pendant zu Agbogbloshie, jährlich zwischen 220 und 750 Menschen an Elektroschrott sterben.

750 – das scheint im Vergleich eine tröstlich geringe Zahl zu sein. Es handelt sich hier jedoch um die Zahl für eine einzige Stadt. Dazu kommt, dass sich Elektroschrott in einem entscheidenden Punkt von Feinstaub und Plastikmüll unterscheidet. Solange wir uns nämlich mit Verbrennungsmotoren fortbewegen, haben wir nur begrenzte Möglichkeiten, die Luftverschmutzung durch Feinstaub auf null zu fahren. Solange wir Plastik nutzen, können wir Recyclingsysteme optimieren, doch das wird uns nicht in die Lage versetzen, die Ausbreitung von Mikroplastik zu stoppen. Beim Elektroschrott ist das komplett anders. Ihn könnte man ordentlich entsorgen, und wenn dies nicht geschieht,

dann liegt es allein an unserer Faulheit, Gleichgültigkeit und mangelnden Bereitschaft, die paar Cent extra auszugeben beziehungsweise konsequent die kriminellen Pfade abzuschneiden, die diesen Elektroschrott um die Welt tragen.

Wenn er schließlich in Ghana, China oder sonst wo auftaucht, dann hat dies schlicht mit Gier zu tun. Damit meine ich wohlgemerkt nicht die armen Seelen, die in Agbogbloshie oder Guiyu Müllberge durchsuchen, sondern die Mittelsmänner und -frauen, die sich am globalen Transport von Elektroschrott eine goldene Nase verdienen. Sie sind die Schuldigen.

Und wir? Wer ein Feuer in seinem Garten abbrennt, wird sich in erster Linie selbst schaden. Wer in einer Großstadt im Stau steht und seinen Motor laufen lässt, schadet sich selbst und vielen anderen. Die Luftverschmutzung ist, anders als der Klimawandel, eine eher lokale Angelegenheit, doch der Feinstaub kann auch auf die Reise gehen. Wenn Sand aus der Sahara in Grönland entdeckt worden ist, dann kann auch von Menschen gemachter Staub die Welt umrunden. Ich erlaube mir, die Lage ein bisschen vereinfacht darzustellen und dann ein paar Lehren daraus zu ziehen.

Sehen wir uns die Feinstaubquellen in Europa an. Natürliche Ursachen haben demnach einen Anteil von 5 bis 20 Prozent an der Gesamtmenge der Partikel vom Typ $PM_{2.5}$. Das entspricht übrigens dem globalen Durchschnitt, auch wenn es Ausreißer wie Japan gibt, wo dieser Anteil auf 42 Prozent hochschnellt. (Möglicherweise hat das damit zu tun, dass aufgrund der Insellage Salz und Dreck in großen Mengen vom Meer aufs Land verteilt werden.) Verkehr ist für 19 bis 35 Prozent verantwortlich, die Industrie für 11 bis 17 Prozent, Heizungen für 12 bis 32 Prozent. Über den Rest weiß man so gut wie nichts, außer dass er von Menschen verursacht ist. In den genannten Bandbreiten spiegeln sich übrigens die Unterschiede zwischen Nord-, West-, Ost- und Südeuropa.

Mit diesen Zahlen kann man noch nicht furchtbar viel anfangen, doch kann man ihnen noch genauere Informationen abringen. Probeweise will ich eine Glasglocke über die Europäische Union stülpen und annehmen, dass die hier generierte Luftverschmutzung und der entsprechende Fußabdruck vor Ort verbleiben, wir also das, was wir angerichtet haben, selbst ausbaden. Als Ausgangspunkt nehme ich dann die Zahl von 307 000 Menschen, die in der EU jedes Jahr an Luftverschmutzung sterben. Übrigens ist erwähnenswert, dass diese Zahl in den frühen 1990er Jahren noch bei rund einer Million lag. Ältere Leser, die sich über ihren persönlichen Kill Score den Kopf zerbrechen, mögen diese Zahl schockierend finden. Doch ich will mich nicht mit historischen Details abgeben, sondern aufs Heute schauen. Dabei den Durchblick zu bewahren, ist übrigens nicht so einfach, denn man stößt auf einen Wust von Grenzwerten. Wenn man von den Feinstaubgrenzwerten der EU ausgeht, so sind zum Beispiel ein Prozent der urbanen Bevölkerung einer Belastung ausgesetzt, die diese Werte überschreitet. Wenn man dagegen die Grenzwerte der Weltgesundheitsorganisation (WHO) zugrunde legt, dann werden die Grenzwerte bei 96 Prozent der urbanen EU-Bevölkerung überschritten.

Um den Kill Score seriös zu berechnen, muss man von der Gesamtbevölkerung der EU ausgehen, also von 447 Millionen Menschen. Wenn – wie oben erwähnt – 307 000 Menschen in der EU alljährlich an Luftverschmutzung sterben, dann sind dies 0,07 Prozent der Bevölkerung. Zusätzlich kann man die Opferzahl von 307 000 Menschen auf Verursacher oder Täter umlegen, also zum Beispiel pauschal den 447 Millionen EU-Bürgern zurechnen. Jeder von ihnen ist demnach für die scheinbar zu vernachlässigende Zahl von 0,0007 Toten pro Jahr verantwortlich. Rechnet man diese Verantwortung auf die durchschnittliche Lebenszeit eines Menschen, also auf 80 Jahre, hoch, dann bezieht sie sich auf 0,05 Personen. Anders gesagt: 20 EU-Bürger töten im Lauf ihres Lebens eine andere Person durch Luftverschmutzung.

Allerdings sind sowohl entlastende wie auch strafverschärfende Umstände zu berücksichtigen. Zu den entlastenden Umständen gehören die natürlichen Ursachen für Luftverschmutzung, von denen bereits die Rede war. In den europäischen Ländern decken sie, wie erwähnt, einen Anteil zwischen 5 und 20 Prozent der Gesamtmenge ab. Wenn man einen Durchschnitt von 10 Prozent ansetzt, dann heißt dies, dass der menschengemachte Anteil an den Opfern durch Luftverschmutzung auf rund 270 000 pro Jahr sinkt. Ganz sauber ist das nicht gerechnet, weil viele dieser nicht menschlichen Quellen für Luftverschmutzung in dünn besiedelten Landstrichen liegen und dort keine lebensgefährlichen Konzentrationen von $PM_{2.5}$ erreicht werden. Aber man soll mir nicht Übertreibung vorwerfen können am Ende dieser Lektüre. Also rechnen wir konservativ.

Umgekehrt gibt es auch strafverschärfende Umstände. Die meisten Menschen, die an Luftverschmutzung sterben, leben in der Stadt, werden also auch durch typisch städtisches Verhalten ums Leben gebracht. Wenn man die Verantwortung entsprechend umverteilt, dann steigt der Kill Score der Stadtbewohner, die 41 Prozent der europäischen Bevölkerung ausmachen, von 0,05 auf 0,12. Umgekehrt sinkt der Kill Score der Landbewohner auf nahe null. Ich muss zugeben, dass nicht alle Details bekannt sind, mit denen sich diese Verteilung in wünschenswerter Präzision errechnen ließe. Was ist zum Beispiel mit der Berufspendlerin oder mit dem ländlichen Einsiedler, der ein Produkt bestellen mag, bei dessen Herstellung ein Landstrich anderswo verpestet wird? Die Wahrheit liegt, auch wenn dieses Klischee allzu oft bemüht wird, in der Mitte.

Jedenfalls ist die Kill-Score-Berechnung noch nicht zu Ende. Luftverschmutzung mag ein lokales Phänomen sein, aber die Güter, die produziert werden, sind dies nicht. Man muss also die Glasglocke über Europa öffnen und festhalten, dass die Güter, die wir konsumieren, von Fabriken aus aller Welt zu uns kommen. Gemäß einer Studie aus dem Jahr 2017, die leider nicht genau die gleichen geografischen Einteilungen vornimmt wie die oben erwähnte Studie zur Luftverschmutzung, sind Europa und Russland aufgrund von Warenimporten aus China und Ostasien für rund 7 Prozent der dortigen Todesfälle durch Luftverschmutzung verantwortlich. Dazu kommen 24 Prozent der Todesfälle im Nahen Osten und Nordafrika, 5 Prozent in Nordamerika und 6 Prozent in Lateinamerika. Wenn diese Zahlen zutreffen und auf die bereits vorliegende Rechnung draufgeschlagen werden, dann verdoppelt sich, grob gerechnet, der Kill Score jedes Europäers. Das heißt nichts anderes, als dass ein Mensch, der in einer europäischen Stadt lebt und konsumiert, im Lauf seines Lebens durch die von ihm erzeugte Luftverschmutzung 0,25 Menschen tötet. Wie gesagt: Es handelt sich hier um eine Durchschnittszahl, die nicht ohne Vereinfachungen und Abkürzungen zustande gekommen ist.

Einerseits sind die aktuellen Todesfälle durch Luftverschmutzung zahlreicher als diejenigen durch Klimawandel.
Andererseits wird am Ende der Kill Score, der sich der Luftverschmutzung zuordnen lässt, von demjenigen des Klimawandels übertroffen (1 Mensch tötet 1 Menschen). Wie passt
das zusammen? Drei Gründe drängen sich auf. Der erste ist
banal. Die Zahl der Menschen, die am Klimawandel sterben,
ist heute vergleichsweise gering, wird aber abhängig von
den Entscheidungen, die wir heute treffen, im Lauf dieses
Jahrhunderts in die Höhe schnellen. Da wir zukünftiges Leben (jedenfalls zurzeit) nicht im Wert herabsetzen, fallen
die zukünftigen Todeszahlen stark ins Gewicht.

Der zweite Grund ergibt sich aus der Verteilung der Verantwortung. Beim Klimawandel ist ein kleiner Teil der Welt-
bevölkerung für die Toten weltweit verantwortlich. Bei der
Luftverschmutzung sind die Konsumenten in Europa nur
Täter unter vielen. Die Tatorte der Luftverschmutzung sind
auf die ganze Welt verteilt, sie finden sich auch und gerade
im Großstadtdschungel Indiens, Chinas, Nigerias oder In-
donesiens.

Schlussendlich werden, wenn es um den Kill Score der
Luftverschmutzung geht, Tote pro Jahr gezählt und auf eine
Bevölkerung umgelegt, die in Europa weitgehend stabil
bleibt. Während die Laufzeit der Luftverschmutzung beschränkt ist, weil der Dreck letztlich wieder auf dem Boden
landet, wird der Klimawandel, den unsere und frühere Generationen ausgelöst haben, über lange Jahrhunderte fol-
genschwer sein. Was in den 100 Jahren von 1950 bis 2050
passiert, hat tödliche Folgen auch für Menschen in ferner
Zukunft.

Obwohl es gravierende Unterschiede bei der Beschreibung und Bewertung von Luftverschmutzung und Klimawandel gibt, hängen beide Phänomene doch eng miteinander zusammen, denn sie werden zum Teil von denselben Konsumentscheidungen beeinflusst. So wirkt sich all das, was getan wird, um den Verbrauch fossiler Energieträger zu reduzieren, auch auf die Reinheit der Luft aus. Doch nicht alle Konsumentscheidungen beeinflussen beide Bereiche. Zum Beispiel wirkt es sich kaum auf die Luftverschmutzung und den damit verbundenen Kill Score aus, ob man nun Fleisch isst oder nicht.

Und wie steht es mit Plastikmüll und Elektroschrott? Wie erwähnt, mangelt es an einem genauen Verständnis der direkten Effekte in diesen Bereichen. Eine Studie der NGO Tearfund gelangt zu der – freilich sehr allgemeinen – Schätzung, dass 400 000 bis eine Million Menschen jährlich durch Abfallmisswirtschaft zu Tode kommen. Diese Schätzung bezieht sich nicht nur auf Plastikmüll, wenngleich der Bericht Plastik die Hauptverantwortung gibt. Aber, und das ist ganz wichtig, er berücksichtigt auch nicht die potenziell tödlichen Folgen von Mikroplastik in unseren Körpern. Oft geht es um lokale Prozesse in Schwellenländern, die nicht direkt auf Abfall zurückzuführen sind, der im Westen produziert wird (verstopfte Wassersysteme etc.). Deutschland ist für 0,1 Prozent der Misswirtschaft beim Abfall verantwortlich, China für fast 30 Prozent und Indonesien für 10 Prozent.

Die aufmerksame Leserin wird es bemerkt haben: Plötzlich wurden Plastik und Abfall zusammengeworfen. Leider ist der Tearfund-Bericht (vielleicht bewusst) etwas vage. Ein Plädoyer gegen Plastik, aber nicht wirklich transparent. Plastik in dieser Kategorie ist vielleicht unser schwierigster

Tatort in diesem Buch, nicht weil nicht auch die Verfolgung der Opfer anonymen Konsums kompliziert ist, sondern weil die Antworten so verlockend in der Luft liegen, aber doch zu oft verborgen bleiben. Es ist jedoch nicht unwahrscheinlich, dass Plastik gut ein Viertel oder mehr zu den Opfern der Abfallwirtschaft beiträgt.

So oder so ist aus der Perspektive eines westlichen Konsumenten der Kill Score der Abfallwirtschaft, anders als bei Abgasen oder Klimawandel, vernachlässigbar. Natürlich können wir in einer globalisierten Welt auch globale Verantwortung für die wirtschaftlichen Zustände in anderen Ländern übernehmen. Aber im engen Sinne unserer Konsumentscheidungen ist vor allem dank politischer und sozialer Veränderungen unser Verhältnis zum Abfall ein anderes geworden.

Es mag zudem sein, dass wir in ferner Zukunft bedauernd feststellen werden, seinerzeit die langfristigen Gefahren von Mikroplastik unterschätzt zu haben. Wir brauchen jedoch nur leicht die Linse auf unserem Tatort zu verschieben, um das Potenzial des Horrors zu erahnen. Ich wollte den Menschen in den Mittelpunkt stellen, aber mache hier eine Ausnahme. Denn selbst wenn der Einfluss von Plastik auf Menschen noch unklar ist, bei Tieren ist das Bild ein anderes. Schätzungen zufolge sterben mehr als eine Million Meerestiere pro Jahr an Plastikmüll. Ein anderes Buch, eines über unseren Tier-Kill-Score, würde auf diesen Seiten eine brutalere Geschichte erzählen.

Ich habe bei der Diskussion Elektroschrott nur beiläufig behandelt. Zwar gibt es hierzu lokale Studien, wie die bereits oben erwähnte, aber keine globalen Untersuchungen (zumindest keine mir bekannten). Wenn auf einer der weltweit größten Müllhalden für Elektroschrott in China Hunderte Menschen sterben, dann ist das tragisch, aber es lässt auch darauf schließen, dass das globale Bild nicht signifikant höher ist. Es gibt also gute Gründe, sich auf Plastik und Abgase zu konzentrieren.

Manche mögen sich daran stören, dass der Plastikmüll beim Kill Score individueller Konsumenten allzu gut wegkommt. Um ihnen entgegenzukommen, wechsle ich die Reihenfolge, wenn ich nun auf den Kill Score der Unternehmen zu sprechen komme, beginne also nicht mit der Luftverschmutzung, sondern mit dem Plastikmüll.

Bei Unternehmen stellt sich die Lage anders dar als bei Individuen, weil die Plastikindustrie – anders als die unüberschaubare Zahl der Konsumenten – enorm konzentriert ist und vergleichsweise viel über ihren Plastikfußabdruck bekannt ist. Zu danken sind diese Informationen vor allem dem sogenannten Plastic Waste Makers Index, der im Jahr 2021 mit Unterstützung der Minderoo Foundation lanciert worden ist. Es handelt sich übrigens um ein typisches Beispiel dafür, dass wichtige Forschungen in diesem Bereich aus allerjüngster Zeit stammen. Viele Studien, die hier zitiert werden, wurden veröffentlicht, während dieses Buch entstand, und dazu gehört auch die Minderoo-Studie.

Die Minderoo Foundation hat ihren Sitz in Australien und ist eine private Gründung von Andrew Forrest, dem früheren Vorstandsvorsitzenden der Fortescue Metals Group, der vor rund 15 Jahren nach Auskunft der *Financial Review* einmal der reichste Australier war.

Die Minderoo-Studie kommt zu dem Ergebnis, dass 20 Unternehmen mehr als die Hälfte des gesamten Einwegplastiks auf der Welt produzieren. 100 Unternehmen sind für die Herstellung von 90 Prozent verantwortlich. Einwegplastik macht nur die Hälfte der jährlichen Plastikproduktion aus, aber wenn es um die Erzeugung von Plastikmüll geht, spielt es eine ungleich größere Rolle. Bei Plastik gibt es ein klares Ziel, und genau deshalb sind viele Arten von Einwegplastik seit 2021 in der Europäischen Union verboten.

Den Abfall-Kill-Score von Unternehmen möchte ich nun in zwei Schritten herausfinden. Um auch hier den Verdacht der Übertreibung auszuräumen, begnüge ich mich zum Ersten mit der – allzu vorsichtigen – Annahme, dass Einwegplastik nur für die Hälfte des Plastikmülls verantwortlich ist. Zum Zweiten greife ich auf die bereits erwähnte Tearfund-Studie zurück. Wir haben in Kapitel 4 die höhere Schätzung genommen, ich wähle nun die konservativere Annahme von 400 000 Opfern durch Abfallwirtschaft, und in Anbetracht der Tatsache, dass laut Weltbank 50 Prozent des Abfalls Essensreste sind, nehme ich einen Verantwortungsanteil von 25 Prozent an. Auch dies ist möglicherweise ein konservativer Wert aufgrund des leichteren Gewichts von Plastik. Aber wir befinden uns hier leider in der Welt der Schätzungen und müssen mit diesen Unsicherheiten leben. Dann ergibt sich aufgrund des Anteils, den ExxonMobil an der Plastikproduktion hat, ein Plastikmüll-Kill-Score dieser Firma von 2800 Menschen pro Jahr. Insgesamt entfallen auf die 100 größten Plastikproduzenten jährlich ungefähr 45 000 Todesfälle.

Wenn ich mich nun endlich der Luftverschmutzung zuwende, muss ich gleich sagen, dass die Lage leider nicht übersichtlicher wird. Das hängt damit zusammen, dass verschiedenste Stoffe die Atmosphäre belasten, viele Unternehmen einschlägige Geschäfte betreiben und ihre Fabriken über die ganze Welt verstreut sind. Ich möchte mich auf die Autoindustrie beschränken – und zwar auch deshalb, weil der Dieselskandal, der diese Industrie vor einigen Jahren erschüttert hat, als perfektes Fallbeispiel taugt. Dankenswerterweise hat eine Forschergruppe vom Massachusetts Institute of Technology (MIT) diesen Skandal bereits durchgerechnet. Zur Erinnerung: Es ging darum, dass in viele Dieselfahrzeuge eine sogenannte Abschaltsoftware eingebaut war, mit der sich die offiziellen Testwerte manipulieren ließen. Der Schadstoffausstoß dieser Fahrzeuge lag in Wahrheit ungleich höher. Die zusätzlichen Schadstoffmengen, die bis zur Umrüstung 2017 von diesen Fahrzeugen ausgestoßen wurden, haben mittel- und langfristig nach MIT-Rechnung allein in Europa 1200 Todesopfer zur Folge. (Weil Dieselfahrzeuge in den USA nicht so beliebt sind, werden dort übrigens »nur« 60 Tote zu beklagen sein.)

Wenn man die sonstigen Regel- und Rechtsbrüche der Autofirmen aus aller Welt zusammennimmt, durch die zusätzliche Emissionen freigesetzt werden, dann lassen sich darauf 38 000 Tote pro Jahr zurückführen. Dazu kommen die Todesfälle, die dem erlaubten Schadstoffausstoß zuzurechnen sind: 70 000 pro Jahr. Die Rede ist hier freilich nur von Dieselfahrzeugen, und sie standen zu dem Zeitpunkt, als die hier herangezogene MIT-Studie erstellt wurde, nur für ein Drittel des gesamten Fahrzeugmarktes.

Eine zweite Studie aus dem Jahr 2019 kommt zu dem Schluss, dass im Jahr 2015 rund 385 000 vorzeitige Todesfälle auf die gesamten Schadstoffemissionen aller Fahrzeuge weltweit zurückzuführen sind. Nach dieser Rechnung sind Dieselfahrzeuge für die Hälfte dieser Todesfälle zuständig. Demnach wäre eine Firma wie Volkswagen, die einen

Marktanteil von rund 8 Prozent hat, für rund 30 000 Todesfälle pro Jahr verantwortlich.

Natürlich kann man diese Zahlen nicht ohne Vorbehalte
stehen lassen. Sie verändern sich nicht nur aufgrund wech-
selnder Marktanteile, sondern auch wegen Treibstoffsorten,
des Wirkungsgrads der Motoren etc. Nur schon die zwei
gerade erwähnten Studien gelangen zu unterschiedlichen
Schätzungen: Gemäß der einen liegt die Zahl der Todesfälle
pro Jahr, die sich auf Dieselfahrzeuge zurückführen lässt,
bei rund 108 000, gemäß der anderen bei 192 500.

Man muss hinnehmen, dass es in diesem Bereich beträcht-
liche Unsicherheiten gibt. Aber trotz dieser Unsicherheiten
wissen wir zumindest die Größenordnung des Schreckens.
Die Studien suggerieren, dass 15 000 bis 30 000 Menschen
pro Jahr sterben, weil sie die Abgase von Fahrzeugen ein-
atmen, die Volkswagen produziert hat.

Wie schon im vorausgehenden Kapitel muss auch beim
Thema Abfall der Kill Score eines dritten Akteurs untersucht werden. Gemeint sind die Finanzinstitute oder, genauer gesagt, die Investoren, die als Eigentümer von Unternehmen auftreten. Wegen großer Überschneidungen
zwischen den Themen des Klimawandels und des Abfalls
gilt vieles, was in Kapitel 4 ausgeführt worden ist, auch hier
und muss nicht wiederholt werden. Dies betrifft vor allem
die Luftverschmutzung. Beim Plastikmüll aber gibt es einen
zusätzlichen, unerwarteten Dreh: die Rolle der Regierungen. So gehören gemäß der Analyse der Minderoo Foundation 18 Prozent der Anteile der 100 größten Hersteller von
Wegwerfplastik einem einzigen Staat, nämlich Saudi-Arabien (als Eigentümer tritt Saudi Aramco auf). Insgesamt
ist ungefähr ein Drittel aller Aktien der Unternehmen in

Staatsbesitz. Das hat zur Folge, dass sich der Fußabdruck der Individuen, die über private Investitionen, Versicherungen oder Einlagen in Pensionskassen an den genannten Firmen beteiligt sein könnten, drastisch reduziert.

Natürlich sind neben Saudi-Arabien und anderen Staaten auch große Vermögensverwalter wie Blackrock oder die Vanguard Group bei Plastikfirmen engagiert. Besonders interessant ist aber der Fall von Mukesh Ambani, nach *Forbes* der reichste Mensch Asiens und fast auch unter den Top Ten der Welt. Ambani gehört die Hälfte der Aktien von Reliance Industries, dem achtgrößten Hersteller von Einwegplastik weltweit. Allein damit hat er einen Anteil von 1,5 Prozent an der gesamten Produktion von Einwegplastik. Entsprechend lässt sich auf ihn ebenjene Rechnung anwenden, die ich oben bereits für ExxonMobil durchgeführt habe. Der Kill Score von Mukesh Ambani allein aufgrund dieser einen Firmenbeteiligung liegt gemäß dieser Rechnung bei 750 Menschen pro Jahr.

In Kapitel 4 haben wir über die relative Verantwortung der Investoren, Firmen und Konsumentinnen gesprochen. Auch hier stellt sich die Frage der Verantwortung, aber beim Abfall kommt eine weitere Komponente hinzu. Denn es ist ja nicht per se das Produkt, das schadet, sondern die Art und Weise, wie es entsorgt wird. Dürfen wir wirklich vom Tatort in Agbogbloshie bis zur Altamount Road in Mumbai (Indien), der Residenz von Mukesh Ambani, die Spur verfolgen? Sein Haus wurde übrigens, begleitet von zahlreichen Kontroversen, auf Land gebaut, das zuvor als Zuhause für obdachlose Kinder gedient hatte. Manche Spuren der Gier sind leicht verwischt, andere unmittelbar auf dem Grund und Boden verewigt, auf dem man lebt.

Einstweilen begnüge ich mich damit, Erbsen oder – in diesem Fall – Tote zu zählen und Tatorte zu begutachten: Nach dem Klimawandel im vorausgegangenen Kapitel waren dies Luftverschmutzung und Plastik in diesem Kapitel. Verantwortung, rechtlicher oder anderer Natur, diskutieren wir vor Gericht in Teil 3.

Es war jedoch nicht Plastik, welches Pandurang Babre, Lieferant einer Fabrik von Reliance Industries, im Jahr 2016 umbrachte. Es waren unsichere Arbeitsbedingungen. Unser nächster Tatort.

6.

ARBEIT

»Ich sehe seit einer Zeit,
wie alles sich verwandelt.
Etwas steht auf und handelt
und tötet und tut Leid.«

RAINER MARIA RILKE,
ENDE DES HERBSTES (1906)

Eigentlich ist Pandurang Babre der perfekte Kandidat für den Tatort in diesem Kapitel. Er fiel bei einer Prüfung des Ölstands von einem Tanker in Rayasani, einer Kleinstadt vor den Toren Mumbais. Der Tanker war schmutzig und glitschig, der Mitarbeiter nicht gut ausgebildet für die ihm zugeteilten Aufgaben. Der Manager der Fabrik von Reliance Industries sprach später von einem Herzinfarkt. Pandurang sollte nicht mehr als eine Nummer in der Todesstatistik Indiens werden. Der Plan ging nicht auf. Die verantwortlichen Mitarbeiter kamen vor Gericht. Zu spät für Pandurang.

Wer an den Tod am Arbeitsplatz denkt, denkt wahrscheinlich meistens an Unglücksfälle wie diesen. Ein Problem der sogenannten Dritten Welt, prekäre Arbeitsverhältnisse, die Geschichte schreibt sich von selbst. Die häufigste mit Arbeit verbundene Todesursache ist jedoch eine andere. Und so wählen wir statt Pandurangs Schicksal eine andere Geschichte als Tatort für dieses Kapitel, viel näher, als wir es vielleicht erwartet hätten, kaum zwei Flugstunden von Deutschlands Hauptstadt entfernt.

Als Moritz an einem Augustmorgen 2013 um 7 Uhr nicht im Büro auftauchte, dachten seine Kollegen zunächst, er hätte verschlafen. Als er um 14 Uhr immer noch nicht da war, runzelten manche die Stirn. Aber Moritz war beliebt, das sagten später jedenfalls seine Arbeitskollegen, und deshalb ließen sie Nachsicht walten. Um halb neun am Abend machte sich schließlich ein Praktikant auf, um in Moritz' Wohnung in Bethnal Green, einem Stadtteil im Osten Londons, nach dem Rechten zu sehen. Dort fand er ihn, 15 Stunden nachdem Moritz unter der Dusche einen epileptischen Anfall erlitten hatte, bewusstlos zu Boden gestürzt und daraufhin wahrscheinlich im Duschwasser ertrunken war.

Moritz wurde 21 Jahre alt. Die Gerichtsmedizinerin stellte als Todesursache Epilepsie fest. Es wird angenommen, dass erste Symptome bereits auftraten, als er sich auszog und die Dusche anstellte, und ihn dann der Anfall mit voller Wucht traf.

Moritz arbeitete als Praktikant bei Merrill Lynch und hatte gerade sein drittes *magic roundabout* absolviert. Gemeint ist damit die damalige Praxis, um 5 Uhr morgens mit dem Taxi nach Hause zu fahren, zu duschen, ein frisches

Hemd anzuziehen und mit demselben Taxi ins Büro zu-rückzufahren. Es vor der Haustür bei laufender Uhr warten zu lassen, war einfacher, als in aller Frühe ein neues Taxi zu finden. (Natürlich waren das die Zeiten vor Uber, Lyft und FreeNow.)

Moritz war vor seinem Tod 72 Stunden am Stück wach gewesen. Er hatte drei Tage und Nächte durchgearbeitet, als Teil eines sechswöchigen Praktikums, das ihm 6000 Pfund einbrachte.

Mary Hassell, die Gerichtsmedizinerin, fasste ihre Über-legungen einige Monate nach Moritz' Tod vor einem bri-tischen Gericht wie folgt zusammen: »Er war ein junger Mann, der sein Leben in vollen Zügen genoss [...]. Zwar ist es möglich, dass Übermüdung den tödlichen Anfall aus-löste, aber es kann auch sein, dass der Anfall einfach so über ihn kam. So etwas kommt durchaus vor. Auch wenn viele Menschen an Epilepsie leiden und ein hohes Alter er-reichen, gibt es unglücklicherweise immer wieder Fälle, in denen ein Anfall sehr plötzlich zum Tod führt. Manchmal widerfährt dies auch Menschen, die so jung und fit sind wie Moritz.« Sie gab zu, dass »Erschöpfung ein möglicher Auslöser für epileptische Anfälle« sei und dass er zu Tode gekommen sein könnte, weil er »so hart gearbeitet« habe. »Aber das ist nur eine Möglichkeit, und ich wünsche mir, dass seine Familie nicht mit dem Gefühl nach Hause geht, Moritz selbst habe etwas getan, was seinen Tod verursacht hat.« Wie die Gerichtsmedizinerin auf die Idee gekommen ist, Moritz habe sein Leben voll und ganz genossen, wenn er öfter mal drei Tage durcharbeitete, muss ihr Geheimnis bleiben, auch wenn ein anderer Praktikant einem *Guardian*-Reporter erzählte, Moritz habe trotz 100-Stunden-Wochen den Eindruck vermittelt, er würde sein Leben »sehr genießen«. Ein komischer Genuss.

Spannend ist an dem Zitat auch die Frage der Verantwortung. Die Gerichtsmedizinerin geht davon aus, dass, selbst wenn Moritz durch Überarbeitung starb, er dies selbst *getan* hätte. Nicht seine Firma, sein Umfeld. Er selbst. Wenn wir dieser Ansicht folgen, müssen wir uns die Verantwortungsfrage nicht mehr stellen. Dieses Kapitel ist dann schnell geschrieben, in Eigenverantwortung schuften wir uns zu Tode.

In diesem Buch versuche ich, mich durchweg an Fakten zu halten, soweit ich über sie verfüge, und persönliche Bewertungen zu vermeiden. Aber in Moritz' Fall tue ich mich schwer damit. Dass man den Gedanken abtun kann, die Epilepsie sei durch 72 Stunden Nonstop-Arbeit ausgelöst worden, will mir nicht in den Sinn. Ich bin hier auf der Seite von Moritz' Vater, der Schlafmangel für den Anfall verantwortlich gemacht hat. Tod in Eigenverantwortung, dafür fehlen die Indizien, dafür ist die Spur zu frisch, sind die Fußabdrücke zu tief im Matsch eingesunken, als dass man sie ignorieren könnte.

Moritz' Geschichte habe ich damals, als sie passierte, direkt mitbekommen, und sie hat sich sofort in mein Gedächtnis eingebrannt, wohl auch deshalb, weil ich zwei Jahre zuvor in London diesen Rhythmus selbst miterlebt hatte. Mein Mitbewohner im Sommer 2011 war Praktikant bei der Barclays Bank und wie Moritz nur ein Gespenst im Haus.

Moritz' Geschichte hatte Folgen. Goldman Sachs war zwar nicht Moritz' Arbeitgeber, aber diese Bank geriet damals geradezu in den Verdacht kommunistischer Umtriebe, als sie beschloss, die Arbeitszeit für Praktikanten auf

17 Stunden pro Tag und auf den Zeitraum zwischen 7 Uhr morgens und Mitternacht zu begrenzen. Viel mehr passierte nicht. Die großen Finanzinstitute justierten ihre Regeln ein bisschen, damit möglichst kein Angestellter mehr sterben (oder klagen) würde, und kehrten ansonsten zum Normalbetrieb zurück.

Es wäre aber unfair, sich auf die Finanzplätze zu kaprizieren. Als ich 2016 einen Thinktank in Berlin gründete, hatte ich durchschnittliche Wochenarbeitszeiten zwischen 70 und 80 Stunden. In der amerikanischen Zeitschrift *Atlantic* erschien in ebendiesem Jahr eine lange Geschichte über diejenigen, die aus Überzeugung arbeiten, also in NGOs oder Thinktanks – und sich überarbeiten. Natürlich gibt es das Phänomen überall. Meine Frau ist Krankenpflegerin, und wenn sie vier Nachtschichten hintereinander hat, dann ist das nichts für schwache Gemüter.

Doch wie viele Menschen sterben wirklich an Überarbeitung? Darum geht es letztlich in diesem Buch. Hier findet keine Trostveranstaltung für Leute statt, die stundenlang an ihrer PowerPoint-Präsentation feilen, wenn ihr Kind endlich im Bett ist. Vielmehr geht es um echte Todesfälle am Arbeitsplatz, in der Arbeitswelt. Moritz ist allem Anschein nach so ein Fall, aber nur einer von vielen.

In diesem Kapitel werde ich mich häufig auf die Internationale Arbeitsorganisation (ILO), eine Sonderorganisation der Vereinten Nationen, berufen. Nach ihrer Schätzung kommen 745 000 Menschen pro Jahr ums Leben, weil sie zu viel arbeiten. Das entspricht ungefähr einem Prozent aller Toten eines Jahres weltweit.

Diese Zahl umfasst längst nicht alle Menschen, die während oder wegen der Arbeit sterben. Die liegt bei 2 bis 3 Millionen pro Jahr. Die Schätzungen variieren: 2,8 Millionen sind es gemäß dem Workplace Safety and Health Institute, 2 Millionen laut WHO und ILO.

Moritz' Geschichte ist bedrückend, aber es gibt nicht massenweise Bankleute, die nach drei Tagen am Schreibtisch den Löffel abgeben. Die erste Assoziation, die sich bei diesem Thema einstellt, ist wohl nicht ein Banker im feinen Anzug, sondern ein Grubenarbeiter, der in einem Kohlebergwerk verschüttet wird, oder unser Freund Pandurang Babre. Doch auch wenn Moritz' Geschichte in mancherlei Hinsicht untypisch ist, so ist sie doch in einem Punkt exemplarisch: Bei ihm und bei vielen, vielen anderen geht es um Überarbeitung oder, in der Sprache der ILO, um »Belastung durch lange Arbeitszeiten«. Genannt ist damit die häufigste Ursache für Todesfälle in der Arbeitswelt.

Wie schon beim Klimawandel, so ist auch in diesem Fall die wissenschaftliche Zuordnung von Verantwortlichkeiten ungeheuer schwierig. Selbst der Tod von Moritz, der 72 Stunden durchgearbeitet hatte und noch im Dienst war, als er starb, wurde nicht als Arbeitsunfall anerkannt. Wie ist es dann mit dem alten Mann, der im Schaukelstuhl sitzend einem Herzschlag erliegt, nachdem er sein Leben lang bis zur Erschöpfung geschuftet hat? Lässt sich sein Tod auf die Arbeit zurückführen?

Ich werde auf solche komplexen Fälle noch eingehen, aber zuerst möchte ich mir einen Überblick verschaffen. Menschen stellen Güter her, erbringen Dienstleistungen, andere – wir alle – konsumieren sie. Bei oder wegen der Arbeit sterben alljährlich – diese Zahl wurde gerade schon genannt – 2 Millionen Menschen. Was verursacht diese Todesfälle, und wer sind die Toten?

Es gibt vier Hauptgruppen, denen sich 80 bis 90 Prozent der 2 Millionen Toten zuordnen lassen. Bei 40 Prozent gelten die bereits erwähnten überlangen Arbeitszeiten als Todesursache. Mehr als 20 Prozent wiederum, oder 450000 Fälle, lassen sich gemäß ILO auf die »Belastung durch Luftverschmutzung am Arbeitsplatz (Feinstaub, Gase und Dämpfe)« zurückführen. Diese Opferzahlen überschneiden sich teilweise mit denjenigen, die in Kapitel 5 zur Luftverschmutzung bereits erfasst worden sind. Freilich sind die Methoden, mit denen in den verschiedenen Bereichen Daten erhoben werden, so intransparent, dass es kaum möglich ist, die Ergebnisse zusammenzuführen.

»Nur« auf dem dritten Platz liegen Arbeitsunfälle oder Verletzungen am Arbeitsplatz, also Pandurang Babre. Sie umfassen 360000 Fälle oder knapp unter 20 Prozent. Diese Gruppe werde ich mir genauer anschauen, wenn ich die Unternehmen und deren Kill Score in der Arbeitswelt ins Auge nehme. Dass man zuallererst an solche Unfälle denkt, wenn von Todesfällen in der Arbeitswelt die Rede ist, liegt auf der Hand. Sie lassen sich klar erfassen und kausal zuordnen. Sie geschehen unmittelbar vor Ort.

Außerdem sind sie immer für eine Geschichte gut. Verschüttete Minenarbeiter tauchen immer wieder im Wirtschaftsteil der Zeitungen auf. Doch längst gibt es Arbeitsunfälle in verschiedensten Formen und Farben. Eine Geschichte, die mir besonders nahegeht, ist die von Larry Virden, einem Amazon-Mitarbeiter, der in Illinois von einem Tornado getötet wurde. Larry schrieb seiner Freundin, mit der er 13 Jahre zusammen war: »Amazon lässt mich nicht gehen, solange der Sturm nicht vorbei ist.« Er starb im Lagerhaus, als es einstürzte, vom Tornado mitgerissen.

Die Fahrt nach Hause mitten durch den Sturm wäre keine reizvolle Lösung gewesen, und doch hinterlässt diese Geschichte einen bitteren Nachgeschmack. In welche Schublade gehört Larrys Tod? Arbeitsunfall oder Klimawandel oder Opfer einer Fügung des Schicksals?

Als vierthäufigste Todesursache in der Arbeitswelt gilt die Asbestvergiftung mit rund 200 000 Toten oder 10 Prozent pro Jahr. Ähnlich wie bei den Todesfällen durch Luftverschmutzung gibt es hier Überschneidungen mit den in Kapitel 5 diskutierten Fällen. Die restlichen gut 10 Prozent der Todesfälle, die in den genannten vier Hauptgruppen nicht erfasst sind, lassen sich auf andere Giftstoffe zurückführen, denen Menschen am Arbeitsplatz ausgesetzt sind. Genannt werden Benzol, Nickel, Arsen, Trichlorethylen, Schwefelsäure, Formaldehyd und diverse Folgeprodukte. Auf der ILO-Liste findet sich an hinterer Stelle auch die tödliche Wirkung von Dieselabgasen. Im Vergleich zu dem allgemeinen Schaden von Treibstoffen, der bei Klimawandel und Luftverschmutzung zu Buche schlägt, ist die Schädigung von Arbeitern durch Abgase ein überschaubares Problem.

Dabei möchte ich erneut keine Tragödien relativieren, sondern nur den begrenzten Raum, den mir Leser und Leserinnen schenken, effektiv nutzen, um durch unsere Tatorte zu führen. Alle genannten Ursachen lassen sich statistisch erfassen, zu allen gehören aber auch persönliche Tragödien. Wenn ein 55-jähriger Unternehmensberater in einem Vorort von Frankfurt an einem Herzinfarkt stirbt, dann wird sein Tod nicht mit einer Schlagzeile vermeldet – auch deshalb, weil er nicht direkt mit seinem Arbeitsplatz verknüpft zu sein scheint. Und doch ist dieser Tod nicht nur ein Fall für die Statistik, sondern eine Geschichte. Eine von über 2 Millionen Geschichten im Jahr, die von Menschen handeln, die an ihrer Arbeit sterben. Unfälle am Arbeitsplatz sind nur die Spitze des Eisbergs, der sichtbare Teil des Elends. Unter Wasser breitet sich eine gewaltige Eismasse aus.

Dass die unsichtbaren Tode weitgehend unsichtbar bleiben, hat auch mit einem speziellen Indikator zu tun, der in der Arbeitswelt Anwendung findet: dem sogenannten *Disability-Adjusted Life Year* (DALY). Dieser Indikator bezeichnet die Lebensjahre eines Menschen, die durch Behinderungen oder Krankheiten beeinträchtigt oder durch den Tod genommen werden. Da bei diesem Indikator die Überarbeitung gewissermaßen in einem Aufwasch mit anderen Faktoren abgehandelt wird, wird sie weitgehend unkenntlich und landet abgeschlagen auf dem zweiten Platz der Todesursachen nach den Arbeitsunfällen. Letztere addierten sich übrigens nach der DALY-Berechnung im Jahr 2016 auf rund 25 Millionen Lebensjahre weltweit.

Doch dies ist ein Buch über den Tod – auch den unsichtbaren Tod. Ein bedrückendes Beispiel für Todesfälle, die mit der Arbeit zu tun haben, aber nicht nur am Arbeitsplatz eintreten, sind die Rettungskräfte, die am 11. September 2001 am World Trade Center in New York im Einsatz waren. Viele starben beim Einsatz an diesem Tag selbst, aber mehr noch starben danach, an den Vergiftungen, die sie an diesem Tag erlitten hatten. Arbeit ist oft ein schleichendes Gift.

»Die Masse der Menschen führt ein Leben stiller Verzweiflung«, schrieb Henry David Thoreau im Jahr 1854. Nirgends ist diese stille Verzweiflung stiller als bei der modernen Sklaverei. Über 40 Millionen Menschen sind von diesem Schicksal geschlagen, in jedem Land der Welt findet sie sich wieder. Allein in Deutschland leben schätzungsweise 167 000 moderne Sklavinnen und Sklaven. Wenn Deutschland von 60 000 Besuchern eines Fußballstadions repräsentiert werden würde, dann wären 120 von ihnen moderne Sklaven. Wie viele moderne Sklaven jedes Jahr sterben, ist unbekannt. Überhaupt sind so gut wie keine belastbaren Informationen über dieses dunkle Kapitel verfügbar. Es gibt Tote, aber wir wissen nicht, wie viele. Da wir ihre Zahl nicht kennen, können wir sie nicht in den Kill Score der Arbeitswelt einberechnen und auch nicht das Verhältnis zwischen zählbaren und ungezählten Toten abwägen. Jede Rechnung muss deshalb im Konjunktiv bleiben. Wenn 0,5 Prozent aller modernen Sklaven, also einer von 200, jedes Jahr an der Arbeit sterben würde – a priori nicht die abwegigste aller Annahmen vor dem Hintergrund, dass die ILO rund 3 Prozent aller Toten weltweit auf Arbeit zurückführt –, dann wäre moderne Sklaverei vor Asbest die vierthäufigste Todesursache in der Arbeitswelt.

Tod am Arbeitsplatz oder als Konsequenz der Arbeit. Das klingt extrem. Wer an Menschen denkt, die durch Überarbeitung zu Tode kommen, hat wahrscheinlich Sweatshops vor Augen, in denen 18-Stunden-Schichten gefahren werden. Das sind die Arbeitsbedingungen der modernen Sklaverei. Das Beispiel des Praktikanten Moritz, mit dem ich dieses Kapitel eröffnet habe, geht in eine andere Richtung, aber es steht gleichfalls für einen Extremfall. 72-Stunden-Schichten kommen vor, und sie eignen sich großartig für Kneipengespräche, aber sie sind ziemlich weit weg von der gelebten Realität der arbeitenden Bevölkerung, ob nun in der City of London oder sonst wo.

Doch was ist eigentlich mit der 55-Stunden-Woche? Wenn ich mir das Wochenende freihalte, dann heißt das, dass ich elf Stunden am Tag arbeite, ohne Pause von 8 bis 19 oder 9 bis 20 Uhr, vielleicht auch von 9 bis 18.30 Uhr und zusätzlich zwei oder drei halbe Schichten am Abend oder am Wochenende. In meinem Umfeld ist so etwas ziemlich verbreitet, in bestimmten Berufs- und Altersgruppen vielleicht sogar die Regel.

Wenn ich diese Wochenarbeitszeit auf Dauer durchziehe, dann steigt nach Auskunft der WHO das Risiko, dass ich an einem Schlaganfall und nur daran sterbe, um rund 35 Prozent, oder dass ich an einem Herzleiden sterbe, um 17 Prozent. Anders gesagt: Die Bedrohung für mich, einem Schlaganfall zu erliegen, beträgt dann nicht mehr 1:20, sondern ungefähr 1:15. Wie die Studie der WHO und andere Forschungsarbeiten klarstellen, sind hierbei verschiedene Faktoren im Spiel. Oft tötet die Überarbeitung auf indirekte Weise, indem sie die Menschen in die Arme anderer Laster treibt: Alkohol, Drogen, Rauchen, mangelnde Bewegung etc. Solche Todesursachen habe ich in Kapitel 2 bereits gemustert und sie den Lifestyle-Entscheidungen zugeordnet, mit denen wir uns selbst töten, nicht jedoch andere. Vielleicht greift dies aber zu kurz. Vielleicht setzen wir diese tödlichen Waffen nicht nur im Kampf gegen uns selbst ein, sondern es gibt Waffenschmiede im Hintergrund, die anderen diese gefährlichen Waffen zuspielen.

Überdies gibt es diejenigen, die in der Arbeit Trost oder Erfüllung suchen und für die nicht zufällig das Wort »Workaholics« geprägt worden ist. Viele Workaholics, die an einer milden Variante dieser Sucht leiden, beteuern, Arbeit sei für sie eine Quelle reinsten Vergnügens. Doch auch sie müssen dafür unter Umständen einen Preis bezahlen. Wenn ihnen nämlich die Arbeit, die für sie Seelennahrung geworden ist, genommen wird, dann bricht für sie möglicherweise eine Welt zusammen. Auch wenn die Umstände seines Todes nicht hinlänglich geklärt sind, gibt Martin Senns Selbstmord wenige Monate nach seinem Rücktritt als CEO der Zurich Insurance Group zu denken. War hier der verlorene Lebenssinn ein Faktor? In diesem und vielen anderen Fällen stößt man auf eine Mischung zwischen dem, was ein Mensch sich selbst antut, und dem, was ihm angetan wird. Töten wir uns selbst, wenn wir trinken, oder werden wir getötet (von wem?), wenn die Überarbeitung uns in den Alkohol treibt? Und sind wir Konsumenten überhaupt verantwortlich für die Auswüchse der Arbeitswelt? Schließlich könnte man sich a priori auch eine Welt vorstellen, in der Finanzdienstleistungen ohne Überstunden angeboten werden.

Antworten finden wir wie immer in der Attributionsforschung. So viel steht fest: In einer Welt ohne Alkohol sterben weniger Menschen an Überarbeitung. Und: In einer Welt ohne Überarbeitung sterben weniger Menschen durch Alkohol. Jeder einzelne Tod ist ein Tod durch »tausend kleine Stiche«. Ein einzelner kleiner Messerstich tötet keinen Menschen. Aber wenn es 1000 Tote gibt, dann ist jeder kleine Stich für einen Toten verantwortlich. Um das Ganze poetisch auszudrücken, nämlich mit den Worten des polnischen Dichters Stanisław Jerzy Lec: »Keine Schneeflocke in der Lawine wird sich je verantwortlich fühlen.«

Man nehme einen weiteren, eher internen Faktor, der bei Überarbeitung eine Schlüsselrolle spielt: Stress. In diesem Fall tragen eine glückliche Familie, ein enger Freundeskreis, ein ausgeglichenes Temperament, finanzielle Sicherheit und Liebe dazu bei, den durch Arbeit verursachten Stress zu lindern. Dagegen führt Vereinsamung zu Stress und wird ihrerseits durch einen Lebensstil verstärkt, bei dem sich alles ausschließlich um Arbeit dreht. So sind es nicht nur die bereits aus Kapitel 2 bekannten Todesursachen, die als Krankheitstreiber wirken. Es gibt noch weitere Tatorte: Mit Blick auf den Kill Score drängt sich natürlich der anonyme Konsum besonders auf, dem ich mich im nächsten Kapitel zuwenden werde.

Wiederum lassen sich Vorbehalte anmelden, Einschränkungen vornehmen, Zweideutigkeiten ausräumen, wissenschaftliche Befunde überprüfen. All dies ändert nichts an der grundlegenden Erkenntnis, auf die sich dieses Kapitel stützt. Sie besagt kurz und knapp, dass Arbeit in ihren Auswüchsen tötet. Einige der anerkanntesten Experten und Forscherinnen auf diesem Gebiet kommen zu dem Ergebnis, dass unser globaler Kill Score im Bereich der Arbeit bei 2 bis 2,8 Millionen Toten pro Jahr liegt.

Manche dieser Toten sind einfach zu verorten. 18 Arbeiter starben beim Einsturz einer illegalen Mine in Dan Issa, im Süden Nigers, wo nach dem Stoff gesucht wurde, aus dem Träume sind – Gold. Mehr als 6500 Wanderarbeiter starben während der letzten zehn Jahre in Katar, einem Land, in dem gut 300 000 Katarer und 2,6 Millionen Ausländer leben. Viele starben auf den Baustellen für das Fußball-WM-Turnier 2022. Mit dem Blick auf Orte ist aber noch nicht viel erreicht. Was in den Todesstatistiken nicht aufgeführt wird, ist die politische Ökonomie, die hinter Arbeitsplätzen und -umständen steckt: Zu ihr gehören Konflikte um kostbare Rohstoffe, wirtschaftliche Verwerfungen etc.

Die globale Arbeitswelt bringt so, wie sie heute organisiert ist, eine Opferzahl historischen Ausmaßes mit sich. Die Zahl der Corona-Toten weltweit hat im März 2022 die 6-Millionen-Marke überschritten. Die Todeszahlen nach zwei Jahren Pandemie entsprechen damit annähernd denjenigen, die im selben Zeitraum dem Bereich der Arbeit zuzuordnen sind, zumindest wenn man der pessimistischeren Schätzung von 2,8 Millionen pro Jahr glaubt.

Die Opfer sind gezählt. Aber wer sind die Täter? Wie immer beginne ich mit den Konsumenten. Über Arbeit komme ich leicht ins Gespräch, denn hier geht es um all das, was gekauft wird. Im Jahr 2020 haben wir insgesamt (also alle Menschen weltweit) 85 Billionen Dollar für Waren und Dienstleistungen ausgegeben. An diesem ökonomischen Fußabdruck hat der Durchschnittsdeutsche durch seinen Konsum einen Anteil von rund 0,0000001 Prozent. Das ist nicht viel, aber auch nicht überraschend, wenn man bedenkt, dass es 8 Milliarden Menschen auf dem Planeten gibt. (Der »Tag der 7 Milliarden« ist übrigens erst vor wenigen Jahren, am 31. Oktober 2011, verstrichen.)

Setzen wir das Durchschnittseinkommen pro Kopf und Jahr in Deutschland bei 49 000 Euro an, und gehen wir davon aus, dass wir 40 Jahre lang diese Summe nicht nur verdienen, sondern auch ausgeben. Außerdem nehmen wir an, dass uns während der ersten und der letzten 20 Jahre unseres Lebens nur die Hälfte dieser Summe pro Jahr zur Verfügung steht. Wir »verdienen« natürlich kein Geld mit fünf Jahren, aber dennoch geben unsere Eltern oder Fürsorgerinnen es für uns aus. Unsere Rente ist dann auch »verdient«.

Um die Sache zu vereinfachen, kann man demnach sagen: Jeder von uns gibt 60 Jahre lang pro Jahr 49 000 Euro aus und trägt durch seinen Konsum dazu bei, dass Menschen in der Produktion zu Schaden kommen. Rechnerisch tötet der Konsument während seines Lebens auf diesem Wege 0,1 Personen. Hinzugefügt sei, dass diese Berechnung auf den Daten von 2020 beruht. Wenn die Bevölkerungszahl und die Zahl der Todesfälle in der Arbeitswelt steigen würden, dann stiege auch die Zahl der von uns geschädigten Personen. Oder sie würde umgekehrt sinken, wenn wir einschlägige Schutzmaßnahmen ergriffen.

Man kann dieses Thema auch anders angehen und mit Haushalten rechnen. Halten wir uns dieses Mal an die höhere Schätzung von 2,8 Millionen Toten in der Arbeitswelt pro Jahr und nehmen wir einen Zweipersonenhaushalt mit einem hohen gemeinsamen Netto-Jahreseinkommen von rund 200 000 Euro. Dann ergibt sich unterm Strich, dass diese beiden Menschen ungefähr 0,5 Personen im Lauf ihres Lebens töten. Zwei gutverdienende Paare töten demnach einen Menschen.

Offensichtlich ist diese Zahl wesentlich niedriger als die Anzahl der Todesfälle, die an den Klimawandel gebunden sind. Aber wir können hier viel präziser rechnen, als die Potenzialitäten des Klimawandels es uns erlauben.

Eine zusätzliche Frage lautet, welche Art von Arbeit besonders gefährlich ist. Wie beim Klimawandel, den bestimmte Arten von Konsum besonders befördern, gibt es auch bestimmte Arbeitsarten, die herausstechen. Nicht alle Arbeit ist gleich geschaffen. Untersuchungen über gefährliche Berufe liefern erwartbare Ergebnisse. Bemerkenswert ist allenfalls, dass diese gefährlichen Berufe enge Verbindungen zu Tatorten aufweisen, die bei Ermittlungen zum Kill Score in anderen Bereichen in den Mittelpunkt rücken.

Ölarbeiter, Plastik- und Müllsammlerinnen, Lkw-Fahrer stehen auf vielen Listen. Ein Beruf, der immer wieder auftaucht, ist der Minenarbeiter. Er erwischt von allem das Schlechteste, ist betroffen von Luftverschmutzung, Vergiftung durch Quecksilber, Blei, Kupfer, Feinstaub etc., aber auch von Grubenunglücken. Vielleicht betrachten wir die Causa Tod am Arbeitsplatz für diese kleine Welt etwas näher. Viel können wir hiervon lernen – nicht zuletzt, weil sie uns etwas über unsere zweite Kategorie lehrt, die Produzenten.

Es ist schwierig, Klimatote zu zählen, wenn sie in der Zukunft liegen. Aber die Zahl der Opfer von Grubenunglücken ist ebenso seltsam flüchtig. Rund 45 Millionen Menschen arbeiten weltweit in Minen, 90 Prozent von ihnen illegal oder in kleinen, weitgehend unkontrollierten Anlagen. In Brasilien gibt es so viele Bergleute wie in kaum einem anderen Land. Und dementsprechend viele tödliche Minenunfälle. Ein besonders dramatischer ereignete sich in Brumadinho im Jahr 2019. Dort brach der Damm eines Absetzbeckens, das zu einer Eisenerzmine des Bergbaukonzerns Vale gehörte. Journalisten vom *Wall Street Journal* haben das Unglück untersucht und sind dabei auf Ungereimtheiten gestoßen. 259 Menschen kamen ums Leben, elf blieben vermisst. Einer der Toten war Miraceibel Rosa, der für ein niederländisches Ingenieurbüro arbeitete. Die Branche, der sein Tod zugeordnet wurde, war jedoch nicht der Bergbau, sondern das Ingenieurwesen. Ähnliches gilt für neun Angestellte einer Cateringfirma, deren Tod durch den Dammbruch verursacht, aber gemäß nationaler Statistik der Gastronomie zugeordnet wurde.

Es handelt sich hier nicht um ein Problem Brasiliens oder

der Schwellenländer. Eine NGO zählte in Australien 83 tödliche Minenunfälle in den Jahren 2010 bis 2018 und wunderte sich darüber, dass die Bergbaubranche im gleichen Zeitraum nur 68 Tote meldete. Die Reporter vom *Wall Street Journal*, die den Unfall in Brasilien untersuchten, fanden zudem heraus, dass Bergbauunternehmen in der Regel nur die Todeszahlen der Firmen angeben, die ihnen zu 100 Prozent gehören, nicht derjenigen, an denen sie nur beteiligt sind. Wenn man diese Firmen einbezieht, dann verdoppeln sich die Todeszahlen bei Rio Tinto und BHP, bei Anglo American und Vale steigen sie um ein Viertel, bei Glencore um rund 10 Prozent.

Diese Befunde werfen Fragen der Verantwortlichkeit auf, mit denen ich mich später noch herumschlagen werde. Sollte ein Unternehmen tödliche Unfälle in einem Bergwerk melden, das nicht direkt von ihm betrieben wird? Oder umgekehrt gefragt: Ist es gerechtfertigt, sie unter den Tisch fallen zu lassen, wenn man doch die Geschäfte der betreffenden Firma teilweise kontrolliert und wirtschaftliche Interessen damit verfolgt? Der Gewinn wird am Ende ja gern eingestrichen. In manchen Fällen handelt es sich bei der Firma, die eine Mine betreibt, um eine Tochterfirma verschiedener Unternehmen. Als Holger Onate 2013 in einem kolumbianischen Kohlebergwerk starb, tauchte sein Tod noch nicht einmal im Jahresbericht der Betreiberfirma Cerrejón auf – und sowieso nicht in den Berichten von Anglo American, BHP und Glencore, denen Cerrejón gehörte. Auch die anderen sechs tödlichen Unfälle, die sich in diesem Bergwerk seit 2010 ereigneten, wurden von diesen Firmen nicht gemeldet (mit einer Ausnahme: BHP meldete in dieser Zeit ein Todesopfer).

Mir bleibt in diesem Kapitel wenig Raum für den Teil des Kill Score, der mit Finanzinstituten zu tun hat. Ihn mit Bezug auf die Arbeitswelt zu messen, ist aus zwei Gründen außerordentlich schwierig. Der erste Grund hat damit zu tun, dass institutionelle Investoren ernsthaft auf die Auswüchse der letzten Jahre reagiert haben. Nach dem Brumadinho-Unglück haben die Church of England und der Ethikrat der schwedischen Pensionskassen die »Investor Mining and Tailings Safety Initiative« gestartet. Ihr haben sich inzwischen über 100 Investoren angeschlossen, die insgesamt 20 Billionen Dollar Anlagevermögen verwalten. Die Initiative hat sich zur Aufgabe gemacht, einen globalen Standard für die Sicherheit von Arbeitern in Minen zu entwickeln. Sie nimmt erheblichen Einfluss auf die Industrie und darf als ernsthafter Versuch gewertet werden, dieses Problem zu bewältigen.

Der zweite Grund, warum der Kill Score der Finanzinstitute in diesem Bereich schwer fassbar ist, hat damit zu tun, dass sie sich recht gut hinter einer großen Zahl von Initiativen verschanzen können, die allgemeine Fragen des Arbeitsrechts oder der Sicherheit der Mitarbeiterinnen ansprechen. Freilich sind die Probleme der Überarbeitung und der Arbeitsunfälle mit Komplikationen belastet, die von den Lenkern großer Kapitalströme gern großzügig übersehen werden. Nicht zuletzt, wenn sie in den eigenen vier Wänden stattfinden. Aber blind sind sie auch nicht.

An dieser Stelle lohnt es sich, eine kleine Geschichte zu erzählen, die mit dem Dodd-Frank Act zu tun hat. Der Dodd-Frank Act sollte die politische Antwort der USA auf die Finanzkrise 2008 sein. Eine Neuregulierung der Finanzmärkte nach dem Chaos. Aber wie es bei Gesetzen oft der

Fall ist, schlichen sich auch hier andere Ziele und Interessen ein. Für uns interessant ist Abschnitt 1502. Dieser Abschnitt des Gesetzes, das während Obamas Präsidentschaft verabschiedet wurde, enthält einen Passus zu Konfliktmineralien und legt fest, dass Firmen, die an US-Börsen notiert sind, den genauen Ursprung ihrer Rohstoffe sowie ihre Lieferkette offenlegen müssen. Finanzielle Sanktionen sah das Gesetz nicht vor, doch setzte man darauf, dass Transparenz als eine Art Desinfektionsmittel wirken würde, dem Sonnenlicht nicht ungleich.

Diese gesetzliche Regelung, die bis heute umstritten ist, hat jedenfalls dazu geführt, dass sich viele Unternehmen einfach aus Regionen, die als problematisch einzustufen sind, zurückgezogen haben. Zugleich hat die Demokratische Republik Kongo ein Verbot des Kleinbergbaus, des sogenannten *artisanal mining*, verkündet, was zu einem dramatischen Rückgang der Exporte von Mineralien führte. In der Folge nahmen vor Ort Arbeitslosigkeit und Armut zu – sowie, zumindest gemäß einer Studie, gewaltsame Konflikte. Streng genommen handelt es sich bei dieser Geschichte nicht um eine Aktion der Finanzbranche selbst, sondern um eine Maßnahme politischer Regulierung, die unternehmerisches Handeln beeinflusste. So oder so wird daran deutlich, dass Finanzinstitute auf indirekte und zum Teil widersprüchliche Weise den Kill Score der Arbeitswelt beeinflussen.

Als Reaktion auf den Dodd-Frank Act haben einige Unternehmen ein komplexes System der Buchführung entwickelt. Andere zogen es vor, dem ganzen Problem aus dem Weg zu gehen, sich aus den Konflikten, die das Gesetz ansprach, herauszuhalten und den Rückzug in ihre innere

Zitadelle anzutreten. Diesen Weg haben nicht nur Unternehmen, sondern auch viele Individuen eingeschlagen – während der Pandemie, aber auch schon davor. Er führt zum nächsten Tatort: zum anonymen Konsum.

7.

ANONYMER KONSUM

»In dieser Welt gibt es nur zwei Tragödien.
Die eine ist, nicht zu bekommen, was man möchte,
und die andere ist, es zu bekommen.«

OSCAR WILDE, *LADY WINDERMERES FÄCHER* (1892)

Wie anders können wir uns der Frage nach dem anonymen
Konsum nähern als mit dem Buch selbst? Wo sonst, außer
im Rausch, geben wir uns so entspannt, frei und ungebun-
den der Welt hin? Und ist das Lesen, zumindest in seiner
höchsten Form, nicht auch eine Art von Rausch? Ich er-
innere mich noch, wie ich als junger Mann auf der Fähre
von Macau nach Hongkong das Buch *11 Minuten* von Paulo
Coelho zu Ende las und, inspiriert vom Text, es auf meinem
Sitzplatz liegen ließ, in der Hoffnung, es würde von der
nächsten Person mitgenommen werden und vielleicht eine
Verbindung aufbauen zwischen Fremden. Ich wollte diese
Erfahrung *teilen*. Aber dennoch, der Genuss war zumindest
im ersten Moment ganz allein meiner, und wer das Buch

kennt, weiß auch, wieso ein 18-Jähriger sich so fühlte. Wie Hesses Verführer im gleichnamigen Gedicht, wenngleich aus anderen Gründen, sehnte auch ich mich in jenen Tagen glühend fort von dem Genuss, nach Ruhe, Sehnsucht und nach Einsamkeit.

Wer gern Bücher liest, kann jedoch wahrscheinlich mit dem Begriff »Einsamkeit« im Zusammenhang mit dem Lesen wenig anfangen. Denn das Buch leistet Gesellschaft, vertreibt die Einsamkeit mehr, als es sie beschwört. Wohin auch immer uns der Autor entführt, er nimmt die Hauptdarsteller seines Werkes mit, sie leisten und spenden uns Gesellschaft. Nur deshalb ist ein Werk wie *Die Geschichte vom Prinzen Genji* überhaupt möglich. Gemäß einschlägigen Einschätzungen ist das Buch der »erste Roman« der Weltliteratur, verfasst von der japanischen Hofdame Murasaki Shikibu im 11. Jahrhundert. Etwa 750 000 Wörter hat das Werk und steht damit nicht nur ziemlich weit oben auf der Liste der ältesten Romane, sondern auch der längsten. In der deutschen, von Oscar Benl übersetzten Version umfasst das Werk 1928 Seiten. Manche vermuten sogar, diverse Kapitel des Buches seien verloren gegangen und es sei ursprünglich noch viel dicker gewesen. Nicht 100 Jahre Einsamkeit, so wie bei Gabriel García Márquez, sondern 1928 Seiten also als Tatwaffe am letzten Tatort in diesem Buch?

Nein, unmöglich, wer würde sich solcher Folter hingeben! Wer sich eher in der europäischen Literatur zu Hause fühlt, der denke an *Anna Karenina* oder vielleicht ein Werk von Dickens. Romane in dieser Länge, zumindest die guten, schaffen es, ein intimes Verhältnis aufzubauen zwischen Leserin und Protagonisten. Die Vertrauten meiner Jugend hießen Anna, Ljewin, Graf Wronskij, Kitty, die Hauptfiguren von *Anna Karenina*. Sie sprachen zu mir, und manchmal hatte ich beinahe das Gefühl, ich spräche zu ihnen.

Ich hatte vorhin das Buch als Tatwaffe für dieses Kapitel verworfen. Aber dennoch ist es eine Art Roman, der uns an unserem Tatort begegnet. Als Molly Russell 14 Jahre alt wurde, hatten sich 5000 Seiten auf ihrem Handy angesammelt, Bilder, Textnachrichten, Videos etc. Auch wenn nicht gleichsam literarisch, sagt ein Bild bekanntlich mehr als tausend Worte. Murasaki Shikibu benötigte geschätzte zwölf Jahre, um ihr Werk zu vollenden. Molly brauchte zwei Jahre, um 5000 Seiten zu produzieren – und zu konsumieren.

Mollys Geschichte ist jedoch eine andere. Bei ihr gibt es keine seelische Nähe oder Vertrauen. Mollys Texte eröffnen nicht den Zugang zu Gefühlswelten, gedeihenden Freundschaften oder reifenden Persönlichkeiten. Bei Mollys Geschichte handelt es sich nicht um eine Tragödie im literarischen Sinn, aber einen tragischen Verlauf nahm sie doch. Im Jahr 2017 nahm Molly sich das Leben. Als Ermittler den Inhalt ihres Smartphones, also auch die genannten 5000 Seiten, sichteten, stießen sie auf ein Dokument des Schreckens. Rückblickend meinten Mollys Eltern, sie sei durch ihre digitalen Ausschweifungen zu Ängsten, Depressionen, Autoaggressionen, Selbstverletzungen und Selbstmorden in den Tod getrieben worden.

Ein Murasaki Shikibu zugeschriebenes Zitat lautet: »Verschwiegene Worte gelten mehr als ausgesprochene.« Nicht bei Molly. In ihrem Abschiedsbrief schrieb sie: »Ich bin die schräge Schwester, stille Tochter, traurige Freundin, einsame Klassenkameradin. Ich bin nichts, ich bin wertlos, ich bin wie betäubt, ich bin verloren, ich bin schwach, ich bin weg. Es tut mir leid. Ich sehe euch ganz bald wieder. Ich liebe euch alle so sehr. Habt ein glückliches Leben. Bleibt stark. Kuss …«

Mollys Geschichte ist kompliziert, so wie vielleicht jede Geschichte in diesem Buch. Soziale Medien sind ein zweischneidiges Schwert, und beide Schneiden sind scharf und tödlich. Auf der einen Seite schaffen sie einen toxischen, durch das Bildschirmglas anonym anmutenden Raum, in dem das Schlechteste, was in uns steckt, freigesetzt wird. Sie befördern Missbrauch, Mobbing und eine Spirale der Selbstschädigung, die von der Community in Gang gehalten wird. Die andere Seite der sozialen Medien hat damit zu tun, dass sie uns dazu bringen, auf Abstand zueinander zu gehen. Der Werbespruch der ersten großen Firma für Mobiltelefone in der Welt (Nokia) lautete »Connecting People«. Virtuell mag das stimmen. Beim Blick auf die Asche der Einsamkeitslagerfeuer, die während des letzten Jahrzehnts von Smartphone- und Social-Media-Nutzern angefacht und genährt worden sind, ist man aber versucht, den Nokia-Spruch zu ändern: Menschen werden virtuell verbunden, aber real auseinandergerissen.

Dieses Kapitel handelt nicht vom Mobbing im Internet oder in den sozialen Medien. Es bietet weder eine Tirade gegen die moderne Technik noch einen Essay über Vereinsamung – ein Thema, das nicht erst seit der Pandemie im Trend liegt. Hier geht es vielmehr um eine schlichte Bestandsaufnahme: Wandeln sich wirtschaftliche Beziehungen auf eine Weise, die zu immer mehr Anonymität führt? Und wie trägt die Anonymität dazu bei, dass wir einander töten? Indem ich dieses Kapitel unter den Titel des »anonymen Konsums« stelle, versuche ich, jenen Teil unserer sozialen Beziehungen abzudecken, der durch die Teilnahme am Markt vermittelt ist. Diese Beziehungen verschwinden zunehmend hinter einem Schleier der Anonymität. Für ihn stehen der Bildschirm sowie andere Techniken ein. Wenn man den Begriff des anonymen Konsums weniger hochgestochen erklären will, dann kann man sagen: Vereinsamung tötet, und indem wir als Konsumentinnen und Produzenten auf Distanz zueinander gehen, säen wir Vereinsamung und Tod.

Bei dem Ort, an dem Molly Russells Leichnam gefunden wurde, handelt es sich dem ersten Anschein nach nicht um einen Tatort – jedenfalls nicht um einen Tatort, zu dem die Leserinnen dieses Buches in irgendeiner Weise als Tatbeteiligte in Beziehung stehen könnten. Bei der Tat, die zur Rede steht, handelt es sich um einen Selbstmord. Zu Mollys schrecklichem Entschluss, den eigenen Tod willentlich herbeizuführen, haben sicher auch äußere Umstände beigetragen, vielleicht das Mobbing in der Schule oder toxische Texte, die seelenlose Unternehmen ihr zugespielt haben. Wie komme ich jedoch bei dieser Geschichte ins Spiel?

Wenn man das Knäuel, zu dem sich Mollys Geschichte verwickelt hat, zu entwirren beginnt, dann wird ein Tatort sichtbar, und wir erkennen, dass wir an einem System beteiligt sind, das uns mit Molly verbindet. Doch bevor ich ans Entwirren gehe, muss ich zunächst ein paar Fakten sichern und prüfen, ob der Begriff des anonymen Konsums hält, was er verspricht.

Die erste Tatsache, die es zu sichern gilt, lautet: Vereinsamung tötet. Nach der Corona-Pandemie rennt man mit so einer Behauptung vielleicht offene Türen ein, aber es ist wichtig, sich der rohen, tödlichen Kraft der Einsamkeit bewusst zu sein. Eine Metastudie aus dem Jahr 2010, die 70 wissenschaftliche Abhandlungen über Vereinsamung in einem Zeitraum von 35 Jahren verglichen hat, kommt zu dem Ergebnis, dass Vereinsamung das Sterberisiko um rund 30 Prozent erhöht. Besonders stark fiel die Erhöhung übrigens bei jüngeren Menschen aus. Einige Abhandlungen, die in der Metastudie verglichen wurden, kamen gar zu dem Schluss, dass das Risiko eines vorzeitigen Todes bei einsamen Menschen um 50 Prozent höher liege als bei Menschen mit gesunden sozialen Beziehungen. Einsam zu sein, hat demnach einen Effekt auf die Gesundheit, der dem Konsum von 15 Zigaretten täglich entspricht.

Im Jahr 2019, also vor der Corona-Pandemie, kam eine Studie zu dem Ergebnis, dass rund 17 Prozent aller Deutschen ständig oder häufig an Vereinsamung leiden. Eine Metastudie, die der Deutsche Bundestag in Auftrag gegeben hat, schätzt den Anteil der einsamen Menschen an der Bevölkerung auf 10 bis 20 Prozent. Wenn wir nun von der Tatsache ausgehen, dass zwei Drittel aller Raucher am Tabakkonsum sterben, und wenn wir uns beim Anteil der Vereinsamung vorsichtig ans untere Ende der Schätzung des Deutschen Bundestags halten, dann heißt dies: Während der nächsten Jahrzehnte wird ungefähr jeder 20. Todesfall auf Vereinsamung zurückzuführen sein. Wie auch bei überlangen Arbeitszeiten, von denen in Kapitel 6 die Rede war, sei im Sinne der Attributionsforschung und der Idee des »Tods durch tausend Stiche« daran erinnert, dass sich der Vereinsamung weitere Sterblichkeitsfaktoren zuordnen lassen. Sie tötet direkt, aber auch dadurch, dass sie als Nährboden für Alkoholismus, Fettleibigkeit, schlechte Ernährung, mangelnde Bewegung etc. dient.

Gut klingt das alles nicht. Aber habe ich mit diesen Problemen ursächlich etwas zu tun? Zu den typischen Bildern der Einsamkeit, die ich vor Augen habe, gehören das Kind, das keine Freunde hat, möglicherweise bloß, weil es zu oft schweigt, oder die »schräge Schwester«.

Inzwischen ist jedoch klar geworden, dass Vereinsamung eine systemische Krise ist, die uns alle betrifft. Was ihre Tiefen- und Breitenwirkung angeht, hat diese Krise in den letzten Jahren eine neue Dimension erreicht. Sie ist zugleich eine Systemkrise und systembedingend.

Wie tragen wir dazu bei, dass sich Vereinsamung ausbreitet? Verbale und körperliche Misshandlung führen dazu, dass Menschen sich verkriechen und isolieren. Viele von uns mögen zu solchen Praktiken beitragen, auch wenn ihnen dies gar nicht bewusst sein mag. Die weite Welt dieser Misshandlungen unterscheidet sich kaum von der Welt sexuellen Missbrauchs: Jede vierte Frau erklärt, Opfer sexuellen Missbrauchs oder körperlicher Gewalt geworden zu sein, und die Männer beteuern ihre Unschuld. Statistisch passt das nicht zusammen. Viele von uns haben sich eher einmal als keinmal, wenn nicht heute, dann gestern oder vorgestern, im Mobbing oder Ähnlichem versucht.

Doch nicht um diese Fälle geht es mir, sondern um eine unauffällige, schleichende Form von Gewalt. Sie zeigt sich nicht darin, dass wir gegen andere oder die Welt austeilen, sondern darin, dass wir uns zurückziehen. Wir üben Gewalt aus, indem wir uns der Welt verweigern. Wer hier die Stirn runzelt, denke an den Entzug, den Eltern ihren Kindern zumuten, indem sie sie ignorieren. Inzwischen spricht man in diesem Zusammenhang auch explizit von Missbrauch – und nicht zu Unrecht.

Wir ziehen uns von der Welt zurück, indem wir unser Leben auf bestimmte Formen von Konsumbeziehungen reduzieren. Zwei Bereiche stechen besonders heraus. Erstens zeigt sich dies an der Art, wie wir Dinge kaufen. Schon vor der Corona-Pandemie haben wir 25 Prozent unseres verfügbaren Einkommens online ausgegeben. Zweifellos ist dieser Anteil angestiegen. Binnen weniger Jahrzehnte hat sich ein Viertel bis ein Drittel aller Markttransaktionen in einen virtuellen Raum verlagert, in dem die Personen, die sie durchführen, kein Wort mehr miteinander wechseln. Mit dieser Entwicklung geht der Small Talk verloren – und mit ihm die innere Beteiligung, die kleine Anekdote, das Hallo und Tschüss und alle sonstigen Zwischentöne. Sie denken vielleicht, Sie seien nicht dafür geschaffen, zu der Person, die beim Discounter die Regale nachfüllt, eine persönliche Beziehung aufzubauen. Doch wenn Sie das so sagen, sollten Sie sich bewusst sein, dass Sie vielleicht am Beginn eines Teufelskreises stehen. Vielleicht sind Menschen jedenfalls in diesem Punkt den Mäusen ähnlich. Je länger sie isoliert gehalten werden, desto schwerer fällt es ihnen, mit neuen Mäusen in Verbindung zu treten. Übrigens geht es hier nicht nur um Online-Shopping, sondern auch um Selbstbedienungskassen in Bau-, Möbel- und Supermärkten und um Bestellbildschirme bei McDonald's, die den menschlichen Faktor aus alltäglichen Transaktionen herauskürzen. All das züchtet Einsamkeit.

Zweitens geht es um die Art, wie wir uns unterhalten lassen. Damit meine ich die Konsumentscheidungen, die wir in unserer Freizeit treffen. Wenn wir Bücher lesen oder Filme schauen, dann bauen wir im Glücksfall Beziehungen zu den Figuren auf, denen wir dort begegnen. Sie bereichern unser

Leben und helfen uns, emotionales Kapital anzuhäufen, das wir in der wirklichen Welt einsetzen können. Der Psychologe und Schriftsteller Keith Oatley meint, auf diese Weise übten wir uns »in der Kunst, menschlich zu sein«. Die einführenden Worte zu diesem Kapitel zeichneten bereits diesen Zusammenhang. Wenn wir uns durch eine Sammlung von Memes oder einen Instagram-Feed klicken, werden wir jedoch leider nicht in gleicher Weise beschenkt. Man mag einwerfen, diese Art Konsum würde uns nur selbst schädigen oder töten, doch indem wir solche Inhalte massenweise selbst generieren, sind wir auch selbst am Tatort aktiv. Unser Repertoire ist riesig: Wir machen das alles und noch viel mehr: *post, repost, share, tweet, like, dislike, ratio* – und auf diese Weise sind wir nicht nur Konsumenten, sondern auch Produzenten von Unterhaltungsinhalten. Die Tech-Firmen im Silicon Valley übrigens probieren, sich genau mit dieser Argumentation aus ihrer gesellschaftlichen Verantwortung zu stehlen: Wir produzieren die Inhalte, Facebook verbreitet sie nur.

Unternehmen konkurrieren darum, dass ihre Inhalte am meisten und am längsten gesehen werden, und setzen dabei auf Techniken, die einem Roman fremd sind. Anders als die Welt der Online-Unterhaltung ist er nicht darauf ausgelegt, Reize zu erzeugen, die in den Gehirnen der Kundschaft Dopamin freisetzen.

Die digitale Kneipe ersetzt die reale, ohne dass wir uns der langfristigen Konsequenzen bewusst sind. Die logische Konsequenz: das Kneipensterben. Selbst wenn wir nicht glauben, dass wir durch unseren Online-Konsum für die Ausbreitung schlechter Unterhaltung verantwortlich sind, tragen wir doch Verantwortung dafür, die Gemeinschaft im Stich zu lassen, wenn wir uns von der Welt zurückziehen und den Konsum von Unterhaltung individualisieren. Ein Beispiel: In den ersten zehn Jahren dieses Jahrhunderts hat sich die Zahl der Kneipen in Hamburg halbiert. Wie viele zarte Bande sind mit den Kneipen zu Grabe getragen worden?

Wenn ich an Kneipen denke, dann denke ich oft auch an Martha, eine ältere Dame aus Nord-London. Als ich in London lebte, ging ich in denselben Pub wie sie: »The Alma«. Jeden Freitag gab es Livemusik, die in meinen ungeübten Ohren wie Irish Folk klang. »The Alma« war ein cooler Pub mit einem jungen Vibe. Martha kam jeden Freitag, hatte ihren Stammtisch am Fenster neben der Band, genoss die Musik, trank, tanzte und redete mit allen, die vorbeikamen. Eines Abends kam Martha nicht. Der halbe Pub sprach darüber: Wo war Martha? Kurz vor zehn erschien sie endlich und erntete lauten Beifall. Wie viele Lebensjahre wird dieser Ort wohl dieser Frau geschenkt haben, ganz zu schweigen von der Lebensfreude?

Japan ist nicht nur das Land, in dem der vielleicht erste Roman der Welt verfasst worden ist. Dort ist in den 1980er Jahren auch der Begriff *kodokushi* entstanden, der »einsame Tod«. Er bezeichnet das Phänomen, dass der Tod einer Person für Monate oder sogar Jahre unentdeckt bleibt. Der einsame Tod ist übrigens kein Privileg der Älteren. In Tokio, einer der wenigen Städte, die hierzu eine Statistik führen, entfällt ein Viertel aller *kodokushi*-Fälle auf Menschen unter 60. An *kodokushi* oder an Vereinsamung wird Martha jedenfalls nicht sterben, und zwar nicht deshalb, weil alle Menschen im Pub ihre Freunde sind, sondern weil sie einen wichtigen Teil ihres alles andere als virtuellen sozialen

Netzwerks bilden. Übrigens haben die Japaner auch einen Begriff für den Tod durch Überarbeitung: *karoshi*.

Auf der anderen Straßenseite, gegenüber von »The Alma«, gab es einen anderen Pub namens »The Weavers Arms«, der den guten alten Stolz der Arbeiterklasse hochhielt. Dort war die Mischung ganz anders und der Altersdurchschnitt ungefähr doppelt so hoch wie in »The Alma«. Aber beide Kneipen waren Orte, an denen Leute, die sonst niemanden hatten, etwas trinken, reden oder zusammen schweigen konnten. Kleine Gemeinschaften. Selbst wenn man mit dem Typen in der Ecke den ganzen Abend lang kein Wort wechselte, hatte man doch zusammen Musik gehört und war irgendwie durch ein gemeinschaftliches Band verbunden.

Dieses gemeinschaftliche Band erfordert eine geteilte Erfahrung und einen geteilten Raum. Dabei handelt es sich um ein immer selteneres Gut in unserer atomistischen Gesellschaft, in der der Unterhaltungskonsum vor allem über einen 6-Zoll-Monitor in unserer Hosentasche läuft. Dieser Bildschirm fordert unsere Aufmerksamkeit, Menschen in ihren Zwanzigern verbringen durchschnittlich knapp vier Stunden täglich mit ihm.

Einer meiner Lieblings-Rap-Songs aus Frankreich, *Mon précieux* von Soprano, dreht sich genau um dieses Thema. »Ich teile mein Leben mit dir« – dem Smartphone –, »statt es zu leben«, singt er (»Je te partage ma vie, au lieu de la vivre«). Text und Musik sind gespenstisch – sie handeln von Verhaltensweisen, die wir allzu gut kennen. Nach dem Aufwachen schauen wir erst aufs Handy, bevor wir den Partner in den Arm nehmen. Warum soll man ein Konzert besuchen, so fragt Soprano am Ende, wenn man alles auch auf YouTube gucken kann? Eine Siri-artige Stimme kommt aus dem Off am Ende des Liedes: »Du hast 39 neue Freundschaftsanfragen. Du hast 120 Likes. Du hast seit zwei Monaten deine Freunde nicht gesehen. Dein digitales Leben: LOL.«

Wie sehen die Schnittstellen zu unserer Umwelt aus, und welche Rolle spielt dabei das Handy? Die vier Stunden, von denen gerade die Rede war, beziehen sich auf die reine Bildschirmnutzung, nicht auf die Zeit, in der wir über das, was wir gesehen haben oder sehen wollen, nachdenken. Nicht mitgerechnet sind die Stunden, die wir am Computer verbringen.

All diese Verhaltensweisen tragen unweigerlich zur Vereinsamung bei, einer Vereinsamung, die dann auch tötet. Dadurch, dass wir uns für anonymen Konsum entscheiden, töten wir. Dabei ist, wie gesagt, eine erhebliche selbstzerstörerische Kraft im Spiel. Doch nicht nur isolieren wir uns selbst, wir erzeugen auch die Vereinsamung anderer.

Technik und damit verbundener Fortschritt spielen an jedem der Tatorte, die wir besichtigen, eine zwiespältige Rolle. Technologien haben uns ermöglicht, fossile Brennstoffe in einem derart großen Umfang und für derart viele Zwecke zu nutzen, dass der Klimawandel zum systemischen Problem geworden ist. Aber Technologien erlauben uns auch, Wind-, Wasser- und Sonnenenergie so effizient zu nutzen, dass wir von fossilen Energieträgern wegkommen. Technologien stecken in Plastik, aber auch in den Ersatzstoffen für Plastik. Technologien erlauben es, Arbeitskräfte effizienter auszubeuten, aber sie haben auch neue Sicherheitsstandards ermöglicht und zum Beispiel die Zahl der Grubenunglücke in den Industrieländern während des letzten Jahrhunderts drastisch reduziert.

Nicht anders verhält es sich mit dem anonymen Konsum. Xiaoice ist ein Chatbot von Microsoft, der auf der Basis künstlicher Intelligenz funktioniert und rund 600 Millionen Nutzer oder Freundinnen erreicht. Ein Power-User soll Xiaoice 29 Stunden am Stück genutzt haben und dem Chatbot eine Identität, ein Geschlecht, sogar ein Gesicht gegeben haben. Wer meint, das Glas sei halb voll und nicht halb leer, wird sagen, dass Xiaoice einsamen Menschen dabei hilft, wenigstens den Anschein sozialer Beziehungen zu wahren. Ein moderner Genji oder eine moderne Anna Karenina. Noch viel zwielichtiger sind schließlich die lebensechten Geschwister von Xiaoice, die als Sexpuppen einsamen alten (und manchmal auch jüngeren) Männern Gesellschaft leisten.

So kommt auch eine Studie von 2020 zu dem Ergebnis, dass Chatbots dieser Art Stimmungsaufheller sein können. Ein Nutzer, der im Rahmen dieser Studie interviewt wurde, gab eine Auskunft, die jedem von uns – ob einsam oder gesellig – sofort einleuchtet: Es sei toll, dass der Chatbot immer sofort antworte. Ein anderer erklärte: »Ich habe das Gefühl, dass ich einen neuen Freund habe!«

In der Forschung über soziale Medien wird jedoch mehrheitlich hervorgehoben, dass »eine längere Nutzungszeit sozialer Medien damit einhergeht, dass Menschen zunehmend das Interesse an Offline-Aktivitäten verlieren, Konzentrationsprobleme haben, an Ermüdung oder Vereinsamung leiden«. Auch wenn der Forschungsstand in dieser Frage nicht gesichert ist: Wir führen zurzeit ein Realexperiment im Großmaßstab durch, in dem Offline-Interaktionen heruntergefahren und ihre Bedeutung für unsere seelische Gesundheit und unser Wohlbefinden getestet werden.

Wir haben keine Ahnung, wie das Experiment ausgeht. Es könnte zu einer extremen Aufwertung virtueller Welten kommen, wenn die Strategie von Facebook – oder Meta – aufgeht: Dort wird emsig daran gearbeitet, uns vollends von der realen Welt wegzudrehen.

Wie bereits erwähnt: Unser soziales Mit- und Wohlgefühl erwächst nicht ausschließlich aus realen Beziehungen zu Menschen. Filme können uns helfen, uns mit anderen verbunden zu fühlen – und natürlich auch Bücher. Eine neuere Studie hat sogar versucht, quantitativ zu belegen, inwieweit Lesen vor Vereinsamung schützt. Bildschirme und Lautsprecher machen es möglich, einen Menschen zu sehen und zu hören, der sich auf der anderen Seite der Erde befindet. Doch allzu oft wenden wir uns nicht einander zu, wenn wir in den Bildschirm starren, sondern voneinander ab. Das hat zum einen damit zu tun, dass uns Leo Tolstoi oder Murasaki Shikibu oder auch Steven Spielberg und Quentin Tarantino zwar entführen, aber wieder in die reale Welt zurückbringen. Soziale Medien scheinen teilweise einen nicht enden wollenden Rausch zu verursachen. Und das nicht zufällig.

Nicht allein die sozialen Medien reißen uns auseinander. Im Dezember 2021 hinterließ bei mir ein Amazon-Werbespot einen bleibenden Eindruck, der in einigen europäischen Ländern und vielleicht auch in anderen Teilen der Welt lanciert wurde. Es ging darin um eine typische Situation während des coronabedingten Lockdowns und darum, dass die Menschen, weil sie einsam waren, Verbindung zueinander aufnahmen, indem sie sich gegenseitig mit Amazon-Paketen beglückten. »Herzlichkeit ist das beste Geschenk«, war der Slogan am Ende. Dabei besteht das

Problem gerade darin, dass virtueller, anonymer Konsum die Wärme aus der Welt saugt. Mit jedem Geschenk, das der Paketdienst ins Haus bringt und das angeblich – gemäß Nokias Werbeslogan – zum »Connecting People« beiträgt, werden menschliche Begegnungen innerhalb und außerhalb des Marktes aus der Welt herausgekürzt. In der Eröffnungsszene des Films *Crash* werden die Konsequenzen nochmal in aller Deutlichkeit aufgezeigt: »In L. A., nobody touches you. We're always behind this metal and glass. I think we miss that touch so much that we crash into each other, just so we can feel something.« (»In Los Angeles berührt dich keiner. Wir sind immer hinter Metall und Glas. Ich glaube, dass wir das gegenseitige Berühren derartig vermissen, dass wir ineinander reinfahren, nur um etwas zu fühlen«.) Eine logische Konsequenz des Vereinsamens in unseren eigenen vier Wänden ist die Bewegungsreduktion. Gemäß der Weltgesundheitsorganisation ist mangelnde Bewegung mit 3,2 Millionen Opfern die vierthäufigste Todesursache pro Jahr. Dass mehr Menschen durch Nichtstun sterben als durch Arbeit, verschlägt einem die Sprache – vor allem wenn man berücksichtigt, wie niedrig die Schwelle für ausreichende körperliche Bewegung ist: 150 Minuten pro Woche oder gut 20 Minuten pro Tag würden genügen. Indem wir uns nicht mehr bewegen, bewegen wir uns auch nicht mehr auf andere zu – und damit treiben wir sie in die Bewegungslosigkeit. Wir sind Teil einer Verschwörung zum gegenseitigen Nachteil.

Individuen verfügen über Handlungsmacht – und Unternehmen erst recht. Wenige haben wirkungsvoller den Finger in diese Wunde gelegt als Tristan Harris. Nachdem er bei Google als Designethiker (ja, diesen Beruf gibt es!) gearbeitet hatte, gründete er das Center for Humane Technology und widmete sein Leben fortan der Aufgabe herauszufinden, wie Unternehmen unsere Abhängigkeit von sozialen Medien und unser Online-Verhalten manipulieren.

Wir sind einstweilen noch am Tatort, nicht bei der Gerichtsverhandlung, aber wenn man auf Molly oder Xiaoice schaut, besteht wenig Zweifel daran, dass Unternehmen Konsumenten von der wirklichen Welt ab- und in die virtuelle Welt hineinziehen, mit ihren Algorithmen Inhalte wie Lockstoffe verteilen und damit Schaden anrichten. Manches von dem, was passiert, ist skrupellos. Manches folgt der Logik des Marktes. Anderes ist die Nebenwirkung des – wie auch immer scheinheiligen – Versuchs, Leute zusammenzubringen. Egal, wie man die zwiespältigen Folgen gewichten mag, die Unternehmen spielen jedenfalls eine Hauptrolle in diesem globalen Experiment. Wir haben die gesundheitlichen Folgen der Einsamkeit eingangs mit Zigarettenkonsum verglichen. Wieso entwickeln wir dann nicht auch eine politische Antwort? Was ist von der Idee zu halten, die Angebote der sozialen Medien mit großflächigen Warnungen vor den gesundheitlichen Risiken zu versehen? Was ist mit einer Altersgrenze oder mit einer Warnung vor dem Suchtpotenzial der Angebote? Warum werden gefährliche, schädliche Inhalte fast nur im Rahmen der freiwilligen Selbstkontrolle von Unternehmen gefiltert? Wo ist die gesellschaftliche Unterstützung für Entzug? Warum fällt die soziale Ächtung weitgehend flach?

Die Unternehmen, die eine ungeheure Dynamik in Richtung des anonymen Konsums entfalten, verwandeln nicht nur unsere Lebenswelt, sondern auch die Struktur der Finanzmärkte. Damit verändern sie also das System, das die

Ressourcen aufsaugt, die aus unseren Ersparnissen oder unserer Altersversorgung bestehen.

Ein Blick auf die zehn größten Unternehmen der Welt macht dies deutlich. Die Liste wird von Apple und Microsoft angeführt, die das technische Gerüst bereitstellen, das uns den anonymen Konsum ermöglicht. Darüber hinaus versuchen sowohl Apple wie auch Microsoft, sich als Medienunternehmen in Szene zu setzen – mittels Apple TV+ oder der Videospiele von Microsoft. Auf Platz 3 steht Amazon, auf Platz 4 Alphabet, die Muttergesellschaft von Google. Erst auf Platz 5 folgt eine Autofirma, nämlich Tesla, gefolgt von einem Chiphersteller sowie Meta Platforms, also von Facebook. Dass dieses Unternehmen so weit hinten liegt, hat damit zu tun, dass es im letzten Jahr (Stand: Juli 2022) gut die Hälfte seines Börsenwerts, rund eine halbe Billion Dollar, eingebüßt hat. In seinen besten Zeiten war allein Facebook fast so viel wert wie die Hälfte der an der Deutschen Börse gelisteten Unternehmen. Der Marktwert allein von Apple, der Nummer 1 auf der Liste, ist höher als der aller an der Deutschen Börse gehandelten Unternehmen.

Solche Schwankungen gehören zum Alltag des modernen Investments. Sie spiegeln sich im MSCI World, einem Aktienindex, der rund 80 Prozent aller in Börsenindizes geführten Unternehmen (nach Kapitalwert) in Industrieländern (USA, Kanada, Westeuropa, Japan, Australien, Israel etc.) umfasst. Der MSCI World ist eine Art Barometer für Finanzmärkte; er sagt uns, wo die (finanzielle) Welt steht. So stehen die Unternehmen, die zum Sektor der Informationstechnologie gehören, für rund ein Fünftel oder 22 Prozent seines Wertes. Oder: Die vier größten Unternehmen der Welt (Apple, Microsoft, Amazon, Alphabet) repräsentieren nach aktuellem Stand 14 Prozent des gesamten Index, wobei Amazon – anders, als viele glauben – gar nicht dem Sektor Informationstechnologie zugeschlagen wird. 1539 Unternehmen werden im MSCI World erfasst. Wenn man diesen Index bei einem Hochzeitsfest nachstellen würde, müsste man von all den Portionen und Getränken, die für 1539 Gäste vorgesehen sind, 215 nur dem Brautpaar und den beiden Trauzeugen servieren.

Wenn man nun zu den 22 Prozent, also dem Anteil der Informationstechnologien am MSCI World, zurückkehrt und Amazon gewissermaßen als Ehrenmitglied in diesen Sektor aufnimmt, dann heißt dies, dass ein typischer MSCI-World-Investor jeden vierten Euro in Unternehmen steckt, die den anonymen Konsum vorantreiben. Vielleicht ist es sogar schlau, so zu agieren. Wenn wir eine von vier Sekunden unseres wachen Lebens vor dem Bildschirm zubringen, dann scheint es nur konsequent, einen von vier Euros in Unternehmen zu stecken, die Bildschirme oder Bildschirminhalte produzieren. Wer dies tut, macht sich freilich zum Komplizen beim tödlichen Geschäft mit dem anonymen Konsum.

Einen Kill Score habe ich in diesem Kapitel bislang nicht angegeben. Die Größenordnung lässt sich nicht genau beziffern, die Wissenschaft steckt einfach noch zu sehr in den Kinderschuhen. Ich habe in Kapitel 3 versprochen, dass bei der Besichtigung der Tatorte gezählt wird, aber wir befinden uns hier – mehr als in den anderen Kapiteln von Teil 2 – in einem unerforschten Land. Ein bisschen rechnen kann man aber doch. Wenn wir davon ausgehen, dass jeder Zehnte in Europa an Vereinsamung leidet, dass jeder Zehnte, der vereinsamt ist, an gesundheitlichen Folgen leidet und jeder

Zehnte, der leidet, von einem vorzeitigen Tod heimgesucht wird, dann heißt dies, dass in Europa mehr Menschen an Vereinsamung als an Luftverschmutzung sterben: knapp 500 000 Menschen im Jahr. Ein Großteil dieser modernen Einsamkeit ist auf unseren anonymen Konsum zurückzuführen, wenn auch nicht ausschließlich. Wir bewegen uns beim Kill Score also in ähnlichen Größenordnungen wie bei Abfall und Abgasen, wenn wir dieser Rechnung folgen.

Natürlich bewegen wir uns auf dünnem Eis, aber die gesellschaftlichen Konsequenzen von Einsamkeit und die Todesgefahr, die durch sie beständig zunimmt, sind gut belegt. Wenn zwei Drittel der Raucher am Rauchen sterben und Einsamkeit das gesundheitliche Äquivalent zum Kettenrauchen ist, dann wird, wenn sich der gegenwärtige Trend fortsetzt, Einsamkeit zum größten Killer des 21. Jahrhunderts. Meine konservativ geschätzten 10 Prozent von 10 Prozent von 10 Prozent werden hier und heute möglicherweise noch als übertrieben oder völlig verfehlt zurückgewiesen, aber vermutlich nicht mehr, wenn sich die Zahlen in ein paar Jahren präziser berechnen lassen. Für heute sind diese konservativen Annahmen ein Versuch, das potenzielle Ausmaß des Schadens zu dokumentieren, ihn zu den anderen Tatorten ins Verhältnis zu setzen und auf unseren Fußabdruck zurückzuführen. Akademische Studien sind keine Fundgrube für literarische Blüten. Der Schwanengesang, der zur Vereinsamung in der Gesellschaft erklingt, muss aber gar nicht schön klingen, manchmal sind einfache Wahrheiten gerade passend. In einer Analyse der Auswirkungen sozialer Isolation auf die Sterblichkeitsraten verschiedener ethnischer Gruppen in den USA kommen Kassandra Alcaraz und ihre Co-Autorinnen zu dem schlichten

Schluss: »Indem man sozial isolierte Erwachsene ausfindig macht und ihnen hilft, kann man die Gesundheit der Bevölkerung verbessern.«

Wenn wir bei vereinsamten Erwachsenen versagen, wenn wir es nicht schaffen, uns von der Anonymität abzukoppeln und in den alltäglichen Umgang mit den Menschen um uns herum einzuklinken, dann werden wir mitverantwortlich für eine Geißel der Menschheit. Der anonyme Konsum steht für einen der vier Tatorte, die wir bisher besichtigt haben.

Wie sonst nirgendwo haben wir das Gefühl, unsere Schritte am Tatort des anonymen Konsums seien fremdgeleitet, nirgendwo scheint unser Verhalten elementarer im Sinne von *instinktgetriebener*. Opfer von Firmen, die unsere niederen Instinkte und Triebe manipulieren oder, etwas weniger zynisch gesprochen, befriedigen und bedienen. Welcher Überwindung bedarf es in Zukunft, zum Supermarkt zu gehen, wenn einem alles geliefert werden kann?

Für viele ist dieses moderne Wunder, dass leckeres Essen, Wein, Regal und Bett in einem Rutsch nach Hause geliefert werden, Zeichen einer schönen neuen Welt. Ihre Kehrseite besteht in dem Ausmaß, in dem wir uns der echten Welt entziehen. Aber auch innerhalb dieser schönen neuen Welt gibt es Kehrseiten. Für eine der wichtigsten steht der letzte Tatort in dieser Geschichte: Krieg und Konflikt.

8.

KRIEG UND KONFLIKT

»Gewalt
erzeugt Gegengewalt
erzeugt Gegengegengewalt
erzeugt Gegengegengegengewalt
erzeugt Gegengegengegengegengewalt
erzeugt Gegengegengegengegengegengewalt
erzeugt Gegengegengegengegengegengegengewalt
erzeugt«

HANS-PETER KRAUS, *UNSER SCHÖNES MASCHINENGEWEHR*

19 Leichen. Früh um halb sechs werden neun Leichen entdeckt, sieben Männer und zwei Frauen, die an Stricken vom Geländer einer Hochstraße über dem Bulevar Industrial herabhängen. Wenig später findet man unter einer Fußgängerbrücke ganz in der Nähe die Leichen von sechs Männern und einer Frau. Weitere Tote werden im Stadtviertel Ampliación Revolución aufgefunden. Viele von ihnen sind verstümmelt. Alle sind von Gewalt gezeichnet.

Seit dem Ausbruch der Drogenkriege 2006 sind öffentlich zur Schau gestellte Leichen in Mexiko kein ungewohnter Anblick mehr. Tatsächlich halten manche den Ort Uruapan, in dem jene 19 Menschen aus dem Leben gerissen wurden, für den Brandherd, an dem die mexikanischen Drogenkriege des 21. Jahrhunderts ihren Ausgang genommen haben. Rund 250 000 Menschen sollen in diesen gewaltsamen Konflikten umgekommen sein – also mehr als in den Irak- und Afghanistankriegen seit 2001 zusammen. Doch jene 19 Menschen sind nicht den Drogenkriegen zum Opfer gefallen. Folgt man den Zeitungsberichten, so hat ihr Tod mit einer ganz anderen Ware zu tun – nämlich mit Avocados. Schon in Kapitel 1 war von ihnen die Rede, und nun scheint der Fußabdruck der Yuppies aus Prenzlauer Berg, die Avocado-Smoothies schlürfen, noch weiter anzuwachsen. Sie trifft nicht nur der Vorwurf, dass ihnen ihre Landsleute egal sind, die in Supermärkten oder Logistikzentren arbeiten. Ihre Art zu leben hinterlässt Spuren, die weit über die Grenzen des Berliner Mauerparks hinausreichen, ob es nun die pürierten Avocados in der Nachmittagssonne sind oder Drogen in Berliner Nachtclubs.

Wie ich in der Einleitung zu diesem Buch bereits angedeutet habe, unterscheidet sich der Tatort, der mit Krieg und Konflikt zu tun hat, von den anderen, die wir besichtigt haben. Wie auch immer unsere Schuld und Verantwortung jeweils einzuschätzen sind – bei den ersten vier Tatorten führt kein Weg an der Wahrheit vorbei, dass wir selbst die tödlichen Waffen schmieden. Das CO_2 aus unseren Auspuffrohren tötet den kleinen Jungen in Japan. Die Giftstoffe in unserem Müll töten Fuseini. Bei Krieg und Konflikt ist die Verbindung zwischen unserem Fußabdruck und dem

Unheil, das Menschen andernorts anrichten, unterbrochen. So ist in diesem Fall unser Fußabdruck am Tatort auch nur schwierig nachzuweisen.

Und doch wirkt es ziemlich weit hergeholt zu behaupten, dass das eine mit dem anderen nichts zu tun habe, dass also zum Beispiel unser Verzehr von Avocados keinerlei Bezug zu den 19 Morden aufweise, die am anderen Ende der Welt begangen wurden.

Beginnen wir mit der direkten Wirkung, nämlich mit der Tatsache, dass wir durch Konsum, Produktion und Investitionen einen Konflikt verursachen. Zum blutigen Konflikt in Mexiko kann es nur kommen, weil wir Avocados verzehren. Gern gebe ich zu, dass die Eskalation der Gewalt im Kampf um Ressourcen in Mexiko auch dann ruinöse Folgen hätte, wenn es nur um Drogen und nicht auch um Avocados ginge. Dann müssten wir die Schuldigen aber wie gesagt im Berliner Nachtleben suchen, nicht im Alltag. Es sind vielleicht dieselben Personen.

An den vier Tatorten, die wir zuvor besichtigt haben, lassen sich jeweils mittelbare Opfer auffinden. Dazu kommt, dass von ihnen Verbindungen zu Schauplätzen führen, an denen unschuldige, unbeteiligte Menschen durch Kriege und Konflikte umkommen. In zahlreichen Fällen sind kausale Verbindungen zwischen jenen vier Tatorten einerseits und Krieg und Konflikt andererseits nachweisbar. Man nehme nur den Fall der sogenannten Konfliktmineralien. In Kapitel 6 war schon von der Todesgefahr die Rede, der Minenarbeiter ausgesetzt sind. Doch ein weit größerer Schaden entsteht dadurch, dass diese Industrie die politisch-ökonomische Ordnung der Staaten, in denen sie operiert, zerstört und Konflikte schürt.

Konfliktmineralien dienen zur Finanzierung von Konflikten. Nomen est omen. Mit ihnen lässt sich viel Geld verdienen. Darüber hinaus sind sie Auslöser von Konflikten, denn sie locken als Lohn für gewaltsame Mühe. Eine wissenschaftliche Studie aus dem Jahr 2017 liefert erschütternde Befunde. Demnach ging der steile Anstieg der Rohstoffpreise von 1997 bis 2010 mit einer Häufung von Gewalttaten in der unmittelbaren Umgebung afrikanischer Minen einher. Diese hatten einen Anteil von 14 bis 24 Prozent an den gesamten Gewalttaten in den betroffenen Ländern. Die Autoren dieser Studie weisen überdies darauf hin, dass die Gewalt im Umfeld von Minen vor allem dort eskalierte, wo ausländisches Kapital involviert war. Es ist schwierig, die Opferzahl genau festzulegen und zeitlich zuzuordnen. Nach der Statistik, die die Autoren jener Studie ausgewertet haben, gab es zwischen 1997 und 2010 eine halbe Million Todesopfer. Doch dabei handelt es sich möglicherweise nur um die Spitze des Eisbergs. Eine Studie in *The Lancet*, der weltweit wichtigsten medizinischen Fachzeitschrift, kommt zu dem Schluss, dass in Afrika zwischen 1995 und 2015 5 Millionen Kinder in Kriegen und gewaltsamen Konflikten getötet wurden. Gezählt wurden 15 500 Auseinandersetzungen in 34 Ländern.

Es ist schwierig, diese Angaben genau einzuordnen. Zu messen ist zunächst der Kill Score der Arbeit. Dann geht es um den Kill Score durch Konflikte, die an bestimmte Produkte (Konfliktmineralien) gebunden sind. Schließlich werden neben den unmittelbaren Opfern dieser Konflikte auch mittelbare berücksichtigt, also Menschen, die in Konflikt- und Kriegsgebieten an vermeidbaren Krankheiten, am Mangel an sauberem Wasser oder elementarer Gesundheitsversorgung sterben. Dazu kommt, dass nicht alle Kriege und Konflikte auf unseren Umgang mit Ressourcen zurückzuführen sind, sondern auch andere Ursachen haben. Man betritt also ein weites Feld – und wo soll man hier einen Strich ziehen?

Manchmal muss man jedoch die Zahlen wirken lassen, ohne in Präzision zu sterben. Ob 5 Millionen tote Kinder ausschließlich auf Arbeitsbedingungen in Afrika zurückzuführen sind, ob 10 oder 20 Prozent von ihnen auf das Konto der Konfliktmineralien gehen – die Zahlen sind so oder so erschreckend genug, um zur Geschichte des Kill Score beizutragen.

Noch eine andere todbringende Macht erhebt ihr hässliches Haupt: der Klimawandel. Experten sind sich, das muss man einräumen, immer noch nicht einig, ob und wie Klimawandel und gewaltsame Konflikte miteinander zusammenhängen. Einer der besten Beiträge zum Thema stammt von Vally Koubi und ist 2019 in der *Annual Review of Political Science* erschienen. Sie untersucht darin die Beziehungen zwischen Klimawandel und Krieg sowie zwischen Klimawandel und Konflikten im Allgemeinen. Dabei geht Koubi von dem alltäglichen Befund aus, dass der Klimawandel zwischenmenschliche Konflikte aufzuheizen scheint. Außerdem stützt sie sich auf Ergebnisse einer Studie aus dem Jahr 2016, wonach eine Erwärmung der Erdatmosphäre um 1 °C mit einem durchschnittlichen Anstieg der Zahl von Tötungsdelikten um 6 Prozent einhergeht. Dabei scheint die geografische Verteilung dieser Gewalttaten sehr ungleichmäßig zu sein. Wenn man davon ausgeht, dass jedes Jahr rund eine halbe Million Menschen getötet werden, dann heißt dies, dass eine Erderwärmung um 2 °C zu 30 000 zusätzlichen Toten führt. Was unseren Klima-Kill-Score betrifft, so haben wir also noch mehr auf dem Kerbholz als bislang angenommen.

Das ist aber längst nicht alles. Es ist kein Wunder, dass die meisten Forscher sich nicht auf die häuslichen vier Wände beschränken, sondern auf größere Konflikte schauen und die Frage nach Krieg und Frieden stellen. Vally Koubi zeigt, dass der Klimawandel Energien freisetzt, die über diverse Kanäle zerstörerische Wirkungen haben. Er löst große Migrationsbewegungen aus, richtet gewaltige Schäden an, die die wirtschaftliche Entwicklung erschweren, und führt insgesamt zu einem Mangel an lebenswichtigen Rohstoffen. Die Gewichtung all jener Faktoren ist in der Forschung heftig umstritten. Das wahrscheinlich größte Problem ergibt sich daraus, dass die Wirkung des Klimawandels heute noch nicht voll spürbar ist. Und doch sind die Forschungsergebnisse zu den genannten Effekten alles andere als trivial. Von der Gewalt auf zwischenmenschlicher Ebene war bereits die Rede. Neben der erwähnten Studie, die eine Erwärmung um 2 °C mit 6 Prozent mehr Tötungsdelikten koppelt, findet sich eine andere, die dieses zusätzliche Risiko zwar nur bei 2 bis 3 Prozent ansiedelt, aber zugleich zu dem Schluss kommt, dass dadurch die Wahrscheinlichkeit eines Bürgerkriegs um 11 Prozent ansteigt.

Die Gewalt, die in diesen Studien untersucht wird, ist todbringend. Außerdem führt sie zu sozialer Isolation, und daraus können wiederum Konflikte entstehen. Die Erforschung dieser Effekte ist fast so mühsam wie im Fall des Klimawandels. In den einschlägigen Studien geht es häufig um die Frage, was zuerst da war: die Henne oder das Ei. Zieht also die Gewalt soziale Isolation nach sich, oder schürt die soziale Isolation Gewalt? Von dem Experiment mit Mäusen, deren Aggressivität mit wachsender Isolation zunimmt, war bereits die Rede. Zu den zahlreichen Studien, die den Zusammenhang zwischen Gewalterfahrungen und sozialer Isolation belegen, gehört zum Beispiel eine zu sozialen Brennpunkten in Chicago aus dem Jahr 2019. Eine weitere, diesmal aus dem Jahr 1989, die 25 gewalttätige und nicht gewalttätige Männer untersucht, gelangt zu der Einsicht, dass Erstere eher an Vereinsamung leiden. Nicht die größte wissenschaftliche Überraschung. Immerhin ist diese Forschung von der plausiblen Intuition getragen, dass Einsamkeit ein Nährboden der Gewalt ist. Alles andere wäre abwegig, denn Einsamkeit schwächt unsere sozialen Fähigkeiten und unsere Empathie. Die Amokläufe in den USA werden nicht von Leuten verübt, die sich in der Gesellschaft wie Fische im Wasser bewegen.

Die Geschichten und Berichte, von denen gerade die Rede war, zeigen, dass unser Kill Score, der an Klima, Abfall, Arbeit und anonymen Konsum gekoppelt ist, durch Gewalt, Konflikt und Krieg weiter in die Höhe schnellt. Der Anstieg mag sich in Grenzen halten. 30 000 Opfer von Gewaltverbrechen als indirekte Folge des Klimawandels – das klingt vernachlässigbar im Vergleich zu den Millionen und Abermillionen von Menschen, die bis zum Ende dieses Jahrhunderts auf direktem Wege dem Klimawandel zum Opfer fallen. Doch zu den Zielen, die ich mit diesem Buch verfolge, gehört der Einspruch dagegen, sich beim Umgang mit Toten auf statistische Zahlen zu beschränken. Auf jede einzelne Geschichte kommt es an. Es liegt auf der Hand, dass Kriege und Konflikte nicht nur humanitäre Folgen haben werden. Leider spricht nach dem aktuellen Stand der Forschung alles dafür, dass wir uns auf eine Welt zubewegen, in der globale Konflikte vermehrt und vielleicht sogar mittelfristig primär von den vier bisher in diesem Buch erkundeten Todesursachen ausgelöst und angetrieben werden.

Eine Besonderheit dieser Konflikte liegt darin, dass wir in der Regel nicht direkt in sie verstrickt sind. Menschen töten, um Ziele zu erreichen – zum Beispiel, um Avocados herzustellen, die wir gern essen. Doch in diesem Fall ist unser Konsum nicht die direkte Todesursache. CO_2 tötet. Abfall tötet. Arbeitsbedingungen töten. Der Rückzug aus der sozialen Welt tötet. Konflikte und Kriege sind in vielen Fällen mittelbare Folgen dieser Phänomene. Zwar sind wir an dieser Art von Kriegen und Konflikten nicht direkt beteiligt, doch werden sie durch unsere Art zu leben ausgelöst. Die Verbindung zwischen Konsum, Produktion und Investitionen, wie wir sie tätigen, und Konflikt und Krieg ist also kompliziert. In manchen Fällen ist sie sogar noch komplizierter, als dies bislang nahegelegt wurde. Unweigerlich richtet sich unser Blick auf den Krieg in der Ukraine. Da ich dieses Buch im Jahr 2022 verfasse, kann ich ihn in einem Kapitel über Krieg und Konflikt nicht unerwähnt lassen.

Wie auch immer man zum Krieg in der Ukraine steht, er unterscheidet sich jedenfalls von der Art von Konflikten, die ich bisher beschrieben habe. So viel steht fest: Wir haben ihn nicht durch Konsum, Produktion oder Investitionen ausgelöst. Viele Gründe für diesen Konflikt werden diskutiert: die politische Langmut des Westens, wirtschaftliche Umstände, die Putins Regime stabilisieren, Kränkungen und Wunden aus längst vergessenen Konflikten, (angebliche) Versprechungen im Zusammenhang mit der

NATO – die Liste ließe sich fortsetzen. Und selbst wenn wir zugeben, dass unser Konsum einen Beitrag zur Finanzierung von Putins Aufstieg zur Macht geleistet hat, so macht uns das noch lange nicht zu Verursachern dieses Konflikts. Es gibt einen Unterschied zwischen Ursachen und Voraussetzungen. So wird der Avocadokrieg tatsächlich dadurch verursacht, dass wir Avocados essen wollen. Dagegen gehört unser Konsumverhalten zu den Voraussetzungen oder Rahmenbedingungen, die einen Mann an der Macht halten, der den Überfall auf andere Länder befehligt. Aber nicht zu den Ursachen.

Wir haben den Konflikt nicht verursacht, stehen aber nicht völlig beziehungslos neben ihm. Es scheint nicht abwegig zu behaupten, dass wir durch den Konsum russischer Brennstoffe zu Komplizen werden.

Die ganze Sache wird, wie angedeutet, ziemlich kompliziert, wenn man versucht, die Gegenprobe zu machen. Würde der Krieg enden, wenn wir auf fossile Brennstoffe aus Russland ganz verzichten und unsere wirtschaftlichen, finanziellen Verbindungen mit diesem Land einfrieren würden? Was ist von dem sprichwörtlichen Stühlerücken zu halten, das dann entstünde und das uns in späteren Kapiteln, wenn über uns Gericht gehalten wird, noch Kopfzerbrechen bereiten wird? Die Frage ist, ob irgendetwas gewonnen ist, wenn wir mehr Gas aus Katar importieren und Russland seine Rohstoffe einfach anderen Ländern verkauft. Gibt es in Adornos falschem Leben ein richtiges?

Es ist bedrückend, wie schlecht wir auf die Diskussion solcher Fragen vorbereitet sind. Denn natürlich dient unser Fußabdruck, der auf Konsum, Produktion und Investitionen zurückgeht, als Finanzierungsquelle für Konflikte rund um die Welt. Seit Beginn der Globalisierung ist dies so. Der Krieg in der Ukraine hat viele schockiert, der Verlauf des Krieges hat viele überrascht, doch eine moralische Haltung angesichts dieses Blutbads, die alle politischen und wirtschaftlichen Details berücksichtigt, müssen wir erst mühsam entwickeln. Wie sonst, so gilt auch hier, dass der Tod nicht gleich verteilt und die Todesarten nicht gleich sind. Wir kaufen Öl von Saudi-Arabien, einem Land, das gerade eine Militäraktion im Jemen durchführt. Nebenbei bewirkt dies offenbar, dass sich die USA und das Terrornetzwerk Al-Kaida in einem laufenden Konflikt plötzlich auf derselben Seite wiederfinden. Wir leben in einer seltsamen Welt. Wohlgemerkt will ich nicht darauf hinaus, dass die Kriege im Jemen und in der Ukraine gleich zu beurteilen seien. Auch ist es meines Erachtens nicht grundsätzlich unzulässig, einige Konflikte wichtiger zu nehmen als andere. Worauf es mir hier ankommt: Wenn wir es für unmoralisch halten, mit einem Land, das ein anderes Land angreift, Handel zu treiben, dann ist der Ukrainekrieg nicht unser erster Sündenfall.

Doch wie lässt sich dieser Sachverhalt im Hinblick auf den Kill Score beurteilen? Vielleicht hilft in diesem Zusammenhang eine Überlegung, die ich in Kapitel 1 zu den sogenannten Green Bonds oder grünen Anleihen angestellt habe. Um unser Gedächtnis kurz aufzufrischen: Grüne Anleihen sind Finanzinstrumente, bei denen die eingesetzten Gelder oder das in Fonds investierte Vermögen für spezielle Produkte und Zwecke vorgesehen sind, die als »grün« klassifiziert werden. Das heißt, dass auch ein Unternehmen, das seinen CO_2-Fußabdruck um 100 Prozent pro Jahr erhöht oder 100 Kohlekraftwerke betreibt, problemlos eine grüne

Anleihe auf den Markt bringen kann, denn es muss dazu nur seine – wie auch immer bescheidenen – grünen Aktivitäten bündeln. Wenn solch ein Unternehmen zum Beispiel Fonds lanciert, um Elektroautos und -busse für die unternehmenseigene Fahrzeugflotte zu kaufen oder um eine Solaranlage auf dem Dach seines Firmensitzes zu finanzieren, dann bekommt es das grüne Gütesiegel.

Diese Befunde lassen sich nun auf die Diskussion über Krieg und Konflikt übertragen. Russland könnte sich öffentlich dazu verpflichten, alle Einnahmen aus den Gasgeschäften mit Europa in ein Sondervermögen einzubringen, das ausschließlich für die Verwaltung und für öffentliche Dienstleistungen (Gesundheitskosten, Renten, Putins Gehalt etc.) verwendet werden dürfte. Da es sich dann um zweckgebundene Gelder handeln würde, könnte Putin den Europäern sagen: Macht euch keine Sorgen, euer Geld hat mit dem Krieg nichts zu tun. Wir emittieren hier »soziale Anleihen«.

Seine Auskunft wäre nicht einmal total falsch. Die Wirtschaftsleistung Russlands beträgt rund 1,5 Billionen Dollar pro Jahr. Die niedrigen Schätzungen zu den Kosten des Ukrainekriegs für Russland belaufen sich auf 150 bis 300 Millionen Dollar pro Tag, die hohen auf 800 bis 900 Millionen. Die große Bandbreite hat teilweise damit zu tun, dass manche Rechnungen den Wert der Menschenleben berücksichtigen, andere nicht. Während ich diese Sätze schreibe, ist der Krieg rund 100 Tage alt. Wenn er morgen zu Ende ginge, hätte er zwischen 15 und 90 Milliarden Dollar gekostet, das entspräche rund 1 bis 6 Prozent des russischen Bruttosozialprodukts pro Jahr. (Ein großer Teil dieser Gesamtkosten ergibt sich aus dem Wert des verwendeten militärischen

Geräts und anderer Anlagen, also nicht aus laufenden wirtschaftlichen Aktivitäten, die typischerweise beim Bruttosozialprodukt gemessen werden. Doch ich will die Rechnung nicht noch unübersichtlicher machen.) Selbst wenn der Krieg ein ganzes Jahr andauern sollte, würden sich die Kosten nur auf 3 bis 18 Prozent des Bruttosozialprodukts Russlands belaufen. Das Wörtchen »nur« spielt eine tückische Schlüsselrolle in diesem Satz. Denn natürlich sind dies gewaltige Kosten, die – folgt man den höheren Schätzungen – diejenigen der Covid-19-Pandemie übertreffen. Aber dennoch, Platz für eine »soziale Anleihe« gibt es allemal. Exporte machen einen Anteil von 28 Prozent am Bruttosozialprodukt Russlands aus. Demnach bliebe also immer noch genug Spielraum, um analog zur grünen Anleihe einen imaginären Fonds mit Zweckbindung zu schaffen. Russland könnte verkünden, dass die 28 Prozent, die aus dem Export stammen, in öffentliche Dienstleistungen und Gehälter fließen und die 18 Prozent, die zur Finanzierung des Krieges nötig sind, den anderen 72 Prozent der russischen Wirtschaftsleistung entnommen werden, die sich nicht auf Exporte stützen.

Natürlich verbindet sich mit dem Boykott russischer Waren nicht nur die Absicht, keine Finanzmittel für den Angriffskrieg in der Ukraine zur Verfügung zu stellen. Darüber hinaus geht es darum, wirtschaftlichen Druck aufzubauen, um Putin zu einem Strategiewechsel zu bewegen, ihn als Person zu schwächen oder wenigstens die wirtschaftlichen und politischen Rahmenbedingungen für den Krieg zu verschlechtern. Diese Ziele sind differenzierter als die öffentliche Erklärung einer Koalition deutscher NGOs, die den westlichen Staaten vorwerfen, den Krieg der Russen zu *finanzieren*. Die Erbsenzähler unter den Unterzeichnern dieser Erklärung können auf die Tatsache hinweisen, dass die deutschen Importe aus Russland tagein, tagaus rund die Hälfte der Kosten des Ukrainekriegs abdecken. Allein der Wert der deutschen Öl- und Gasimporte aus Russland beläuft sich auf ein Drittel des russischen Militärhaushalts. Doch wenn eine mit grünen Anleihen gesäuberte Bilanz eine schiefe Botschaft vermittelt, dann ist es umgekehrt auch problematisch, eine direkte Verbindung zwischen Öl- und Gasimporten einerseits und der russischen Politik andererseits herzustellen.

Wie andere europäische Politiker, so hat auch Bundeswirtschaftsminister Robert Habeck diese Verbindung vehement zurückgewiesen. Das hält diese Politiker jedoch nicht davon ab, für Handelsbeschränkungen und Sanktionen einzutreten. Ihnen zufolge befinden wir uns in der seltsamen Lage, dass wir auf der einen Seite nicht für den Krieg verantwortlich sind, auf der anderen Seite aber dessen Ausgang beeinflussen können. Die moralischen Klimmzüge, die bei dieser Argumentation gemacht werden, wirken bemüht. Aber auch wenn manche vor solchen Übungen zurückschrecken, ist es doch sinnvoll, nicht alles in einen Topf zu werfen. Es besteht ein Unterschied zwischen (a) Verursachung, (b) Finanzierung und (c) einer Geschäftsbeziehung, die wir mit einem Übeltäter eingehen, dem wir dadurch – sei es auch nur durch Wegschauen – eine gewisse moralische Legitimation verschaffen.

Unser Kill Score basiert auf der einfachen, aber strengen Regel, dass Handlungen Folgen haben. Es scheint schwierig, diese Regel – also die Beziehung zwischen Ursache und Wirkung – auf den Ukrainekrieg anzuwenden. Manche schauen zurück auf die letzten beiden Jahrzehnte und sehen die Verantwortung bei europäischen Politikern, die blind für Putins Treiben gewesen seien. Doch daraus eine Kausalität abzuleiten, wirkt ähnlich weit hergeholt wie der Versuch, uns als Konsumenten, Produzenten oder Investoren die Schuld am Angriff auf die Ukraine zu geben.

Dieser aktuelle Konflikt gehört also nicht zu den zentralen Schauplätzen, die ich in diesem Buch besichtige. Und doch ist es wichtig, ihn einzubeziehen, denn er dient als Erinnerung daran, dass wir auf unseren Fußabdruck nicht nur durch die Brille des Kill Score blicken dürfen. Es trifft ebenso zu, dass unser Durst nach Öl, Gas und Kohle Wladimir Putin erlaubt hat, ein korruptes System von seinen Gnaden zu errichten und 20 Jahre an der Macht zu bleiben. Wir können die Rolle nicht ignorieren, die wir mit Konsum, Produktion und Investitionen bei der Stärkung undemokratischer Regimes gespielt haben. Unsere Rolle beschränkt sich nicht nur auf Russland, vielmehr kommt sie bei unseren Wirtschaftsbeziehungen überall auf der Welt – auch in Europa selbst – zum Tragen. Das ist schlimm, auch wenn sich dies nicht direkt auf unseren Kill Score auswirkt.

Ich habe in diesem Kapitel versucht, zwischen der Verursachung eines Krieges und der Beziehung zu einer kriegführenden Partei zu unterscheiden. Das gelingt nicht immer glatt. Manche Leute werden wohl nichts davon halten, uns beim Krieg in der Ukraine von der Verursacherrolle freizusprechen, denn schließlich konsumieren wir weiterhin russische Produkte. Bei anderen Kriegen fällt es noch schwerer, jene Unterscheidung vorzunehmen. Was waren zum Beispiel die Gründe für den zweiten Irakkrieg 2003?

Ölinteressen waren hier sicher im Spiel, und man muss keine Verschwörungstheoretikerin sein, um die These zu vertreten, dass es nicht zu diesem Krieg gekommen wäre, wenn das Land über keinerlei Öl verfügen würde. Wenn wir den Avocadokrieg verursachen, dann haben wir ebenso den Irakkrieg mit unserem Durst nach Öl verursacht (zumindest die Amerikaner und die Mitglieder der *coalition of the willing*).

Wie im Kapitel über Abfall, so möchte ich auch hier das faszinierende Wechselbad ansprechen, in das die Menschheit im letzten Jahrhundert durch Öl und Gas geraten ist. Als Quelle unerschöpflicher Energie haben sie das Wirtschaftswachstum angetrieben, doch sie haben auch ein ungeheures Zerstörungswerk vollbracht. Nie zuvor in der Geschichte hat eine Ressource im Guten wie im Schlechten eine solche Macht über unser Leben ausgeübt. Bedauerlicherweise senkt sich die welthistorische Waage inzwischen eindeutig auf der Seite des Schlechten.

Dieses Kapitel ist anders aufgebaut als die vorherigen, denn wir haben nicht, wie sonst üblich, alle apokalyptischen Reiter – Konsum, Produktion und Investitionen – einzeln vorgeführt. Der Tatort stellt sich anders dar, und so nimmt auch unser Fußabdruck eine andere Form an. Wenigstens über Investitionen will ich jedoch ein paar Worte verlieren, denn an diesem Beispiel lassen sich die Schwierigkeiten, die im Fall von Krieg und Konflikt auftreten, gut erläutern.

Unsere Geschichte beginnt mit dem US-amerikanischen Unternehmen Olin, das Franklin W. Olin 1892 in Niagara Falls, New York, gründete. Traditionell hatte Olin mit Sprengstoff zu tun, und noch heute produziert dieses

Unternehmen Sprengstoff sowie Munition für Schusswaffen. Inzwischen hat Olin auch andere Produkte im Angebot, so etwa Chemikalien, die in der Wasseraufbereitung eingesetzt werden. So kommt es, dass Olin mit einem Anteil von immerhin 4 Prozent in einem Anlagefonds namens Invesco S&P Global Water Index ETF vertreten ist. Dieser Fonds wird als nachhaltig klassifiziert. Natürlich ist Olin wegen seines Engagements bei der Wasseraufbereitung in diesem Fonds vertreten. Doch unabhängig davon erhält dieser Fonds auch eine schlechte Bewertung von der Gun Free Funds Platform (www.gunfreefunds.org), die Investorinnen davon überzeugen will, waffenfreie Fonds zu kaufen, weil er zu den zehn Fonds gehört, in denen der Anteil von Waffen- und Munitionsproduzenten am höchsten ist.

Solch wundersame Dinge gibt es in der Welt der Investitionen zuhauf. In Nachhaltigkeitszirkeln wird häufig die Frage diskutiert, ob es überhaupt möglich ist, CO_2-neutral, mit einem Totalverzicht auf fossile Brennstoffe zu investieren. Diese Debatte verläuft nicht völlig anders als die Debatte über Waffen. Ein Investor, der sichergehen will, dass seine Geldanlage überhaupt nichts mit »umstrittenen Waffen«, Schusswaffen für zivilen Gebrauch oder militärischem Gerät aller Art zu tun hat, filtert auf der MeinFairMögen-Plattform auf einen Schlag 90 Prozent der Fonds heraus. Wenn nur der Filter für »umstrittene Waffen« zum Einsatz kommt, dann fällt rund die Hälfte aller Fonds weg, weil sie in irgendeiner Weise an der Produktion dieser Waffen, ihrem Vertrieb oder in der Lieferkette beteiligt sind.

Olin ist ein gutes Beispiel. Diese Firma stellt keine Waffen her, sondern nur Munition. Man mag behaupten, dass beides aufs Gleiche herauskommt. Wenn wir sagen, dass

Gewehre Menschen töten, dann könnten wir auch sagen, Kugeln und Patronen töten Menschen. Aber wie steht es mit der Deutschen Bahn, die Waffen transportiert? Oder mit den Unternehmen, die militärische Ausrüstung, Uniformen, Sauerstoffflaschen oder Masken produzieren? Man möchte jegliche Verantwortung kurzerhand abkanzeln. Und doch haben solche Unternehmen viel enger und direkter mit dem Militär zu tun als die Konsumenten russischer Rohstoffe. Wenn uns nicht wohl dabei ist, weiterhin Handel mit Russland zu treiben, dann sollten wir uns zum Beispiel auch weigern, Transportdienstleister, die Kriegsgerät befördern, von der Verwicklung in Kriegshandlungen freizusprechen. Das Gegenteil ist jedoch der Fall. Eine wachsende Minderheit in der Nachhaltigkeitsszene sieht diesen Typ Firma als Bollwerk gegen russische Aggression und deshalb als nachhaltig. In den Worten Otto von Bismarcks: »In jeder Minute sehen wir Wunder und nichts als solche.«

Hinsichtlich des Kill Score ist die Sache klar: Verantwortung und Verursachung hängen zusammen. Daraus folgt, dass zahlreiche Konflikte, die von den vier Hauptursachen unseres Kill Score ausgelöst und angetrieben werden, in die Berechnung einzubeziehen sind. Daraus folgt freilich auch, dass eine Reihe von Kriegen und Konflikten in einer Grauzone verbleibt. Sie liegen außerhalb der Welt unseres Kill Score, aber nicht notwendigerweise außerhalb unserer Verantwortung. In den nächsten Kapiteln werden wir uns auf die Verantwortung für unseren Kill Score konzentrieren und die indirekten Effekte beiseitelassen, die in diesem Kapitel anhand der wirtschaftlichen Beziehungen zu Tätern und Mördern verhandelt worden sind. Am Tatort, dort also, wo Kriege und Konflikte ausbrechen, ist es oft unmöglich, unsere Täterspuren zu entdecken, mögen wir auch viele Konfliktherde geschürt und oft keinen Finger gerührt haben, um Verbrechen zu verhindern. Je mehr sich die Perspektive ausweitet, desto komplexer wird das Bild, das von unserer Rolle in der Welt zu zeichnen ist. Doch mit solchen Erwägungen will ich der Gerichtsverhandlung, die nun folgt, nicht vorgreifen. Auf Schritt und Tritt sind wir bereits in diesem Kapitel auf Fragen der Verantwortung gestoßen. Wirklich beantwortet haben wir sie bisher nicht, weder hier noch bei den letzten vier Tatorten.

Das Zitat von Oscar Wilde am Anfang von Kapitel 7 rahmt die Tragödie, die dann eintritt, wenn man *bekommt, was man will*. Das Zitat hätte wahrscheinlich für alle fünf Tatorte gepasst. Im Song *Exit Strategie* des Berliner Rap-Duos Icke & Er sagt Icke: »Denn man kann vielleicht machen, aber nüscht wollen, wat man will/ Ick für mein Teil steig aus aus dem verjoldeten Spiel.« Wer schafft das schon, sich – ob es nun um Klima, Abfall, Arbeit, Konsum oder Krieg geht – wirklich zu verändern, sich den Reizen des modernen Lebens, die Katastrophen verursachen, gänzlich zu entziehen?

Icke spricht über sein Leben als Rapper. Aber er stellt uns allen auch eine Frage, die uns am Ende der Besichtigung der Tatorte nicht mehr loslassen kann. Bei Arthur Schopenhauer, von dem Icke allem Anschein nach das Zitat geklaut hat, ist das Prinzip noch klarer formuliert: »Der Mensch kann wohl tun, was er will, aber er kann nicht wollen, was er will.« Icke und Schopenhauer, sie beide fragen uns nach der *Verantwortung*, dem freien Willen, der Fähigkeit, nicht nur im Strom der Weltgeschichte zu schwimmen, sondern ihn auch zu lenken und diesen Einfluss zu *bestimmen*. Die Tatorte zeigen unmissverständlich: Den Strom lenken, das tun wir zweifelsohne. Aber tragen wir für seinen Lauf auch Verantwortung? Und wenn nicht wir, wer dann?

TEIL 3

DIE GERICHTSVERHANDLUNG
UND DAS URTEIL

9.

DIE ANKLAGESCHRIFT

Mord scheint unter Menschen eine alte Angewohnheit zu sein. Man weiß dies dank eines Herrn oder einer Dame mit dem illustren Namen Cranium 17. Cranium 17 ist vor ungefähr 430 000 Jahren in einer nordspanischen Höhle umgebracht worden. Ihm oder ihr wurde kurz und schmerzreich mit einem schweren Gegenstand der Schädel zertrümmert, frontal mit mehreren Schlägen. Die Brüche und Löcher weisen keine Spuren einer Heilung auf. Cranium 17 ist das älteste bekannte Mordopfer.

Vielleicht sollte ich zurückhaltender formulieren und vom ersten wissenschaftlich belegten Opfer eines Tötungsdelikts sprechen. Damit beruhige ich die bibelfesten Leser, die darauf beharren, dass nicht Cranium 17, sondern Abel das erste Mordopfer war – und sein Bruder Kain der erste Mörder. Überdies lasse ich vorsichtshalber offen, ob Cranium 17 ermordet oder totgeschlagen wurde. Wer hier Banalitäten vermutet oder Kleinkariertheit, der wird sich gleich besinnen. Denn in diesem Kapitel geht es um Mord und Totschlag und deren Verhandlung vor Gericht. Da ist dieser vermeintlich kleine, feine Unterschied von enormer Bedeutung.

Worauf soll also die Anklage lauten: Mord oder Totschlag? Das Recht ist im Lauf seiner Entwicklung zu dem Ergebnis gelangt, dass Totschlag weniger schlimm sei als Mord, der mit »Heimtücke« erfolge. Diese Rangordnung des Bösen ist fest etabliert, auch wenn der Tot-»Schlag« ziemlich brutal klingt und *manslaughter* im Englischen ans Schlachthaus erinnert.

Die Liste der Täter beginnt mit einem Zeitgenossen von Cranium 17 (vielleicht war es Cranium 3?) oder vielleicht auch mit Kain. Jedenfalls haben Menschen mit dem Töten begonnen, kaum dass sie den aufrechten Gang und das Sprechen geübt hatten. Es ist offenbar Teil der *conditio humana*. Nicht ganz so festgefügt ist die Geschichte der Rechtsprechung, die zur Verurteilung der Täter führt.

Zur rechtlichen Bewertung unserer Verantwortung für den Kill Score orientiere ich mich an einem britischen Juristen aus dem 18. Jahrhundert namens William Blackstone. Seine geschichtliche Bedeutung wird wahrscheinlich am besten vom Rechtshistoriker William Searle Holdsworth zusammengefasst: »Wenn die *Commentaries*« – ein Hauptwerk Blackstones – »nicht zu jenem Zeitpunkt verfasst worden wären, dann wäre aus meiner Sicht sehr zweifelhaft, ob die USA oder irgendein anderes englischsprechendes Land das Common Law«, also das sogenannte Gewohnheitsrecht, »übernommen hätten.« Auf Blackstone zurückzublicken, ist deshalb sinnvoll, weil er seine Definition von Mord auf eine übersichtliche Liste von Kriterien stützt, die der rechtlichen Prüfung in diesem Kapitel zugrunde gelegt werden können.

Blackstone, der nebenbei bemerkt als Rechtsanwalt so erfolglos war, dass ihm genug Zeit zum Schreiben über juristische Dinge blieb, behauptet, dass Mord sechs Merkmale aufweist. Ich fasse die sechs Punkte kurz zusammen und schaue sie mir dann im Detail an:

1. Ein Mensch stirbt.
2. Jemand hat diesen Tod verursacht.
3. Dieser Jemand ist ein anderer Mensch.
4. Die Tötung ist unrechtmäßig.
5. Die Tötung ist Ergebnis einer verbrecherischen Handlung oder Unterlassung.
6. Die Handlung oder Unterlassung basiert auf einer bösen Absicht.[11]

Diese Kriterien muss ein Richter abarbeiten, wenn er in einem Prozess die Schuld des Angeklagten feststellen will. Übrigens finden sich ähnliche Vorgaben in Rechtssystemen außerhalb des englischen Sprachraums. So sieht § 211 des deutschen Strafgesetzbuches (StGB) eine lebenslange Haftstrafe für »Mörder« vor, die »aus Mordlust, zur Befriedigung des Geschlechtstriebs, aus Habgier oder sonst aus niedrigen Beweggründen, heimtückisch oder grausam oder mit gemeingefährlichen Mitteln oder um eine andere Straftat zu ermöglichen oder zu verdecken, einen Menschen töte[n]«. Jeweils trifft man auf ein Verbrechen, das in böser Absicht begangen wurde.

Wie bei einer ordentlichen Gerichtsverhandlung üblich, wird zunächst den Vertreterinnen der Anklage das Wort erteilt. Eigentlich sieht es so aus, als lasse das erste der oben erwähnten sechs Kriterien an Klarheit nichts zu wünschen übrig. Doch bei den speziellen Themen, die in diesem Prozess von Belang sind, erweist es sich als ziemlich knifflig. Nach dem ersten Kriterium gilt schlicht, dass ein Mensch zu Tode kommen muss. (Logisch gesehen sind dies zwei Prämissen: dass es einen Menschen gibt und dass dieser Mensch stirbt, aber wenn ich so kleinteilig vorgehe, komme ich kaum voran.) Um dieses Kriterium anzuwenden, muss man jedenfalls über eine Definition des Todes verfügen. Man kann hierzu bei dem Spruch »Ich weiß es, wenn ich's sehe« (»I know it when I see it«) Zuflucht nehmen – einem Satz, der übrigens auf einen Richter des Obersten Gerichtshofs der USA zurückgeht, im Zusammenhang mit dem Problem, das Obszöne zu definieren. Aber auch beim Obszönen schaffen wir es, nicht zuletzt seit Ludwig Marcuses Standardwerk mit dem gleichen Titel (*Obszön*), die Sachlage etwas genauer zu verstehen. »Der Unterschied zwischen dem Primitiven und dem Sittlichen liegt in der Bekleidung.« Bei Mord und Totschlag ist das nicht ganz unähnlich, wie die folgenden Seiten zeigen werden. Was den Tod betrifft, gibt es jedenfalls keine Missverständnisse, wenn man einen geliebten Menschen im Sarg liegen sieht – wenngleich Experten sich über die Definition von Gehirntod oder klinischem Tod streiten.

Andere Komplikationen hält das Phänomen Tod durchaus bereit. In manchen Mordfällen wird der Leichnam nie gefunden, aber der Täter gleichwohl verurteilt. Menschen, die für längere Zeit als vermisst gelten, können durch einen Rechtsakt »für tot erklärt werden«. Einige Interpreten der Hanafi-Schule des islamischen Rechts bezeichnen eine Frau, deren Ehemann auf See oder sonst wo verschollen ist, erst als Witwe – also als erneut heiratsfähig –, wenn dieser sein erwartbares Lebensalter erreicht hat. Dieses Alter wird von manchen Rechtsgelehrten auf 120 Jahre festgesetzt.

Neben dem Ende ist auch der Anfang des Lebens zu bedenken. Alle werden sich darauf einigen können, dass ein Mensch gelebt haben muss, um zu Tode zu kommen. Die »Pro-Life«-Aktivisten folgen dem Grundsatz, das Leben beginne mit der Empfängnis, wieder andere datieren den Beginn des Lebens auf die Geburt. Im Wissen darum, wie erbittert die Debatte über Abtreibung geführt wird, wagt man kaum, die Diskussion vom ungeborenen auf das unempfangene Leben zu verschieben. Diese Verschiebung hat zudem eine nicht gerade schmeichelhafte Ähnlichkeit mit dem Versuch der polnischen Regierung im Zuge der EU-Reform 2007, die Bevölkerungsverluste Polens während des Zweiten Weltkriegs virtuell wiedergutzumachen und die Anzahl der von Polen entsandten EU-Parlamentarier entsprechend der theoretischen polnischen Bevölkerungszahl zu erhöhen. Und doch kommt es bei dem in diesem Buch verhandelten Kill Score auch auf das noch nicht empfangene und noch nicht geborene Leben an. Es geht um Menschen, die noch nicht gestorben und vielleicht noch nicht einmal auf der Welt sind.

Auf den ersten Blick scheint es absurd, für die Tötung eines Menschen, der noch gar nicht geboren ist, vor Gericht gestellt zu werden (wenngleich dies augenscheinlich seit dem jüngsten Urteil des amerikanischen Obersten Gerichtshofs nun zumindest in den USA zur neuen Norm werden könnte). Aber auch außerhalb der Abtreibungsdebatte wäre dies bei Rechtskonflikten nicht das erste Mal.

Im November 1998 schlossen die Generalstaatsanwälte von 46 US-Bundesstaaten einen Vergleich mit den vier größten Tabakherstellern der USA, das sogenannte Tobacco

Master Settlement Agreement, durch das Rechtsstreitigkeiten über die gesundheitsschädliche Wirkung des Rauchens beigelegt wurden. Die Unternehmen verpflichteten sich zur Zahlung von 206 Milliarden Dollar während der darauffolgenden 25 Jahre sowie auf weitere Zahlungen danach. Letztere sollten ein Töten und Sterben abdecken, das erst in der Zukunft lag.

Zugegeben, bei dem geschilderten Fall geht es um zivilrechtlichen Schadenersatz im Rahmen eines Vergleichs, nicht um ein strafrechtliches Verfahren gegen eine Person oder ein Unternehmen, die des Mordes oder der Tötung beschuldigt und angeklagt werden. In einer echten Gerichtsverhandlung wäre dieser Unterschied auf jeden Fall zu beachten. Ich nehme mir hier, in unserem erfundenen Prozess, die Freiheit, zwischen Zivil- und Strafrecht hin- und herzuwechseln. Im Gerichtssaal, in dem der Kill Score verhandelt wird, werden wir bestimmte Kompromisse eingehen müssen.

Mit der gewaltigen Summe, die in jenem Vergleich von 1998 vereinbart wurde, konnten übrigens nur grob geschätzt 3 Prozent der gesamten wirtschaftlichen Folgekosten abgedeckt werden, die in den USA während der nachfolgenden 25 Jahre durch das Rauchen verursacht wurden. Auffällig ist jedenfalls, dass dieser Vergleich einen Preis für das noch nicht gestorbene Leben ansetzt, der nicht dessen vollem Wert entspricht. Wie auch immer die Bewertung zukünftigen Lebens ausfallen mag, unstrittig ist, dass Menschen an den in diesem Buch untersuchten Tatorten sterben werden. Das heißt auch, dass das erste Kriterium für Mord gemäß Blackstone als erfüllt gelten darf. Die Vertreter der Anklage sind zufrieden, diejenigen der Verteidigung werden nervös. 1:0.

Das zweite Kriterium für Mord besagt, dass jemand den Tod verursacht haben muss. Zahlreiche Wissenschaftlerinnen werden nun als Zeuginnen vorgeladen. Kontroversen beginnen sich zu entspinnen, ob diese Forschungen verlässlich oder zu verwerfen sind; doch unsere Zeuginnen sind nicht zum ersten Mal vor Gericht. Inzwischen hat die Attributionsforschung ihren festen Platz in den Zeugenständen dieser Welt.

Ein interessanter Fall, der in den letzten Jahren – wiederum im Bereich des Zivilrechts – verhandelt wurde, ist derjenige des peruanischen Bauern und Bergführers Saúl Luciano Lliuya. Saúl stammt aus Huaraz, einer Stadt mit rund 120 000 Einwohnern in den Anden. Huaraz liegt am Fuß der Cordillera Blanca und ist deshalb von Lawinen und Flutkatastrophen bedroht. Im November 2015 strengte Saúl vor einem deutschen Gericht einen Rechtsstreit gegen den Energiekonzern RWE an und klagte auf Schadenersatz in Höhe von 23 700 Euro. Begründet wurde die Summe mit den aufwendigen Schutzmaßnahmen, die wegen des Klimawandels in Huaraz erforderlich geworden seien. Saúls Forderung basiert auf den in Kapitel 4 genannten Studien zur Verteilung der Verantwortung für historische Emissionen. Der Anteil von RWE an diesen Emissionen wird auf circa 0,5 Prozent beziffert, und daraus werden der Anteil am Klimawandel sowie der Beitrag zu Klimaschutzmaßnahmen abgeleitet.

Dass Saúl vor einem deutschen Gericht klageberechtigt ist, erklärt sich daraus, dass das Haftungsrecht entweder in dem Land greift, wo der Schaden entstanden ist (Peru), oder in dem Land, wo er verursacht wurde (Deutschland). 2016 wurde die Klage vom Landgericht Essen zunächst mit der Begründung abgewiesen, es gebe »keine lineare Verursachungskette« zwischen den Emissionen und dem Schaden. Doch die Berufung war erfolgreich, und so wird der Fall weiterhin vor einem deutschen Gericht verhandelt.

Eine wichtige Rolle beim Huaraz-Fall spielt eine Studie aus der Attributionsforschung, die 2021 in der Zeitschrift *Nature Geoscience* veröffentlicht wurde. Sie geht ähnlich vor wie die Studie von Imada und Co. (Kapitel 3) und gelangt zu einem Ergebnis, das ein ausführliches Zitat lohnt: »Die menschengemachte Erwärmung hat einen Anteil von 85 bis 105 Prozent [...] an der gesamten Erwärmung in dieser Region, die im Zeitraum seit 1880 1 °C beträgt. Nach unseren Erkenntnissen steht mit einer Wahrscheinlichkeit von mehr als 99 Prozent fest, dass das bis heute fortschreitende Schrumpfen des Palcaraju-Gletschers nicht allein durch natürliche Faktoren erklärt werden kann und dass es bereits seit 1941 als Folge der Emission von Treibhausgasen durch den Menschen anzusehen ist. [...] Durch die daraus folgende Veränderung der räumlichen Gestalt des Sees und des Tals hat sich die Gefahr einer Flutkatastrophe drastisch erhöht.« Das Gerichtsverfahren ist noch nicht abgeschlossen, aber was die Kausalität betrifft, sowohl bei Saúl als auch bei unseren anderen Tatorten, ist die Sache klar. Hier gibt es keine *force majeure*, also höhere Gewalt, sondern eindeutig eine *force humaine*, einen millionenfachen Fußabdruck in der Umwelt unserer Opfer.

Laut dem dritten Kriterium für Mord muss klar sein, dass der Tod durch einen Menschen verursacht worden ist. Natürlich hat auch die oben genannte Attributionsforschung gewisse Lücken. Sozialwissenschaftlerinnen sind zudem gern bereit, Kausalitätsketten gründlich abzuklappern und die Zuschreibung von Verantwortung davon abhängig zu machen, ob jemand eine schwere Kindheit oder sonst irgendein Trauma durchlebt hat. Doch vor Gericht geht es um die Feststellung der Schuld; und hier werden solche Gesichtspunkte das Urteil keineswegs außer Kraft setzen, sondern werden höchstens als mildernde Umstände berücksichtigt.

Wenn grundsätzlich feststeht, dass die Menschen beim Klimawandel und unseren anderen Tatorten am Drücker sitzen, dann stehen sie auch als Verursacher von Todesfällen fest. Die Vertreterinnen der Anklage geben sich weiterhin keine Blöße, denn drei Kriterien für Mord sind überprüft, und alle sind erfüllt.

Im Sinne der Angeklagten sollte sich jetzt der Wind drehen, doch danach sieht es nicht aus. Das vierte Kriterium legt fest, dass der Tod eines Menschen widerrechtlich zustande gekommen sein muss. Damit soll Mord von rechtmäßigen Formen der Tötung abgegrenzt werden: Notwehr, Nothilfe, Hinrichtungen oder durch Kriegsrecht gedeckte Gewalttaten.

Im internationalen Recht sind solche Abgrenzungen schwierig – unter anderem deshalb, weil eine legale Tötung sich als illegitim erweisen kann. Man denke nur an die Nürnberger Prozesse 1945/46, in denen Taten, die unter dem Naziregime in der Regel rechtskonform waren, als Verbrechen gegen die Menschlichkeit geahndet wurden. Normalerweise sieht der Rechtsstaat vor, dass niemand aufgrund eines Gesetzes verurteilt werden darf, das erst nach der Tat eingeführt worden ist. Dieses Prinzip hat sogar Eingang in die Verfassung der USA gefunden. Bei unserer laufenden Ermittlung müssen wir uns mit solchen Finessen zum Glück nicht herumschlagen, denn wir halten uns an das geltende Recht: das Tötungsverbot. Wie immer behält sich natürlich die Politik ein Monopol auf Gewalt vor.

Man nehme nur die strukturellen Folgen einer von oben verordneten Sparpolitik. So fanden Münchner Wissenschaftler heraus, dass eine Senkung der Staatsausgaben in Griechenland um ein Prozent mit einer Steigerung der Selbstmordrate um 0,3 Prozent einhergeht. In solchen Fällen würde wohl kein Gericht eine Regierung dafür schuldig sprechen, dass sie das Leben ihrer Bürger aufs Spiel gesetzt hätte. Aber selbst hier gibt es Ausnahmen. Die Pflicht, Menschenleben zu schützen, taucht in der Rechtspraxis auf. Das Urteil des Bundesverfassungsgerichts vom März 2021 zum Klimaschutz, auf das wir später zurückkommen werden, ist so ein Beispiel. Abgesehen davon geht es hier nicht um den Staat, sondern um uns. Wir können unsere Verantwortung nicht mit seiner vergleichen oder auf ihn abschieben.

Die Angeklagten stehen unter Druck, wittern aber Morgenluft. Anhand des fünften Kriteriums hofft die Verteidigung, das Blatt wenden zu können. Dabei wirkt es auf den ersten Blick gar nicht so vielversprechend. Es besagt nämlich, dass eine Tötung nicht zwingend an eine Tat gebunden ist, sondern auch auf eine Unterlassung zurückgeführt werden kann, also darauf, dass jemand den Tod eines Menschen (oder eines Lebewesens) nicht verhindert. Die Angeklagten können durch bloßes Nichtstun Schuld auf sich laden und sogar töten. Doch hier gelten wichtige Einschränkungen, denn nicht alle Arten der Unterlassung sind gleichermaßen schuldbehaftet.

Streng genommen bewegen wir uns hier auf mehreren Ebenen. Die erste heißt unterlassene Hilfeleistung, bei ihr handelt es sich zumindest rechtlich weder um Mord noch um Totschlag. Das deutsche Strafgesetzbuch gibt in § 323c vor, dass Menschen unabhängig von ihren persönlichen Vorlieben zur Hilfe verpflichtet sind: »Wer bei Unglücksfällen oder gemeiner Gefahr oder Not nicht Hilfe leistet, obwohl dies erforderlich und ihm den Umständen nach zuzumuten, insbesondere ohne erhebliche eigene Gefahr und ohne Verletzung anderer wichtiger Pflichten möglich ist, wird mit Freiheitsstrafe bis zu einem Jahr oder mit Geldstrafe bestraft.«

Gemeine Not gibt es überall, auf kenianischen Straßen, aber auch auf deutschen. Aber nicht zu handeln, heißt nach diesem Prinzip nicht töten. Angenommen, in der Nachbarwohnung passiert ein Unglück: Eine Frau lehnt sich zu weit aus dem Fenster, verliert das Gleichgewicht, klammert sich mit einer Hand an den Fenstersims und stürzt schließlich zu Tode. Dass wir ihr nicht helfen, bringt uns in keiner Weise in den Verdacht der Tötung oder gar des Mordes. Wie sollte man uns vorwerfen, ihr nicht geholfen zu haben, wenn wir doch gar nicht wussten, dass die Frau am Sims hing? Anders stellt sich die Situation dar, wenn man Zeuge des ganzen Geschehens ist und keine Hilfe leistet. Auch hier lautet die Anklage jedoch nicht auf Totschlag oder Mord.

Der Fall, der bei unserem Kill Score verhandelt wird, stellt sich nochmals anders dar: Wir sorgen nämlich dafür, dass unsere Nachbarin am Fenstersims hängt, wissen aber nichts davon. Wie Scar in *König der Löwen* stürzen wir Mufasa in den Tod, nicht indem wir ihn werfen, sondern einfach *loslassen,* die Dinge ihren Lauf nehmen lassen. Unser Leben gleicht manchmal einer Pistolenkugel, die mit unserer Geburt aus dem Lauf gejagt wurde und seitdem ihrem vorgegebenen Ziel folgt. Irgendwie wirkt es absonderlich, von einer Tat zu reden, wenn wir doch in vielen Fällen am Tatort eher wie Gäste wirken, Zuschauer unseres eigenen Lebens. Unsere Emissionen, die wir nicht direkt verantworten und die uns als Deutschen oder als Europäern zugeschrieben werden: Handeln wir, oder unterlassen wir?

Wenn hier die Verteidigung fordert, bestimmte Handlungen von unserem Schuldenberg abzutragen, dürfte dieses Ansinnen nicht zu forsch erscheinen. Wir müssen von den Konsequenzen unseres Handelns wissen, wenn man sie uns anrechnen will, wissen, dass unsere Nachbarin am Fenstersims hängt. Das ist übrigens etwas anderes, als das Gesetz kennen zu müssen, das man bricht. Die Unkenntnis eines Gesetzes schützt nicht, das Unwissen über die Konsequenzen des Handelns schon. Eine wichtige Nuance!

Was das fünfte Kriterium betrifft, scheint es zu einer Pattsituation zwischen Anklage und Verteidigung zu kommen. Die Schuld der Angeklagten wird sicherlich dadurch verringert, dass die Gesichtspunkte der Unterlassung und der Wissenslücke eine wichtige Rolle einnehmen. So liegt es nahe, dann nicht mehr von Totschlag oder Mord zu sprechen, sondern allenfalls von fahrlässiger Tötung oder Beihilfe dazu. Aber damit löst sich die Schuld nicht einfach in Luft auf, und deshalb kann die Gerichtsverhandlung auch ihren Fortgang nehmen. Denn die oben genannten mildernden Umstände wirken sich nicht auf alles Handeln aus. So führt uns die Anklage zum sechsten und letzten Kriterium für Mord, zur »bösen Absicht«.

Eine solche böse Absicht zu unterstellen – also den Mordvorwurf zu erheben –, ist in den Fällen, die ich in diesem Buch erörtere, von vornherein ausgeschlossen. Die Vertreterinnen der Anklage werden kaum in der Lage sein, Menschen eine böse Absicht oder Heimtücke nachzuweisen, die mit ihrem Auto zur Arbeit fahren, ihr Plastik nicht ordentlich entsorgen oder soziale Medien nutzen. Eine böse Absicht liegt allerdings nicht nur dann vor, wenn man jemanden vorsätzlich töten *will*. Das amerikanische Recht kennt beispielsweise das Kriterium des »verkümmerten und bösartigen Herzens« (»abandoned and malignant heart«), das gleichgültig und rücksichtslos gegen Mitmenschen geworden ist. Solche emotionslosen Menschen gehen kalt lächelnd darüber hinweg, dass Mitmenschen in Gefahr geraten oder Schaden leiden. Wie schon bei anderen Gelegenheiten lässt sich auch hier die poetische Wortwahl der Juristen bewundern. Vielleicht ist es kein Zufall, dass William Blackstone als Dichter dilettierte, bevor er Rechtsanwalt wurde. Im Jahr 1744 veröffentlichte er sogar einige Gedichte, darunter den »Abschied des Rechtsanwalts von seiner Muse«, in dem es um einen heldenhaften Juristen geht, der alle Freuden des Alltags hinter sich lässt, um sein Leben der Gerechtigkeit zu widmen. Ein weiterer Beleg für die Fähigkeit des Menschen, das Banale zu überhöhen.

Das Phänomen des »bösartigen Herzens« lässt sich anhand eines realen Gerichtsverfahrens recht eindrücklich veranschaulichen. Im Jahr 1946 musste sich der Oberste Gerichtshof des Staates Pennsylvania mit einem besonders traurigen und verwickelten Vorfall befassen. Der 17-jährige James J. Malone und sein Freund, der 13-jährige William H. Long, hatten beschlossen, eine Partie russischen Poker zu spielen. Dieses Spiel ähnelt dem russischen Roulette bis auf den entscheidenden Punkt, dass die Mitspieler die Pistole nicht auf sich selbst, sondern auf den anderen richten. Als James den Auslöser zum dritten Mal betätigte, fiel ein Schuss, und William starb. Das Gericht folgte der Auffassung der Verteidigung, wonach der Schütze keinen Schaden beabsichtigt habe. James hatte niemanden töten wollen und vielleicht sogar gehofft, dass keine Kugel im Lauf wäre. Zugleich aber vertrat das Gericht die Auffassung, James habe den möglichen Tod eines anderen Menschen derart acht- und rücksichtslos in Kauf genommen, dass auch ohne Tötungsabsicht von einem »Mord aus Herzlosigkeit« auszugehen sei.

Als ich mich mit diesem Fall beschäftigte, erinnerte mich eine Freundin an den »Ku'damm-Raser«, der im Jahr 2017 wegen Mordes verurteilt worden war. Der Täter hatte nachts an einem illegalen Autorennen in der Berliner Innenstadt teilgenommen, eine rote Ampel überfahren und war mit weit überhöhtem Tempo auf das Auto eines Rentners geprallt, der an den Unfallfolgen sofort starb.

Bei diesem Prozess spielten die Klimatoten, die als indirekte Folge dieser Autofahrt zu gelten haben, selbstverständlich keine Rolle. Die ketzerische Frage mag erlaubt sein, worin genau der Unterschied zwischen diesen beiden Formen der Schädigung anderer Menschen besteht. Tote gibt es in beiden Fällen; in beiden Fällen lassen sie sich auf das fahrlässige Verhalten von Personen zurückführen, denn mit dem hohen Tempo stellt man nicht nur eine Gefahr für sich selbst und andere Verkehrsteilnehmer dar, sondern erhöht nebenbei auch seinen CO_2-Fußabdruck. Das Ausmaß der Gefährdung ist unterschiedlich, das Prinzip der Schädigung oder Gefährdung bleibt gleich. Kann man das Gleiche über die Achtlosigkeit sagen? Denn durch unsere Lebensentscheidungen spielen wir russischen Poker mit dem Leben anderer Menschen. Erweisen wir uns dadurch als herzlos und sind die anderen fünf Kriterien erfüllt, dann geht es bei der Schuld, die wir auf uns laden, nicht nur um Tötung, sondern eigentlich um »Mord aus Herzlosigkeit«. Selbst wenn wir nicht genau wissen, wie viele Menschen wir töten, so wissen wir doch, dass die Zahl nicht bei null liegt. Das hindert uns nicht daran, so weiterzumachen wie bisher und unbeirrt an unseren Lebensgewohnheiten festzuhalten. Und dieses Verhalten wirkt in der Tat bösartig und herzlos.

Geht es um das Verhältnis zwischen CO_2-Fußabdruck und Todesfällen, bleibt Vorsicht geboten. Unser wissenschaftlich verbürgtes Verständnis dieses Verhältnisses steht noch ganz am Anfang, obwohl der prinzipielle Zusammenhang zwischen Treibhausgasen und Klimawandel, wie bereits in Kapitel 4 ausgeführt, seit mindestens zwei Jahrhunderten bekannt ist. Aber dennoch ist die Attributionsforschung ein neues Feld. Das Gleiche gilt für die Forschung über Plastikmüll und die langfristigen Effekte, die mit der Arbeitswelt und dem anonymen Konsum verbunden sind.

Dazu passt eine anrührende Anekdote, die von Dr. Alton Ochsner handelt, der schon während seines Medizinstudiums als einer der Ersten auf den Zusammenhang zwischen Tabakkonsum und Lungenkrebs gestoßen ist. Ochsner erinnert sich an einen renommierten Mediziner, Professor George Dock, der keine Mühe scheute, einen Lungenkrebspatienten in seiner Vorlesung vorzustellen, und verkündete, diese Erkrankung sei so selten, dass »wir im Lauf unseres Lebens vielleicht nie wieder auf so einen Fall treffen« würden. Wie George Dock sich über die Häufigkeit von Lungenkrebs täuschte, so müssen wir darauf gefasst sein, auf dem Weg zur Erkenntnis unserer Tatorte Irrtümern zu erliegen.

Die Probleme werden dadurch verschärft, dass die Todesfälle und Todesursachen, die dieses Buch untersucht, sehr, sehr unterschiedlich sind. Der Klimawandel ist ein großes System, in dem wir alle wie unter einem riesigen Tuch sitzen, in das wir unsere Treibhausgase hineinweben. Bei Abfall und Umweltverschmutzung handelt es sich um Phänomene, die zwar auf globale Prozesse zurückgehen, aber vor allem lokal auftreten und spezielle Teile der Welt betreffen. Komplikationen dieser Art sind Grund genug dafür, dass dieses Buch nicht »Murder Score«, sondern eben »Kill Score« im Titel trägt. Dass wir töten, steht fest – aber nicht, dass wir morden. Selbst wenn die Mordanklage nicht aufrechterhalten wird, so bleiben doch die Fragen nach Schuld und Verantwortung. In welchem Ausmaß trifft sie die Angeklagten? Wie weit sind sie darin verstrickt? Oder ist auch dieser Vorwurf überzogen und letztlich unhaltbar? Das Wort haben nun die Verteidiger.

10.

DIE VERTEIDIGUNG

»›Verbrechen? Was für ein Verbrechen?‹, rief er in einem plötzlichen Wutausbruch. ›Etwa, daß ich eine widerliche, bösartige Laus totgeschlagen habe, eine alte Wucherin, die niemand brauchte, für deren Vernichtung einem vierzig Sünden erlassen werden müßten, die den Armen das Blut aussaugte – das soll ein Verbrechen sein?‹« Wenig später verkündete der Mörder, ihm sollte die Tat »eine gewisse Unabhängigkeit sichern, den ersten Schritt ermöglichen, die nötigen Mittel in die Hand geben« – »und dann, dann hätte der vergleichsweise unermeßliche Nutzen alles wettgemacht«. So also verteidigt Rodion Raskolnikow, Hauptfigur von Dostojewskijs Roman *Verbrechen und Strafe*, seine Bluttat.

Seine Verteidigung könnte unsere sein. Wir sind Rodions Erben. Wir töten nicht aus Lust oder Leidenschaft. Der Tod ist vielmehr die (unbeabsichtigte) Nebenfolge unserer wirtschaftlichen Aktivitäten, die uns Wohlstand und Wohlfahrt bringen. Der Zweck heiligt die Mittel. Zwar denken wir nicht so abfällig über unsere Opfer wie Rodion, zwar erwarten wir – anders als er – keinen »vergleichsweise unermesslichen Nutzen«, doch um unseren Nutzen geht es allemal. Er dient als Basis für die ökonomische, utilitaristische Argumentation zum Kill Score oder als Begründung, warum wir unschuldig seien.

Träten professionelle Verteidigerinnen mit einer solchen Argumentation in einem realen Gerichtssaal auf, würden sie umgehend zurechtgewiesen. Der ökonomische Nutzen reicht nicht, um eine Tötung für »rechtmäßig« zu erklären. Aber wir sind ja nicht wirklich im Gerichtssaal. Unsere Handlungen werden vielmehr dem Urteil der Öffentlichkeit unterworfen. Hier gelten andere Regeln und werden auch andere Ansprüche erhoben. Vielleicht ist die Öffentlichkeit eher bereit, Nutzengesichtspunkte zu berücksichtigen und den Wohlstand bei der ethischen Beurteilung des »richtigen« Kill Score in Rechnung zu stellen. Das wäre ganz im Sinne des Direktors der »Brut- und Normzentrale« aus Aldous Huxleys Roman *Schöne neue Welt*, der kurzerhand erklärt, die »Liebe zur Natur hält keine Fabrik beschäftigt«.

Die Logik der Verteidigung, so wird uns schnell klar, beruht auf einer banalen Annahme. Der Nutzen unseres Handelns für uns und die Welt um uns herum ist höher als der Wert des Lebens, dem durch unser Handeln ein Ende gesetzt wird. Beide Werte müssen wir prüfen. Dabei ist Vorsicht geboten, wir bewegen uns in gefährlichen Gewässern, umschiffen ethische Klippen mit scharfen Kanten. Kann man, darf man das Leben mit einem Preisschild versehen? Was taugt eine Kosten-Nutzen-Rechnung, bei der Messgrößen und Maßstäbe künstlich festgelegt werden, man möchte fast sagen, erfunden sind? Es gibt Gründe, warum

Erbsenzählereien solcher Art in realen Gerichtssälen keinen Platz haben. Dürfen sie nun bei der Urteilsfindung der Öffentlichkeit zugelassen werden?

Wann immer man sich in moralischen oder ethischen Morast begibt, kann man darauf wetten, Thomas Hobbes über den Weg zu laufen. Das gilt auch in diesem Fall. 1651 schreibt er im *Leviathan:* »Die *Geltung* oder der *Wert* eines Menschen ist wie der aller anderen Dinge sein Preis. Das heißt, er richtet sich danach, wieviel man für die Benützung seiner Macht bezahlen würde, und ist deshalb nicht absolut, sondern von dem Bedarf und der Einschätzung eines anderen abhängig.« Ganz unrecht hat Hobbes nicht. Eine kaltherzige Kosten-Nutzen-Analyse, wie er sie beschreibt, findet tagein, tagaus in Politik und Gesellschaft statt – sogar auch in unserem Privatleben. Wir beschädigen unsere künftige Gesundheit um kurzfristiger Freuden willen, gewichten kleine Genüsse und große Risiken, schließen Lebensversicherungen ab und tun damit nichts anderes, als nach dem Preis unseres Ablebens zu fragen. Hobbes' Auskunft mag uns missfallen, aber sie passt zu der Welt, in der wir leben. Was genau lässt sich aber über den »Wert« des Menschen sagen?

Der erste aufgerufene Zeuge ist kein Buchhalter oder Ökonom, sondern paradoxerweise Jurist – und zwar nicht irgendein Jurist, sondern Daniel Farber, einer der wichtigsten Umweltjuristen der zweiten Hälfte des 20. Jahrhunderts. Farber schlägt in einem Aufsatz von 1993 in der *Vanderbilt Law Review* ein Gedankenexperiment vor, welches ich leicht abgeändert hier wiedergebe. Es existieren zwei Szenarien für den Bau eines Endlagers für Atommüll. Nach Option 1 wird ein Lager gebaut, das in 500 Jahren mit an

Sicherheit grenzender Wahrscheinlichkeit lecken wird – und zwar so gravierend, dass 500 Millionen Tote zu befürchten wären. Nach Option 2 ist dies nicht zu befürchten. Doch Option 2 hat einen Haken. Beim Bau des Lagers kommt es unweigerlich zum Tod zweier Menschen. Dieses Problem gibt es bei Option 1 nicht.

Nun liegt die Frage auf dem Tisch, welche Option wir wählen sollten. Für die meisten Leserinnen und Leser ist die Antwort klar: Der Verlust zweier Menschen heute ist im Vergleich zum Verlust von 500 Millionen Menschen in 500 Jahren ein vertretbarer Preis.

Doch Kosten-Nutzen-Analysen kommen zu anderen Ergebnissen – und zwar deshalb, weil sie nicht nur intuitiv, sondern auch mit mathematischen Verfahren das, was in Zukunft passiert, mit einem Abschlag versehen und folglich künftiges Leben abwerten. Demnach sind 500 Millionen Leben in 500 Jahren nicht genauso hoch zu bewerten wie 500 Millionen Leben heute. Setzen wir zum Beispiel einen Diskontsatz von 5 Prozent an, dann entspricht der Wert von 500 Millionen Menschen in 500 Jahren dem Wert von exakt 0,01 Leben heute. Willkommen in der Welt der Kosten-Nutzen-Analyse, in der das (zukünftige) Leben »einsam, armselig, ekelhaft, tierisch und kurz« (Hobbes) ist. Ein Bewohner dieser Welt würde nicht mal einen, geschweige denn zwei Menschen heute töten, um 500 Millionen in der Zukunft zu retten.

Tatsächlich ist der »richtige« Diskontsatz in Wirtschaftswissenschaft und Ethik heiß umstritten. In ebendem Jahr 1993, als Farber seinen Aufsatz veröffentlichte, kam ein anderer Autor zu dem Schluss, dass »die meisten Analysen, auch diejenigen, die große Sorgfalt darauf verwenden, Kosten und Folgen zu messen, ihre Diskontsätze aus der Luft greifen oder sich dafür im Regal bedienen. Die Glückszahl ist dann in den meisten Fällen 5 Prozent.« Während einige davon ausgehen, dass 5 Prozent zu hoch seien, meinen andere, diese Zahl sei sogar zu niedrig angesetzt.

Zu welchem Ergebnis gelangt man, wenn man einen geringeren – und vielleicht »vernünftigeren« – Diskontsatz von 3 Prozent zugrunde legt? Übernähmen Technokraten die politische Macht und führten sie das obige Gedankenexperiment durch, dann würden sie tatsächlich Option 2 wählen und zwei Menschen töten. Aber diese Rechnung ergäbe auch, dass sie keinesfalls mehr als 190 Menschen töten würden. Für sie käme also nicht infrage, 191 Menschen zu töten, um 500 Millionen in 500 Jahren zu retten. Auf der Basis eines Diskontsatzes von 3 Prozent würden sie erklären: Rettet 191 Menschen! Die 500 Millionen Menschen in der Zukunft sind es nicht wert, jetzt 191 Menschen zu opfern!

3 Prozent – diese Zahl taucht noch woanders auf. Während der Corona-Pandemie gingen wir in meinem Thinktank der Frage nach, wie die politische Antwort auf die Pandemie mit der Antwort auf den Klimawandel zu vergleichen sei. Die Regierungen westeuropäischer Länder gaben gemäß unseren Analysen während des ersten Corona-Jahres im Schnitt 680 000 Dollar aus, um ein Menschenleben zu retten. Ungefähr die Hälfte der genannten Summe, also 340 000 Dollar, müsste aufgewendet werden, um einen Klimatoten zu verhindern. Wahrscheinlich fiele die Berechnung noch viel günstiger aus, denn mit solchen Maßnahmen würden Menschenleben gerettet und allgemein erhebliche wirtschaftliche Schäden von der Welt ab-

gewendet. Solche zusätzlichen Nutzeneffekte können wir aber beiseitelassen, auch ohne sie ist Klimapolitik »billig«. Warum schützen dann aber Politikerinnen die Menschen nicht in gleicher Weise vor der Pandemie und vor dem Klimawandel? Die Antwort lautet: Diskontierung. Und zwar um 3 Prozent.

Wohlgemerkt gehe ich nicht davon aus, Politikerinnen würden so ticken wie Erbsenzählerinnen und Verluste und Gewinne bewusst abwägen, diskontieren, Menschenleben in Ziffern umwandeln und auf langen Papierbahnen oder auf dem Spielbrett der modernen Gesellschaft dividieren respektive multiplizieren. Dass sie nicht bewusst so vorgehen, ändert freilich nichts daran, dass ihr Handeln oft oder sogar meistens genau solche Auswirkungen nach sich zieht. Irgendeine Diskontierung findet also statt, im privaten wie im öffentlichen Raum. Ob wir das im Rahmen unserer Gerichtsverhandlung akzeptieren, wird sich noch zeigen.

Wir erinnern uns an den Anfang des Buches: Unser globaler Kill Score kommt im 21. Jahrhundert grob geschätzt auf insgesamt mehr als 500 Millionen Menschen. Was würde sich ändern, wenn ich sagte, die erwähnten 500 Millionen Toten seien erst im Jahr 2522 zu beklagen? Auf der Basis der Diskontierung, die Daniel Farber vorgeschlagen hat, müsste ich dann mit der Behauptung in meinem Buch aufwarten, wir würden heute umgerechnet 0,01 Menschen töten. Gähn! Unser Kill Score bezieht sich aber nicht auf die Zukunft in 500 Jahren, sondern auf die gegenwärtige Entwicklung und die noch verbleibenden Jahrzehnte dieses Jahrhunderts. Die Zahl der Klimatoten wird erst verzögert in die Höhe schnellen. Bei einer Diskontierung von 3 Prozent würden 500 Millionen Tote in 100 Jahren 26 Millionen Toten heute entsprechen. Immer noch eine erhebliche Masse, aber ein Bruchteil der faktischen Opferzahl. Und daher vielleicht auch weniger dramatisch zu interpretieren.

Überdies entfalten unsere aktuellen Handlungen ihre Wirkung nur vermittelt, also innerhalb eines großen Systems. Unser heutiger CO_2-Fußabdruck wird das Klima erst in einigen Jahrzehnten massiv beeinflussen, seine tödliche Wirkung wird deutlich verzögert, dann aber mit nicht mehr zu bremsender Wucht eintreten. Schon heute sterben Menschen am Abfall; aber unser Handeln heute ist verantwortlich für noch viel mehr Tote morgen und in den kommenden Jahrzehnten.

Noch mehr verkompliziert sich die Lage, wenn wir nicht nur lineare, sondern sogenannte hyperbolische Diskontsätze berücksichtigen. Hyperbolische Diskontsätze bezeichnen etwas hochgestochen das Phänomen, dass für uns viel daran hängt, ob wir einen Keks heute oder morgen bekommen, während uns ziemlich egal ist, ob wir ihn in 365 oder 366 Tagen bekommen. Diese Einsicht ist nicht neu. Das Hadern mit den von Menschen bewusst oder unbewusst verwendeten Diskontsätzen ist so alt wie das Konzept der Nutzenfunktionen im Allgemeinen. Bereits den Begründer des Utilitarismus, Jeremy Bentham (1748–1832), störte die Tatsache, dass Menschen permanent »mit ihren eigenen Interessen über Kreuz liegen«.

In der Welt der Diskontierung stellt sich mit jedem zukünftigen Tod, der unserem Kill Score zuzurechnen ist, nicht nur die Frage: Was ist der Wert des Lebens?, sondern: Was ist der Wert eines Bruchteils des Lebens? Natürlich gibt es zulässige Gründe, mit Wertminderung zu arbeiten, vor allem wenn es sich um einen langen Zeitraum handelt.

Möglicherweise gelingt es uns, Technologien zu entwickeln, die Millionen von Toten in der Zukunft zu verhindern helfen (so wie wir auch die Ära des Lifestyle-Todes erst mit medizinischen Errungenschaften erreichen konnten). Unser Planet könnte mit einem Meteoriten kollidieren und zerstört werden, bevor wir die Erde zerstört haben oder sich unser Fehlverhalten bemerkbar macht.

Ein formaler Grund für die Diskontierung ist die nicht ganz unbegründete Furcht, zukünftige Generationen könnten sich ohne eine solche Rechnung zu »Nutzenmonstern« entwickeln – eine Wortprägung des amerikanischen Philosophen Robert Nozick –, die aufdringlich ihre Interessen anmelden und uns heutigen Menschen die Befriedigung unserer Bedürfnisse verwehren oder diese zumindest einschränken. Danach sieht es keineswegs aus, und heutige Gesellschaften verdanken ihren Gleich- oder Übermut der weit verbreiteten Strategie der Diskontierung.

Bislang ging es immer nur um die zeitliche Perspektive. Es gibt jedoch weitere Gründe, Leben mit einem geringeren Wert zu versehen, die nichts mit der Zeit selbst zu tun haben. Dazu gehört – wie bereits angedeutet – der Glaube, dass vielleicht gar keine Menschen sterben werden, weil ihnen wundertätige Technologien aus der Klemme helfen. Neben diese eher wohlmeinende Ansicht treten alles andere als ehrenwerte Motive. So kann es sein, dass die durch Sozial- oder Umweltfaktoren verursachten Todesfälle nicht in der Zukunft liegen, sondern sich auf Kontinente oder Regionen verteilen, in denen vor allem Menschen mit brauner oder schwarzer Haut leben. Wer ein rassistisches Weltbild hat, wird Toten dieser Gegenden weniger Bedeutung beimessen. Unabhängig von solchen Fällen sollten wir uns demütig auf die beträchtlichen Ungewissheiten einstellen, mit denen wir konfrontiert sein werden, und der Zukunft achtsam begegnen.

Nach welchen Kriterien bewerten wir Leben, oder nach welchen Kriterien sollten wir es tun? Eine schwierige Frage, die wir letztlich auch immer subjektiv beantworten. Abhängig von unserer eigenen Lebenssituation und den Umständen, in denen wir leben, bevorzugen wir ältere gegenüber jüngeren Mitmenschen oder umgekehrt die Jungen gegenüber den Alten.[12] David Portnoy, Gründer der Firma Barstool Sports und bekannt für lockere Sprüche (man denke an den stereotypischen *frat boy*), verkündete auf Twitter die an Scharfsinn kaum zu überbietende Einsicht: »When you're old, you generally die of something.« (»Wer alt ist, stirbt üblicherweise an irgendetwas.«) Die Abwägung zwischen Alt und Jung ist jedenfalls in den Gesundheitssystemen vieler Länder gängige Praxis. So werden Entscheidungen über medizinische Eingriffe in Großbritannien nicht davon abhängig gemacht, ob sie Leben retten, sondern davon, wie viele QUALYs (*Quality-Adjusted Life Years*) sie einem Leben hinzufügen. Ein Eingriff, mit dem ein junger Mensch eine schwere Krankheit überlebt, ist demzufolge erheblich viel mehr wert als die Behandlung einer älteren Person.

Als ich dem Gründer eines Fintech-Einhorns (das sind Start-ups mit einer Bewertung von über einer Milliarde Dollar) bei einer Party in London von der Idee zu diesem Buch erzählte, meinte er, dass es ein bisschen irreführend sei, bei den Folgen des Klimawandels alte Menschen, die an Herzschlag sterben, in denselben Topf zu werfen wie junge Menschen, die aufgrund anderer Widernisse ums Leben kommen.[13]

Ethisch betrachtet verstören Überlegungen, die menschliches Leben be- oder sogar abwerten, doch wir sollten uns nicht in die Tasche lügen: An der Diskontierung sind alle beteiligt. Jeder macht Abstriche beim Wert seines eigenen zukünftigen Lebens – jedenfalls wenn er oder sie in der westlichen Welt lebt, die von dieser Logik angetrieben wird und darauf ausgelegt ist, sich selbst zu vernichten. Rauchen, Trinken, Schlafmangel, mangelnde körperliche Betätigung – hinter all diesen Phänomenen stecken Entscheidungen, die den Wert künftigen Glücks gering ansetzen. Vielleicht geschieht dies weder bewusst noch willentlich, aber es geschieht.

Zahllos sind die Belege dafür, dass wir dem, was in Zukunft geschieht, einen minderen Wert beimessen. Wenn wir dies alltäglich tun, dann heißt dies aber wohlgemerkt nicht, dass wir es auch tun *sollten!* Ben Trachtenberg, ein amerikanischer Rechtsprofessor, nennt bewusst keine »ethischen« Gründe, sondern verweist darauf, dass die Diskontierung empirisch nicht mit der wachsenden »Bereitschaft« von Menschen zusammenpasst, Aufwendungen für die Zukunft und für bessere Lebensbedingungen zu tätigen.

Darüber hinaus lassen sich durchaus neben ökonomischen auch gewichtige ethische Argumente gegen Diskontierung aufführen. Das bahnbrechende Klimaurteil des Bundesverfassungsgerichts vom März 2021 berücksichtigt die Rechte »künftiger Generationen« ohne jeden Abzug. Eine ähnliche ethische Position vertrat bereits 1974 der amerikanische Philosoph Joel Feinberg: »Es steht heute in unserer Macht, die Erde unseren Nachfahren als einen weit weniger angenehmen Planeten zu hinterlassen, als wir ihn von unseren Vorfahren geerbt haben. Wir können damit fortfahren, uns immer stärker zu vermehren, die fruchtbaren Böden in immer größerem Maße zu veröden, Flüsse, Seen und Ozeane mit unseren Abfällen vollzustopfen, unsere Wälder abzuholzen und die Atmosphäre mit Giftgasen zu verpesten. Alle nachdenklichen Zeitgenossen sind sich darüber einig, daß wir dies nicht tun sollten. Die meisten würden sogar sagen, daß die Erhaltung unserer Umwelt nicht nur moralisch gefordert (statt bloß wünschenswert) ist, sondern daß wir sie auch unseren Nachkommen schulden, und zwar um ihrer selbst willen.«

Welche Rate der Wertminderung der Zukunft man auch wählt – ob null Prozent, ein Prozent oder 5 Prozent –, man kommt nicht um die Tatsache herum, dass das Leben, dessen Bewertung aus zeitlicher Perspektive variieren mag, zunächst mit einem Ausgangswert versehen werden muss. In dem oben erwähnten Szenario Daniel Farbers fiel dieser Punkt nur deshalb nicht auf, weil darin ohnehin Menschenleben mit Menschenleben, Todesfälle mit Todesfällen verglichen wurden, also gewissermaßen die Währung gleich blieb. Werden Kosten und Nutzen breiter verglichen, verändern sich die Rahmenbedingungen. Denn wie lassen sich die Kosten, die eine Person tragen muss, mit dem Nutzen, den eine andere Person hat, vergleichen, wenn es bei den Kosten ums Leben eines Menschen schlechthin geht und beim Nutzen um spezielle Güter? Zwischen ihnen abzuwägen, ist zum Scheitern verurteilt, hält aber Menschen nicht davon ab, eine solche Erwägung immer wieder vorzunehmen.

Der National Health Service in Großbritannien ist eines der interessantesten Beispiele hierfür. Als staatliches, mit Steuergeldern finanziertes Gesundheitssystem für die gesamte britische Bevölkerung verfügt er über ein Budget, dessen Höhe politisch entschieden wird. Wie oben bereits angedeutet, stützen sich diese Entscheidungen auf Kosten-Nutzen-Analysen medizinischer Maßnahmen. Üblicherweise werden Eingriffe genehmigt, die nicht mehr als 20 000 bis 30 000 Pfund pro QUALY kosten; hingegen unterbleiben teurere Eingriffe. Wer eine Behandlung wünscht, die 50 000 Pfund kostet, aber aus Sicht der Forschung nur ein zusätzliches QUALY einbringt, dem wird sie meistens – es gibt einige Ausnahmen, die jedoch die Regel bestätigen – aufgrund staatlicher Vorgaben verweigert.

In keinem Moment wird der Lebenswert so exakt beziffert wie am Lebensende. Dies trifft auf die Welt der Medizin, aber auch auf die des Verbrechens zu. In Großbritannien erhalten Hinterbliebene eines Mordopfers üblicherweise 11 000 Pfund. Dazu kommen unter Umständen weitere Summen als Schadenersatz für entgangene Einkünfte, Beerdigungskosten, psychische Belastung etc. Oder nehmen wir die Kosten eines Auftragsmords. 1983 erschien ein Buch mit dem Titel *Hit Man: A Technical Manual for Independent Contractors*, in dem die Summe von 30 000 Dollar genannt wurde. Dieses Buch soll eine Hausfrau aus Florida verfasst haben, die sich in dieser »Auftragsbranche« nicht gut auskannte. Ein Artikel in der Online-Zeitschrift *Slate* von 2009 legt nahe, dass ein Auftragsmord durchaus mehrere Hunderttausend Dollar kosten kann, erwähnt aber auch das skurrile Beispiel eines Jugendlichen, der für die Ermordung eines Rivalen »sieben Atari-Computerspiele, drei Dollarnoten und 2,30 Dollar in Münzen« geboten habe.

Nicht nur Geld kommt zum Einsatz, wenn der Wert des Lebens (und des Todes) bemessen wird. Im Sommer 2021 war ich mit ein paar Bekannten in einem Open-Air-Nacht-club. Ein Freund warf mir hinterher aufgebracht vor, wir hätten fahrlässig und selbstbezogen gehandelt, während die Corona-Pandemie noch wütete – wenn nicht in Berlin, so doch in anderen Teilen der Welt. Hier ging es also wiederum um die Abwägung zwischen dem Leben schlechthin und Handlungen, die sich auf die Lebensqualität von Individuen auswirken. Waren unsere Ausschweifungen zu rechtfertigen? Natürlich konnte ich mich mit vagen Diskussionen nicht zufriedengeben. Ich versuchte daher zu überschlagen, wie oft wir in einen Nachtclub gehen müssten, um mit minimaler statistischer Wahrscheinlichkeit den Tod einer anderen Person durch Corona zu verursachen. Die Antwort hierauf hängt davon ab, wie wahrscheinlich es ist, dass wir uns infizieren, eine andere Person anstecken und sie oder eine dritte Person letztlich an der Krankheit stirbt. Nach meiner Berechnung müssten wir dafür eine Million Mal feiern gehen. Ich gestehe, es ist eine Bierdeckelrechnung.

Das Beispiel, das ich gerade geschildert habe, hat absurde Züge. Niemand geht eine Million Mal in einen Club. Und selbst wenn er dazu in der Lage wäre, ließe die Ungewissheit der angenommenen Kausalitäten dieses Denkgebäude wie ein Kartenhaus in sich zusammenfallen. Wieder handelt es sich hier um den »Tod durch tausend Stiche«, die Herausforderung also, Verantwortung in einer Welt zu verorten, die aus einer Unzahl kleinster Transaktionen besteht. Denn auch wenn es äußerst unwahrscheinlich ist, dass eine einzelne Person eine Million Mal in einen Club geht, ist es sehr wahrscheinlich, dass eine Million Personen ein einziges Mal in einen Club gehen. Diese große Anzahl an Besuchern wäre dann doch für einen Toten verantwortlich.

Wir wären Teil der Masse, von der Gustave Le Bon sprach, und daran beteiligt, einen anderen Menschen auf dem Altar unserer Vergnügungen zu opfern.

Alle Rechnungen, die hier angestellt werden, koppeln Leben und Tod an einen Geld- oder Nutzwert, also auch an die »Einschätzung eines anderen« im Sinne von Thomas Hobbes. So spiegelt sich in den genannten Zahlen nicht im strikten Sinne der Wert des Lebens wider, sondern der Preis, den wir für es zu zahlen bereit sind, oder das implizite Preisschild, das am Leichensack hängt. Dieser Preis hat beispielsweise gar nichts mit dem Wert des Lebens eines Menschen zu tun, der allzu früh aus dem Leben gerissen wurde. Können die Eltern, deren sechsjähriger Sohn an einem Hitzschlag starb, den Wert seines Lebens beziffern? Kann dies Rosamund Adoo-Kissi-Debrah? Ihr Verlust ist unermesslich.

Doch dies ändert nichts an der Tatsache, dass der Marktplatz der modernen Wirtschaft auch mit dem Verlust von Menschenleben rechnet und entsprechend handelt. Linke Theoretiker haben sogar hierfür ein Wort erfunden: Nekrokapitalismus! Man mag solch einen Handel verabscheuen, das Kalkül, das ihm zugrunde liegt, bestreiten, aber derartige Einwände führen eigentlich am Ziel vorbei. In Sachen Nachhaltigkeit gilt, dass Unwissenheit nicht vor Wahrheit schützt und Ignoranz keine Tatsachen umstürzen kann. Auch wenn wir kein Preisschild ausfüllen wollen, das ebenso auf das behagliche wie das unbehagliche Leben passt, so tun wir doch genau dies. Von dieser Voraussetzung gehe ich hier aus. Ein Verbraucher, der kein Elektroauto, sondern ein Auto mit Verbrennungsmotor kauft, »leistet« oder gestattet sich einen Beitrag zum Tod anderer Menschen,[14] und wenn man dies als Folgekosten bezeichnet, dann stehen ihnen Nutzeneffekte gegenüber, also Ersparnisse und Genüsse, die dieser Autokauf zur Folge hat. So ist der Benziner vielleicht günstiger, und der Kunde freut sich darüber, dass sich der Tank nicht in mindestens 20 bis 30, sondern in drei bis fünf Minuten füllen lässt. Selbst ein Veganer, der Fahrrad fährt, in einem CO_2-neutralen Haus wohnt und mit erneuerbaren Energien versorgt wird, ist – wenn auch äußerst minimal – am Tod anderer Menschen beteiligt. Auf null sinkt dieser Anteil nie. Jeder, der in der westlichen Welt lebt, hat seinen Kill Score. Er nimmt mehr oder weniger aktiv an einem Markt teil, auf dem Güter gehandelt werden, die für Zeit, Liebe, Genuss, Komfort, Unterhaltung und diverse andere Dinge stehen. Zu Beginn dieses Kapitels habe ich den Direktor der »Brut- und Normzentrale« aus Huxleys *Schöne neue Welt* zitiert, doch vielleicht sehnen wir uns danach, jenen Genuss- und Komfortmarkt hinter uns zu lassen, vielleicht gleichen wir also eher Huxleys »Wildem«, der stolz erklärt: »Ich brauche keine Bequemlichkeiten. Ich will Gott, ich will Poesie, ich will wirkliche Gefahren und Freiheit und Tugend. Ich will Sünde.«

Das Problem – oder der Witz – an dieser Auskunft besteht darin, dass all das, was der Wilde anspricht, mit Geld nicht zu kaufen ist. Diese Einsicht hat wohl niemand so wortgewaltig zum Ausdruck gebracht wie Karl Marx. Es lohnt sich, ihn ausführlich zu zitieren, um die Kraft seiner Sprache zu spüren. 1844 schreibt Marx: »Da das Geld nicht gegen eine bestimmte Qualität, gegen ein bestimmtes Ding, menschliche Wesenskräfte, sondern gegen die ganze menschliche und natürliche gegenständliche Welt sich austauscht, so tauscht es also – vom Standpunkt seines Besitzers angesehn – jede Eigenschaft gegen jede – auch ihr widersprechende Eigenschaft und Gegenstand aus; es ist die Verbrüderung der Unmöglichkeiten, es zwingt das sich Widersprechende zum Kuß. Setze den *Menschen* als *Menschen* und sein Verhältnis zur Welt als ein menschliches voraus, so kannst du Liebe nur gegen Liebe austauschen, Vertrauen nur gegen Vertrauen etc.«

Emotionale Verluste lassen sich nicht ermessen. Für emotionale Gewinne gilt dies oft gleichermaßen. Eine Freundin erzählte mir, sie stehe vor einem moralischen Dilemma, weil sie drauf und dran sei, eine Fernbeziehung einzugehen – im Wissen darum, dass sie häufig fliegen müsste, um diese Beziehung aufrechtzuerhalten. Sollte sie um der Liebe willen ihren Kill Score erhöhen? Wie lässt sich dies aufrechnen gegen das Essen zu zweit in dem wunderbaren Restaurant Koetsu in der Rue Sainte-Anne in Paris, wo Sukiyaki (Rindfleisch!) so wunderbar schmeckt und wo ich mich selbst früher habe verwöhnen lassen? Wo ist die Grenze zu ziehen? Es liegt auf der Hand, dass wir hier eine Sphäre betreten, in der es auf subjektive Entscheidungen ankommt und die Moral einen schweren Stand hat – und rechtsgültige Urteile erst recht.

Außerdem sind unsere praktischen Möglichkeiten, Leben zu retten, beschränkt. Einstweilen müssen wir unsere Wohnungen heizen, um nicht zu erfrieren, oder werden – ironischerweise – die Klimaanlage einschalten müssen, um keinen Hitzetod zu erleiden. Während der in Kapitel 4 erwähnten Hitzewelle in Japan haben dortige Energieunternehmen sogar die Preise für ältere Kunden gesenkt, um ihnen die Nutzung der Klimaanlage zu erleichtern oder überhaupt zu ermöglichen.

Wenn all dies verwirrend wirkt, dann hat dies einen einfachen Grund: Es ist eben – verwirrend. Wir hören die Botschaft, dass das Leben des einen für den Genuss des anderen eingetauscht wird, und lernen zugleich, dass der Wechselkurs für diesen Handel nicht festzulegen ist. Hinzu kommt, dass, wie bereits erwähnt, uns manche Menschen mehr wert sind als andere. Uns liegt mehr an unserer Familie als an unseren Nachbarn. Unsere Nachbarn stehen uns näher als andere Mitbürger und Mitbürgerinnen. Diese wiederum stehen uns näher als Menschen aus einem fremden Land. Und wenn wir Farber glauben, stehen diese uns wiederum näher als zukünftige Leben. Und so weiter. Eine allgemeingültige Wertberechnung, die diese Abstufungen spiegelt, gibt es nicht, aber in der einen oder anderen Weise haben die meisten Menschen sie im Hinterkopf.

Für manche ist der bloße Gedanke an Tötung ein Unding. Für sie ist keine Kosten-Nutzen-Rechnung vorstellbar, mit der sich das Leid, das anderen angetan wird, rechtfertigen ließe. Andere leben in der Welt der Diskontierung, in der künftiges Leben weitgehend wertlos ist. Während wir zahllose alltägliche, private und öffentliche Handlungen vollziehen, sind die Ansprüche und moralischen Imperative, denen wir gerecht werden sollen, in den Nebel der Ungewissheit gehüllt.

Doch wenn es um die Transformation unseres industriellen Systems geht, lichtet sich der Nebel. Klimatote zu verhindern, ist um den Faktor 2 bis 3 billiger, als Menschenleben während der Corona-Pandemie zu retten. Es gibt einen moralischen Imperativ, der uns zum Handeln auffordert. Wenn es einen Weltcup der lebensrettenden Kosten-Nutzen-Effekte gäbe, dann hätten die Wettbüros einen klaren Favoriten für den Sieg: Das wären die Maßnahmen gegen Luftverschmutzung – und zwar noch vor den Maßnahmen gegen Klimawandel. Es mag umstritten sein, wie schnell die CO_2-Reduktion einsetzen, wie ambitioniert oder radikal die Umweltpolitik sein sollte, doch die fundamentale Einsicht, dass etwas passieren muss, ist über allen Zweifel erhaben.

Vor einem echten Gerichtshof hätten Kosten-Nutzen-Rechnungen und Diskontierungen kaum eine Chance. Niemandem käme in den Sinn, die Lust eines Autorasers gegen das Leben eines anderen Menschen abzuwägen. Doch wenn sich der Prozess nun dem Ende zuneigt und die Angeklagten – wir, jeder und jede von uns – mit dem Rücken zur Wand stehen, dann können wir in unserem Schlusswort noch ein Ass aus dem Ärmel zaubern. Wir haben das Wort und sagen: Euer Ehren, Sie sollten nicht uns Individuen auf die Anklagebank setzen, sondern die Unternehmen, denn diese sind es, die Waffen produzieren und Schuld auf sich laden! Wir sind ausführende Organe.

Es gibt gute Gründe dafür, warum das Buch *Hit Man*, die Gebrauchsanweisung zum Töten, nicht mehr lieferbar ist. Nachdem es angeblich als Inspiration für mehrere Mordfälle gedient hatte, wurde es infolge eines gerichtlichen Vergleichs aus dem Handel genommen. Übertragen auf den hier verhandelten Fall heißt dies: Das Gericht darf nicht nur die ausführenden Organe oder die kleinen Fische auf die Anklagebank setzen, sondern muss auch die Anstifter vorladen. Zwar finden sich an den Tatorten, die zu besichtigen sind, auch Fingerabdrücke der Unternehmen, doch die Anklage hat mit dem Finger bislang nur auf uns, auf die individuellen Konsumenten, gezeigt. Wo sind die anderen

Tatverdächtigen, Mitverschwörer, werden sie nicht vor Gericht gestellt?

Die Vertreter der Unternehmen und Finanzinstitute lassen sich durch diese Ausführungen nicht aus der Ruhe bringen. Sie berufen sich darauf, dass es nicht verboten ist, ein Auto zu verkaufen, auch wenn damit getötet werden kann. Die Gesetzgebung hat sich in der Regel an diese Argumentation gehalten – sogar im Fall von Schusswaffen. Seit dem Jahr 2005 entlastet der Protection of Lawful Commerce in Arms Act (PLCAA) die Waffenhersteller in den USA von der Verantwortung für Todesfälle durch Schusswaffen. Die Bewertung des Chefs der National Rifle Association liest sich wie folgt: Es handele sich »um das wichtigste Gesetz zugunsten des Waffenbesitzes in den letzten 20 Jahren«. Wenn man die Grundzüge dieses Gesetzes auf die Nutzung von Autos überträgt, dann gilt auch hier, dass die Schuld voll und ganz bei Konsumenten und Nutzern liegt.

Aber selbst in den USA gibt es dieses Gesetz erst seit 2005, was belegt, dass es sich sogar dort nicht von selbst versteht. In den 1990er Jahren fällten amerikanische Gerichte zahlreiche Urteile, in denen die Spielräume von Waffenherstellern und -händlern begrenzt wurden. Gesetze sind also nicht immer immun gegen Veränderung. Tatsächlich sieht sogar der waffenfreundliche PLCAA Ausnahmen vor, die den Unternehmen doch eine Verantwortung übertragen. Dies betrifft vor allem die faszinierende Formel von der »fahrlässigen Überlassung« (»negligent entrustment«), die genauer unter die Lupe zu nehmen ist. Gemeint ist damit, dass jemand einer anderen Person einen Gegenstand übergibt – und zwar im Wissen darum, dass sie damit töten will oder töten kann. Diese Formel wird üblicherweise auf eine traurige Geschichte aus dem Jahr 1816 zurückgeführt, als ein Junge namens Dixon von einem (in den Akten namenlosen) zehnjährigen Dienstmädchen erschossen wurde. Ihr Herr, ein gewisser Mr. Bell, hatte ihr befohlen, einen Revolver zu holen, und mit ihm erschoss sie versehentlich den neunjährigen Jungen. Das Gericht verurteilte Mr. Bell dafür, einem minderjährigen Dienstmädchen fahrlässig eine tödliche Waffe überlassen zu haben.

Die spätere rechtliche Auslegung der fahrlässigen Überlassung steht und fällt damit, dass Produkte verschiedene Verwendungszwecke haben, von denen manche lebensgefährlich, andere sozial wünschenswert oder rechtmäßig sind. Schusswaffen können für die Jagd oder für die Selbstverteidigung eingesetzt werden, und was auch immer man von der Jagd halten mag, sie ist jedenfalls (von der Wilderei abgesehen) legal. Theoretisch kann sich ein Händler jedoch strafbar machen, wenn er einer Person eine Waffe verkauft und weiß, dass der Käufer jemanden ermorden will.

Folgt man der Idee der fahrlässigen Überlassung, so lässt sich ein Teil der Schuld auf Unternehmen (Hersteller und Händler) übertragen, auch wenn es Käufer und Nutzer sind, die töten. Diese Logik lässt sich ebenso auf die Klimakatastrophe und Umweltverschmutzung anwenden. Der Autohersteller weiß, dass der Käufer die Absicht hat, mit dem Auto zu fahren, und dass er damit tötet. Im Fall der Waffenindustrie wird ein Gericht zu dem Schluss kommen, dass ein Unternehmen nicht selbst tötet, sondern allenfalls Beihilfe leistet. Aber wer leistet Beihilfe und wer ist der Täter, wenn jemand ein Auto fährt, das so gebaut ist, dass es Treibhausgase ausstößt?

Der Rollentausch zwischen dem Täter und der Person,

die Beihilfe leistet, ist weit verbreitet, kommt freilich eher im Zivil- als im Strafrecht vor. Stella Liebeck ist nicht berühmt, dennoch dürfte die Geschichte bekannt vorkommen. Stella wachte eines Morgens auf und verfiel auf den Gedanken, einen Becher Kaffee bei McDonald's zu kaufen. Das war im Jahr 1994, also vor dem Siegeszug von Starbucks. Stella verschüttete den Kaffee auf ihrem Schoß, verklagte McDonald's und erhielt in einem ersten Verfahrensschritt einen »Strafschadenersatz« in Höhe von 2,7 Millionen Dollar und in einem zweiten Schritt einen regulären Schadenersatz in Höhe von 160 000 Dollar zugesprochen. Dahinter steckt die Logik, dass die Person, die die Handlung vollzieht (den Becher fallen lässt), nicht wirklich verantwortlich ist, sondern die Instanz, die ihr den Becher zur Verfügung gestellt hat.

Sich über diesen oder ähnliche Fälle lustig zu machen, ist menschlich – aber diese Fälle haben eine ernste Seite. Keine Rolle spielt hier, ob jemand wie Stella, die immerhin schon 79 Jahre alt war, vielleicht ein bisschen zitterte oder nicht genau sah, wo sie zugreifen musste. Vielmehr geht es darum, dass McDonald's seine Kunden einem unnötigen Risiko aussetzte, indem das Unternehmen heißen Kaffee verkaufte. Und der Kaffee war tatsächlich heiß, viel zu heiß. Stella war acht Tage im Krankenhaus, musste Hauttransplantationen und zwei Jahre Nachbehandlung über sich ergehen lassen. Kein Spaß. Sie war keine streitsüchtige Kundin. Zunächst trat sie an McDonald's heran und schlug eine Vergleichszahlung von 20 000 Dollar vor. Erst als McDonald's dieses Angebot ablehnte, klagte sie. Die Schadenssumme von fast 3 Millionen Dollar legte eine Jury fest, zwölf vernünftige Menschen, die den Sachverhalt studiert hatten und diese Summe für gerechtfertigt hielten. Erst danach hat ein Richter sie auf 2,7 Millionen gesenkt.

Man kann diese Details beiseitelassen und festhalten, dass McDonald's zwar niemanden umgebracht oder direkt verletzt, aber ein gefährliches Produkt verkauft hat und für schuldig befunden wurde.

Was spricht dann dagegen, einen Autohersteller schuldig zu sprechen, dessen Produkte gefährlich sind, selbst wenn ihre Nutzer besonnen mit ihnen umgehen? Ob ein Produkt den Kunden schädigt (also der Kaffee Stella) oder ob es Dritte schädigt (wie bei Autoabgasen und anderen Todesursachen, um die es in diesem Buch geht), ist natürlich ein erheblicher Unterschied. Für die vertragliche Beziehung zwischen Hersteller und Käuferin mag dies relevant sein, nicht aber für eine Gerichtsverhandlung.

Meine Ausführungen sind keineswegs als juristische Spielereien gemeint. Die Prozesse sind es auch nicht. Denn in immer mehr Prozessen geht es darum, Unternehmen und Finanzinstitute für Umweltschäden haftbar zu machen. Die Fortschritte in der Attributionsforschung bedrohen zunehmend Unternehmen, gegen die wegen Klimaschäden geklagt wird. Von Saúls Prozess gegen RWE war schon die Rede im letzten Kapitel, doch diese Art von Gerichtsverfahren nimmt jetzt auch Investoren ins Visier. Mark McVeigh, ein 25-jähriger Australier, reichte zum Beispiel Klage gegen seine Pensionskasse, Retail Employees Superannuation Trust (REST), ein. Marks Beschwerde richtete sich dagegen, dass REST allzu behaglich rastete (das Wortspiel sei mir gestattet), wenn es um Klimawandel ging. Man einigte sich außergerichtlich, und beide Seiten waren offensichtlich nicht darauf erpicht, einen Schuldspruch zu erzielen, sondern einen Weckruf an die breite Öffentlichkeit zu richten.

Darüber hinaus gibt es ungewöhnlich viele Gerichtsprozesse, in denen unsichere Arbeitsverhältnisse verhandelt werden; diese finden selten an jenen Orten in Entwicklungsländern statt, an denen die größten Gefahren drohen. Die versteckte Todesgefahr, die aus der Überarbeitung resultiert (siehe Kapitel 6), wird bislang viel zu selten thematisiert und aktiv verhindert.

In den nächsten Jahren wird sich weisen, ob und wie wissenschaftliche Einsichten Eingang in Gerichtsverhandlungen finden – eine Entwicklung, die im Umweltrecht und in anderen Feldern wie der Medizin längst in Gang ist. Die Verfahren gegen die Tabakindustrie in den USA wirkten in den frühen Jahren noch wie Science-Fiction, doch später wurden sie sehr ernst genommen. Die Kraft der Bewegung, die all jene Entwicklungen vorantreibt, ist nicht zu unterschätzen. Private Stifter stecken Millionen Dollar, Pfund oder Euro in solche Prozesse, um ihnen mehr Gewicht zu verleihen.

Unternehmen und Finanzinstitute sollten auf der Hut sein. Selbst dort, wo es nicht im strikten Sinne um Todesfälle geht, gerät ihr nicht nachhaltiges Geschäftsgebaren ins Fadenkreuz. Wer glaubt, der Industrie wäre das nicht bewusst, täuscht sich. Als die amerikanische Ölindustrie ihre Unterstützung für eine CO_2-Steuer in den USA öffentlich machte, verknüpfte sie im Kleingedruckten ihre Zustimmung mit der Forderung nach Immunität in Gerichtsverfahren, die ihr möglicherweise wegen des Klimawandels drohen.

Zur Verteidigung der Individuen – oder: zu unserer Verteidigung – wurde vorgebracht, dass die richtigen Adressaten für Anklagen eigentlich Finanzinstitute und Unternehmen seien. Der Unterschied zwischen ihnen beiden lässt sich eigentlich fast vernachlässigen, denn die finanzielle Verantwortung, die Kosten für Rechtsstreitigkeiten einschließt, liegt letztlich bei den Eigentümern, also den Investoren. Menschen stehen hinter allem.

Nun ist der Punkt erreicht, an dem die Verteidigung alle Argumente vorgebracht hat, die Individuen – oder wir – auf der Anklagebank verharren und die Schlussphase der Gerichtsverhandlung beginnt. Die Jury zieht sich zur Beratung zurück, das Publikum wartet ungeduldig auf die Entscheidung. Bekanntlich war Rodion Raskolnikow in *Verbrechen und Strafe* letztlich nicht imstande, seine Taten zu rechtfertigen. Die Frage ist, wie die Geschichte in unserem Fall ausgeht. Wie lautet das Urteil? Wofür sind wir letztlich verantwortlich? Um diese Frage zu beantworten, muss unser ökologischer und sozialer Fußabdruck genauer untersucht werden: Welche Handlungen stehen überhaupt in unserer Macht, wo liegen deren Grenzen, welche Pflichten haben wir zu erfüllen?

11.

DAS URTEIL

Eine Frau – nennen wir sie Sarah – war auf frischer Tat er-
tappt worden. Im Schutz der Dunkelheit hatte sie das Haus
verlassen, sich einem anderen Mann in die Arme geworfen,
ihn geküsst und geliebt. Als sie das erste Mal »Ich liebe dich«
sagte, konnte er sich vorstellen, wie das Paradies ist. Es ist
diese oder keine, die eine, muss er sich gedacht haben. Nur
war er leider nicht ihr Ehemann, sondern eine fremde, ver-
botene Liebe. Als die Dorfältesten zusammenkamen, um
über Sarahs Bestrafung zu entscheiden, beschlossen sie,
einen besonders frommen Mann um Rat zu fragen.

Jesus steckte allem Anschein nach in einer Falle – er war
der fromme Mann, der um Rat gebeten wurde. Hielte er die
Frau für unschuldig, verstieße er gegen den Moralkodex seiner Zeit. Erklärte er die Frau hingegen für schuldig, wirkte
er weniger fromm als vielmehr streng und hartherzig. Eine
echte Zwickmühle. Doch Jesus fand einen Ausweg, der
sprichwörtlich werden sollte: »Wer ohne Sünde ist, der
werfe den ersten Stein.« Eigentlich sagte Jesus zweierlei: Er
erklärte die Frau für schuldig und meinte, sie solle nach gel-

tendem Gesetz bestraft (also gesteinigt) werden. Zugleich aber forderte er, der Steinewerfer müsse ohne Sünde sein. Niemand warf einen Stein. Jesus sagte der Frau, sie solle von der Sünde ablassen. Und alle lebten glücklich bis ans Ende ihrer Tage (Jesus ausgenommen). Die Geschichte hat aber ein »G'schmäckle«, denn Jesus kündigte sogleich an, dass die Dorfältesten oder Gelehrten, die nicht an ihn glaubten, »in ihren Sünden sterben« würden. Was damals als barmherzig durchging ...

In diesem Buch habe ich versucht, die Position desjenigen einzunehmen, der den Stein nicht wirft, und der Verteidigung ebenso wie der Anklage Raum zu geben. Sind wir nicht alle nach Immanuel Kant »aus krummem Holz« geschnitzt? Ich hatte zwar in Kapitel 1 Kläger und Richter angekündigt, aber gerichtet wurde hier noch nicht. Wenn es um ungefragtes Feedback geht, sind wir Deutschen ja bekanntlich Weltmeister. Vielleicht ist es auch mal erfrischend, nicht immer mit der Moralkeule über Nachhaltigkeit zu reden, sondern die Dinge wirken zu lassen.

Ganz können wir die Schuldfrage jedoch nicht ignorieren. Wir haben die Vorgeschichte kennengelernt, die Tatorte inspiziert, die Vertreterinnen der Anklage und der Verteidigung angehört. Jesus' Lösung bleibt unbefriedigend. Wir wollen wissen, welche Verantwortung wir eigentlich tragen – und das Urteil hören, um im Bild dieser Kriminalgeschichte zu bleiben. Ich werde auf den nächsten Seiten mein Ringen mit der Schuldfrage beschreiben. Aber es möge bitte auch so verstanden werden, als Ringen, nicht als abschließendes, allgemeingültiges Urteil, sondern als bescheidener Versuch, die Indizien und Evidenzen zu ordnen und daraus eine Konsequenz zu ziehen.

Für mich fängt die Schuldfrage bei der ersten Spur an, die uns am Tatort zu uns, den Tätern, geführt hat: dem Fußabdruck. An allen Tatorten wollten wir ihn auffinden und ausmessen. Der Fußabdruck bildete bei den Ausführungen zu den einzelnen Tatorten die Grundlage unserer Kill-Score-Berechnung – für Klima, Abfall und Abgase, Arbeit, anonymen Konsum sowie Krieg und Konflikt. Aber das war ja *nur* die Buchhaltung unseres Handelns, keine moralische Einordnung desselben. Das Ausmaß, in dem unser Fußabdruck unsere Moral oder Verantwortung beziffert, steht auf einem anderen Blatt. Um dieses Verhältnis zwischen Verantwortung, Schuld und Fußabdruck zu verstehen, lohnt es sich, den Ursprung des Fußabdrucks etwas näher zu erkunden.

Die Idee eines »Fußabdrucks« und der Möglichkeit, diesen zu quantifizieren, geht auf Forschungen zurück, die William Rees und Mathis Wackernagel von der University of British Columbia in den frühen 1990er Jahren angestellt haben. Damals haben sie den Ausdruck *ecological footprinting* geprägt. In den Folgejahren hat der »Fußabdruck« dann Karriere gemacht und am Aufstieg von *corporate social responsibility* und *responsible investing* mitgewirkt. Beim Anbruch des neuen Jahrtausends machte jedes große Unternehmen auf der Welt Geld für Nachhaltigkeitsexperten locker, die ihnen dabei helfen sollten, ihren »Fußabdruck« zu verstehen. Die Vereinten Nationen hatten gerade die Millenniumentwicklungsziele, acht globale Nachhaltigkeitsziele, verkündet, doch die USA und der Rest der Welt waren vor allem damit beschäftigt, zu feiern, dass der Computer-Super-GAU am 1. Januar 2000 um 0:00 Uhr – Spitzname: Y2K Bug – ausgeblieben war. Der Westen schwelgte in der

Goldgräberstimmung nach dem Ende des Kalten Krieges. Damals sahen Nachhaltigkeitsexperten noch wie Unternehmensberater von McKinsey aus, die mit Geschäftsführerinnen und Vorständen Gespräche über Strategie führten und in den Firmenzentralen ein und aus gingen. Natürlich mischten sich NGOs auch gleich ein. Im Jahr 2000 gründeten Paul Dickinson, Tessa Tennant und Paul Simpson das Carbon Disclosure Project, heute bekannt als CDP. CDP wurde ins Leben gerufen, um Unternehmen dazu zu bringen, ihren CO_2-Fußabdruck offenzulegen, und wurde zu einer der größten Umwelt-NGOs weltweit. Heute hat die Organisation über 500 Mitarbeiterinnen. Alle wollten etwas über ihren CO_2-Fußabdruck herausfinden: Investoren, Unternehmen, Regierungen und, ja, auch der einfache Mann auf der Straße. Die schöne neue Welt der nachhaltigen Firma sollte nie enden. Doch nach dem Donner der ersten Nachhaltigkeitswelle kam der Blitz einer schnöden Realität. Zwei Dinge passierten.

Zum Ersten fanden die Unternehmen heraus, dass die Konsumenten anders mit Nachhaltigkeit umgingen, als sie vermutet hatten. Für die Unternehmen wurde zur Schlüsselfrage, wie ein »Nike-Sweatshop«-Skandal zu vermeiden war. Heute würde man sagen, sie wollten verhindern, dass irgendeine Geschichte »viral« wurde und ein Unternehmen oder eine Marke in den Schmutz zog. Darin bestand das eigentliche Nachhaltigkeitsrisiko, und wenn die Unternehmen ihm aus dem Weg gingen, dann konnten sie in Ruhe weiter Geschäfte machen. Korruption, unsichere Arbeitsbedingungen und der ökologische Fußabdruck kümmerten kaum jemanden – außer vielleicht unsere bereits belächelten Ökos. Als die Unternehmen dies herausgefunden hatten, wurden die Nachhaltigkeitsexperten kaltgestellt. Die Geschichten, die sie von damals erzählen, sind deprimierend: Erst trafen sie die Geschäftsführerin, dann die Abteilungsleitern und am Ende die Praktikanten. Und schließlich landeten sie in dem modernen Äquivalent von Dantes Inferno: den Marketingabteilungen. »Und er zu mir: ›Solch elend Leben müssen/ Die trüben Seelen jener Menschen führen,/ Die ohne Lob und ohne Schande lebten. [...]/ Der Himmel will sich nicht mit ihnen schänden,/ Und auch die tiefe Hölle schließt sich ihnen.‹« Nachhaltigkeitsexperten wechselten die Kleider, wurden zu Marketing- und PR-Experten im Nachhaltigkeitsgewand. Und niemand »schändete« sich mehr mit ihnen.

Diese Entwicklung hatte nicht nur Folgen für die Firmen, sondern auch für die Experten selbst. Die Nachhaltigkeitsrechnungen, die in Zusammenarbeit mit Erbsenzählern wie mir durchgeführt wurden, begannen sich immer weiter von der realen Welt abzulösen. Die konkreten Auswirkungen unseres Handelns verschwanden in einem Wust von Zahlen und Indikatoren, der für Normalsterbliche undurchdringlich blieb. Wir redeten nur noch miteinander, nicht mehr mit der Welt. Wie bereits am Anfang dieser Geschichte erwähnt, wurden Nachhaltigkeitsindikatoren plötzlich zu Nebelkerzen.

Zum Zweiten haben die Unternehmen gemerkt, dass sie ihren eigenen Fußabdruck auf die Konsumenten abwälzen konnten. Für diese Verlagerung steht insbesondere der britische Öl- und Gaskonzern BP, der 2004/05 in einer großen öffentlichen Kampagne einen »CO_2-Fußabdruck-Rechner« lancierte und Empfehlungen ausgab, wie man eine »CO_2-Diät« machen könne. Dieses Szenario war nicht gerade neu, denn eine NGO mit dem harmlosen Namen »Keep America Beautiful« war schon in den 1970er Jahren zu Ruhm gelangt, weil sie eine Werbung schaltete, in der jemand, der damals noch »Indianer« genannt wurde, in Tränen ausbrach, weil irgendein Autofahrer Müll aus seinem Wagen warf. Diese NGO wurde von multinationalen Unternehmen wie Coca-Cola und zeitweise sogar von Tabakkonzernen gesponsert (als »Nachhaltigkeitsexperte« kann ich klar sagen, dass so etwas nie ein gutes Zeichen ist). Jedenfalls darf die BP-Kampagne für sich beanspruchen, den CO_2-Fußabdruck (oder den Umweltfußabdruck im Allgemeinen) in die Alltagssprache eingeführt zu haben. Zugleich ist ihr das Kunststück gelungen, diesen Fußabdruck zu *privatisieren*. Fast 280000 Menschen haben im Jahr 2004 den BP-Fußabdruckrechner benutzt. Heute sind die Rechner bei Millionen beliebt.

Es wird niemanden verwundern, dass viele NGOs, die im Umweltbereich aktiv sind, seit jener Zeit ein gespaltenes Verhältnis zum individuellen Fußabdruck und zur individuellen Verantwortung haben. Der WWF und einige weitere NGOs stellen zwar weiterhin CO_2-Fußabdruck-Rechner online zur Verfügung. Andere NGOs sehen darin jedoch einen Propagandaschachzug der Unternehmen, die von der eigenen Verantwortung ablenken wollen. In einem Kommentar, den die *New York Times* im Jahr 2006 veröffentlichte, erklärte einer der Erfinder der BP-Anzeige von 2004, bei der Kampagne sei es »bloß um Marketing« gegangen, nicht um einen »echten Versuch, eine Debatte in der Öffentlichkeit auszulösen, oder um einen Aufruf des Unternehmens, die gesellschaftliche Agenda grundsätzlich zu verändern«. Benjamin Franta, ein Student aus Stanford, der die BP-Kampagne analysiert hat, bezeichnet sie als »eine der erfolgreichsten und scheinheiligsten PR-Kampagnen, die je durchgeführt worden sind. [...] Die Strategie besteht darin, den Konsumenten so viel Schuld wie möglich aufzuladen – im Wissen darum, dass sie Mühe haben, ihre Lage zu überblicken. [...] Sie soll letztlich sicherstellen, dass sich nichts ändert.«

Die Bitterkeit dieser Zeilen spricht Bände. Gegen die Fixierung auf Individuen spricht auch, dass ein Gutteil des Fußabdrucks allein dadurch zustande kommt, dass ein Mensch im Westen lebt. Forscher vom Massachusetts Institute of Technology haben in einer Studie von 2006 berechnet, dass sogar ein Obdachloser in den USA einen Fußabdruck von 8,5 Tonnen pro Jahr hat. Wir erinnern uns an die Tequila-Shots in Kapitel 5.

Diese Umstände werfen natürlich unweigerlich ein schräges Licht auf den Versuch, über unser individuelles Verhalten Buch zu führen. Handelt es sich bei diesem Ansinnen nur um einen Marketingtrick? Dann hätten wir gar keinen persönlichen Fußabdruck und trügen keine persönliche Verantwortung. Bei unserer Urteilsfindung sind wir in einen Morast von Unwägbarkeiten geraten. Was nun?, höre ich eine enttäuschte Leserin rufen. Worin besteht unter dem Strich, schwarz auf weiß, meine individuelle Verantwortung?

Damit nicht genug. Wir haben noch ein zweites Problem, welches folgende Anekdote verdeutlicht. Stellen wir uns zwei Freundinnen vor, denen eine Bäckerei gehört. Maria besitzt 25 Prozent der Anteile, Sarah 75 Prozent. Die Bäckerei hat zwei Filialen, die jeweils 50 Tonnen CO_2 pro Jahr ausstoßen. Zusammen sind das 100 Tonnen. Ein Nachhaltigkeitsexperte oder eine Firma, die CO_2-Daten auswertet, teilt Maria mit, dass sich ihr CO_2-Fußabdruck aufgrund ihrer Beteiligung an der Bäckerei auf 25 Tonnen beläuft – und der von Sarah auf 75 Tonnen. Natürlich liegt das daran, dass Maria 25 Prozent und Sarah 75 Prozent der Firma gehören. Das hört sich fair an.

Inzwischen hat Maria aber ein Buch über den Kill Score gelesen, und ihre Freundin Claire hat ihr erklärt, wie sich der CO_2-Fußabdruck beider Filialen um 50 Prozent verringern lasse. Sie ist Feuer und Flamme. Beim nächsten Eigentümerinnentreffen berichtet Maria von Claires Vorschlag und will ihn umsetzen. Sarah jedoch gehört zu den hartnäckigen Klimaleugnerinnen und erklärt, sie halte davon gar nichts. Da die beiden sich nicht einigen können, bleibt die Verringerung der Emissionen aus, und die zwei Bäckereifilialen stoßen im nächsten Jahr weiterhin 100 Tonnen aus. Der Nachhaltigkeitsexperte schickt Maria seinen üblichen Bericht und schreibt ihr 25 Tonnen zu. Ist das immer noch fair? Würde es nicht mehr Sinn ergeben, Sarah die Verantwortung für 12,5 Tonnen zu übertragen? Denn mit ihrer Weigerung hat Maria sie daran gehindert, genau diese Menge einzusparen. Demnach würden nur 12,5 Tonnen auf Maria lasten und neu 87,5 Tonnen auf Sarah.

Es folgen noch mehr Falltüren. Maria ist nämlich weiterhin verärgert über die ganze Angelegenheit und entscheidet, ihre Anteile an der Bäckerei an Sarah zu verkaufen. »Ich bin raus«, sagt sie. »Ich mache diesen Unsinn nicht länger mit. Ich verkaufe dir meine Anteile.«

»Okay«, lautet die Antwort Sarahs, die sich ganz als kühle Geschäftsfrau gibt und eine Million Euro lockermacht. Maria geht auf das Angebot ein – und ist reich! Überdies wird ihr CO_2-Fußabdruck im nächsten Jahr auf null sinken, und stolz lässt sie sich das Zertifikat, das sie vom Experten erhält, einrahmen. Ist das nun auch fair?

Natürlich hat Maria ihren eigenen CO_2-Fußabdruck reduziert. Aber Sarah betreibt die Bäckerei allein weiter, ohne die Emissionen zu verringern. Dafür trägt sie die Verantwortung, und daran wird auch niemand deuteln. Doch wie schlüssig ist Marias Behauptung, sie habe die Emissionen radikal gesenkt, wenn doch nicht mehr passiert ist als ein bisschen Stühlerücken? Schlimmer noch: Durch ihren Verkauf ist innerhalb der Bäckerei die Stimme der Vernunft verstummt, die für konsequente Umweltmaßnahmen eintrat.

Darf ich noch eine Runde drehen? Denn nun hat die Regierung ein neues Gesetz verabschiedet, das alle Bäckereien dazu zwingt, Solaranlagen zu installieren. Sarah hält sich natürlich daran, denn sie ist eine harte Geschäftsfrau, aber keine Gesetzesbrecherin. Der Nachhaltigkeitsexperte rechnet erneut und kommt zu dem Ergebnis, dass die Bäckerei ihren CO_2-Fußabdruck um 50 Prozent, also um 50 Tonnen, reduziert hat. Stolz verkündet Sarah jedem, der es hören oder nicht hören will, sie habe den CO_2-Fußabdruck ihrer Bäckerei halbiert. Ist das fair? Eigentlich kommt die Halbierung nur zustande, weil das Gesetz dies so vorschreibt. Warum sollte Sarah Anerkennung für etwas erfahren, das sie von sich aus gar nicht tun wollte?

Solche Geschichten passieren in der realen Welt immer wieder. Als BP seine Anteile an Ölfirmen in Alaska verkaufte, gingen deren Verkäufe um 4,7 Prozent und die Emissionen um mehr als 8 Prozent in die Höhe. In der geschützten Welt des BP-Nachhaltigkeitsberichts sanken die Emissionen jedoch, denn das Alaska-Geschäft gehörte nicht mehr zum Unternehmen.

Das erste Problem besteht darin, dass Fußabdruckrechnungen manchmal dazu da sind, Prügelknaben zu suchen, das zweite, dass sie offensichtlich nicht genau unsere Verantwortung reflektieren. Wenn dem so ist, wie kommen wir dann vom Fußabdruck zur Verantwortung und Schuld?

Die Antwort auf diese Frage finden wir in einem anderen Bibelvers: »Wem viel gegeben wurde, von dem wird viel zurückgefordert werden, und wem man viel anvertraut hat, von dem wird man umso mehr verlangen« (Lk 12,48). In diesem Sinne ist unser Fußabdruck nicht ein exaktes Pendant unserer Verantwortung. Nein, an der Spur, die unser Fußabdruck hinterlässt, zeigen sich sowohl unser Handeln als auch die Grenzen unserer Macht, unserer Fähigkeit, die Welt zu verändern. Unser Fußabdruck ist nicht ein getreues Abbild unserer Macht, sondern zeigt sowohl unser Potenzial, die Welt zu verändern, wie auch dessen Grenzen. Daraus ergibt sich auch unsere Verantwortung, mit dieser Macht umzugehen.

Der Nachhaltigkeitsfußabdruck misst nur die Spur, die wir in der Welt hinterlassen, nicht aber, was wir mit der Welt vorhaben. Die Aufgabe, mit unserer Macht verantwortlich umzugehen, ist nicht identisch mit der Verantwortung für alle Resultate unseres Handelns. Denn unsere Macht verteilt sich nicht gleichmäßig auf die gesamte Größe dieses Fußabdrucks. Manchmal ist unser Einfluss auf die Folgen unseres Tuns gering, zum Beispiel wenn äußere Festlegungen unseren Fußabdruck im Guten oder im Schlechten beeinflussen. Manchmal haben wir Macht und tragen volle Verantwortung – etwa, wenn wir entscheiden, ob wir den Weg zur Arbeit mit einem Ferrari oder zu Fuß zurücklegen. Manchmal haben wir eine begrenzte, anteilige Macht –

etwa, wenn wir versuchen, Einfluss auf die kollektiven Rahmenbedingungen unseres Lebens und das Gemeinwohl auszuüben.

Die Macht, die uns gegeben ist, geht mit Verpflichtungen einher, und je mehr uns anvertraut ist, desto mehr ist von uns zu verlangen. Das Urteil, das über uns gesprochen wird, hängt also nicht direkt an unserem Fußabdruck, sondern daran, ob und wie wir beim Umgang mit der Macht, über die wir verfügen, unsere Fürsorgepflicht wahrnehmen. Dort, wo wir sie vernachlässigen, beginnt unsere Schuld.

Die Fürsorgepflicht greift bei allen Akteuren, die in diesem Buch aufgetreten sind: Konsumenten, Unternehmen und Finanzinstituten. Was dies für alle drei im Einzelnen heißt, möchte ich in umgekehrter Reihenfolge erläutern.

Im Finanzwesen passt dieser Begriff nahtlos zu einem der wichtigsten Prinzipien der Vermögensverwaltung, der sogenannten Treuepflicht. Sie hat im Zivilrecht eine lange Tradition und bezeichnet die Loyalität und Sorgfalt, die Finanzinstitute im Umgang mit ihrem Auftraggeber oder Prinzipal zu beachten haben. Gemeint sind damit in der Welt der Vermögensverwaltung die Eigentümerinnen, also etwa Pensionsfonds, Versicherungsgesellschaften und letztlich (fast) jeder von uns. Nachdem die Treuepflicht lange mit dem Auftrag gleichgesetzt worden war, für die Kundschaft den Gewinn zu maximieren und das Risiko zu minimieren, ist es in den letzten Jahren zu einem Umdenken gekommen. Demnach meint die Loyalität gegenüber dem Prinzipal, dass man sich dafür einsetzt, dessen Zielen zu dienen, die in vielen Fällen sowohl pekuniärer als auch nichtpekuniärer Natur sind, also zum Beispiel Nachhaltigkeitsziele einschließen können. Umfragen zufolge wünschen 60 bis

80 Prozent der Bevölkerung, dass Nachhaltigkeitsziele in irgendeiner Form bei ihren Investitionen Berücksichtigung finden. Hierfür gibt es auch internationale Vorgaben: Die Principles for Responsible Investment (PRI) der UN und das UNEP-FI (UN Environment Programme – Finance Initiative), eine Vereinigung von Finanzinstituten, stehen für ein solches fortschrittliches Verständnis der Treuepflicht. Sie bezieht sich auf den Schutz vor finanziellen Risiken, die mit unserem nicht nachhaltigen Wirtschaften einhergehen, aber auch auf die Fürsorgepflicht, die darin besteht, »in der Entscheidungsfindung die Nachhaltigkeitsziele von Nutznießern und Kunden« zu berücksichtigen, und zwar »unabhängig davon, ob diese Ziele finanziell einschlägig sind«.

Die Fürsorgepflicht lässt sich noch in zwei anderen Varianten zum Ausdruck bringen, die auf Finanzinstitute sowie auf Unternehmen anwendbar sind. Beide beziehen sich auf das *Verbot einer Korruption des öffentlichen Lebens*. Mit Blick auf den Kill Score kommt es zu einer solchen Korruption, wenn Konsumentinnen oder aber die Politik auf unredliche Weise beeinflusst werden: »Aus eurer Mitte werden Männer aufstehen, die Verkehrtes reden, um die Jünger an sich zu ziehen« (Apg 20,30).

Es ist zweierlei, ob ein Unternehmen unsere Laster bedient oder ob es sie vergrößert. Deutlich wurde dies schon am Anfang dieses Buches, als wir uns von Uma Thurman zum Rauchen verführen ließen. Manche meinen freilich, der ökologische Fußabdruck der Unternehmen bei der Beeinflussung der Konsumenten sei weniger schlimm als deren politischer Fußabdruck, also die korrumpierende Wirkung auf die kollektive Entscheidungsfindung. Sie habe letztlich zur Folge, dass sich das Blatt gegen den Planeten und gegen uns wendet. Untersucht werden diese Strategien unter anderem von einer britischen NGO namens InfluenceMap, die Dylan Tanner und Thomas O'Neill gegründet haben. InfluenceMap analysiert, wie Unternehmen direkt oder durch Mitwirkung in Industrieverbänden einen negativen Einfluss auf die Klimapolitik ausüben.

Noch heute schmerzt mich die Erinnerung an eine Debatte, die ich mit der Cheflobbyistin der Plastikindustrie in Brüssel hatte. Damals – es muss ungefähr 2017 gewesen sein, mein Trauma vernebelt etwas mein Gedächtnis – wurde zum ersten Mal diskutiert, ob und wie Plastikprodukte besteuert werden sollten. Die Cheflobbyistin wies mich darauf hin, dass Plastik überall sei – in meiner Brille, meinem Anzug etc. Das Thema hatten wir bereits. Sie war mir mit ihrer Rhetorik haushoch überlegen und wirkte zugleich unglaublich zynisch. Sie repräsentierte Unternehmen, die sich für die Gewinnmarge und für die absetzbare Menge an Plastik interessieren und die Pflicht vernachlässigen, ihre Macht auf verantwortliche Weise einzusetzen.

Leider sind Pflichtverletzungen nicht nur in der politischen Sphäre zu beobachten, sondern auch im Marketing und in der Werbung. In ihrer schlimmsten Form lautet die Botschaft, der Konsum helfe eigentlich dabei, »die Erde zu retten«. Damit wird ein völlig neues Niveau von Orwells »Neusprech« und »Doppeldenk« erreicht. Nicht nur verringern wir demnach im Kaufrausch unseren Fußabdruck, sondern wir tun damit dem Planeten einen Gefallen. Auf der Verpackung meiner Lieblingseissorte Magnum Classic steht inzwischen fett »for the future«, also »für die Zukunft«. Wer also einen Beitrag für die Zukunft leisten möchte, möge Magnum essen!

Für eine Marketingstrategie dieser Art gibt es zahllose Beispiele. Sie beginnt mit den Nachhaltigkeitsberichten auf Hochglanzpapier, in denen Schaubilder ohne genaue Zahlen veröffentlicht werden, setzt sich fort in öffentlichen Selbstdarstellungen von Unternehmen, die mit fiktiven grünen Errungenschaften prahlen, und endet schließlich bei den grünen Anleihen, mit denen diese Geschichte begonnen hat.

Letztlich meint die Fürsorgepflicht von Unternehmen sowie von Finanzinstituten, dass sie alles tun, was in ihrer Macht steht, um den eigenen Fußabdruck zu reduzieren, dass sie nicht nur auf Dollars und Euros, sondern auch auf die ökologischen und sozialen Folgen ihrer Geschäftstätigkeit achten und einen nachhaltigen Weg der Produktion und des Konsums einschlagen. Unternehmen und Institutionen, die ihre Bürgerpflicht im politischen und öffentlichen Raum vernachlässigen, verdrehen und verdunkeln grundlegende Einsichten und Wahrheiten. Sie säen Zweifel und Misstrauen und sabotieren den Weg in eine Welt, in der wir uns nicht im Großmaßstab wechselseitig umbringen. Unternehmen, die sich so verhalten, machen sich schuldig.

Die Aufgabe, die sich im persönlichen Leben stellt, ist naturgemäß ähnlich. Wie bei den Unternehmen und Finanzinstituten meint die Fürsorgepflicht nicht, dass wir uns von der Welt in unsere innere Zitadelle zurückziehen, alle Laster abschütteln, im Wald leben, dort nach Nahrung suchen und mit einem Nullfußabdruck leben. Dass es manchmal sogar eine schlechte Idee ist, Macht abzugeben, haben die Beispiele von Maria und Sarah sowie von BP und Alaska gezeigt. Manchmal generieren wir positive Effekte, mit denen die negativen mehr als ausgeglichen werden, und auch solche Rechnungen gehen in unseren Fußabdruck ein. Die Fürsorgepflicht besagt, dass wir sorgfältig und bedacht unsere Entscheidungen treffen.

Es gibt fast nichts Schwereres im Leben, als dieser Fürsorgepflicht zu entsprechen und »unseres Bruders Hüter« zu sein. Wir sind darauf geeicht, immer mehr zu wollen. In unserem Konsum kommt das Prinzip der Fürsorgepflicht allzu oft zuletzt. Lebensmittel sind das beste Beispiel. Die heftige Debatte zwischen Fleischessern und Vegetariern verblasst fast hinter der Tatsache, dass 30 Prozent aller Lebensmittel ohnehin nicht in unserem Magen landen, sondern zu Hause, im Supermarkt, während des Transports oder schon auf dem Bauernhof weggeschmissen werden. Auch in anderen Kontexten stößt man auf überraschend hohe Verlustquoten. So wollen Forscher herausgefunden haben, dass Menschen im Durchschnitt neun Dinge pro Tag verlieren. Das ergibt 200 000 Gegenstände während eines Menschenlebens. (Wenn dies der Durchschnitt ist, dann schaudert mir bei dem Gedanken, wie viel höher die Zahl in meinem Fall liegt.) Weitere Studien haben ergeben, dass in einem durchschnittlichen US-amerikanischen Haushalt 300 000 Dinge zu finden sind und ein zehnjähriges Kind in Großbritannien im Durchschnitt 238 Spielzeuge zur Verfügung hat, aber nur mit zwölf von ihnen spielt. Vieles von dem, was produziert wird und wir kaufen, konsumieren wir gar nicht.

Selbst wenn wir es dann doch konsumieren, tun wir dies oft achtlos. Das Autofahren ist ein gutes Beispiel dafür. Wenn wir zum Beispiel einen sogenannten sportlichen Fahrstil und eine hohe Geschwindigkeit wählen, so hat dies einen enormen negativen Einfluss auf unseren CO_2-Fußabdruck, aber eine im Vergleich äußerst geringe positive Wirkung auf die Dauer der Fahrt oder ihren Wohlfühlfaktor. Diese Diskrepanz zu ignorieren, bedeutet, unsere Fürsorgepflicht zu verletzen. In solchen Fällen trifft uns die Schuld an unserem Kill Score.

Das ist das Urteil. Mein Urteil wohlgemerkt, das Ergebnis meines Ringens mit mir selbst, beim Schreiben dieses Buches und (unbewusst) während der letzten knapp zehn Jahre in der bunten Welt der Nachhaltigkeit. Meine Auseinandersetzung war begleitet von Gewissensbissen – jedes Mal, wenn die Gier Erfüllung fand und ich, wie Hesses Verführer, nur Fleisch in der enttäuschten Hand hielt. Ich weiß nicht, ob es *die* richtige Antwort auf die Schuldfrage gibt. Ein Moralphilosoph oder Richter bin ich nicht, nur ein einfacher Erbsenzähler. Aber mein Urteil lautet wie folgt: Unser Fußabdruck misst unseren Kill Score. Er begrenzt unsere Macht, diesen Kill Score zu reduzieren. Die Verantwortung, unsere Schuld am Kill Score, ergibt sich aus unserem Fußabdruck und daraus, wie fürsorglich und gewissenhaft wir mit unserer Macht umgehen. In den Momenten, in denen wir fahrlässig, unreflektiert oder selbstsüchtig unserem Konsum frönen, laden wir Schuld auf uns. Und in den Momenten, in denen wir im Kleinen oder im Großen die Welt verbessern, sind wir von ihr frei. Von den kleinen Ursachen, mit denen wir unseren Fußabdruck verändern können, handelt das nächste und letzte Kapitel unserer Geschichte.

12.

KLEINE URSACHEN

Im Schlusskapitel von *Tortilla Flat*, dem ersten großen Romanerfolg von John Steinbeck, brennen *paisanos* (Bauern) das Haus ihres verstorbenen Freundes Danny aus Versehen nieder. Fatalerweise landet ein sorglos entzündetes Streichholz auf einer Zeitung, und die Tragödie nimmt ihren Lauf. Jäh entflammt sich das in der kalifornischen Hitze ausgedörrte Papier, rasant breitet sich das Feuer an den Holzwänden des ganzen Hauses aus. Wuchtig und zeitlos wägt Steinbeck die Ereignisse ab: »So sprechen die Götter mit kleinen Ursachen.«

Ein englischer Verleger, dem ich das Manuskript dieses Buches anbot, war von der Idee und der Detektivgeschichte, die dieses Buch erzählt, wenig begeistert. Ich wolle ihm weismachen, er sei »sowieso ein Mörder«, protestierte er, und er solle sich schrecklich hilflos fühlen, weil er nur »Kleinigkeiten ändern« könne. Ich wand ein – ein unhöfliches deutsches Wort, welches mit »klug« beginnt, mag angebracht sein –, er sei allenfalls für Totschlag, nicht für Mord verantwortlich. Aber tatsächlich sind wir weder »sowieso

Mörder« noch zum Töten verurteilt. Wir haben Macht! An unserem Fußabdruck lässt sie sich ablesen. Und wenn wir Macht haben, heißt das auch, dass wir die Macht haben, anders zu handeln.

Am Anfang dieses Buches habe ich mich über das PR-Desaster beklagt, in das die Nachhaltigkeitsdebatte geraten ist. Wir sind offensichtlich nicht fähig, die schlimmsten, tödlichen Folgen unseres ökologischen und sozialen Fußabdrucks angemessen zu vermitteln. Uns fehlt die Sprache, um die Menschen zu bewegen, anders zu handeln. Der Tod jedoch, er bewegt uns. Keiner fasste dieses Gefühl so wunderbar in Worte wie der englische Dichter John Donne, der im 17. Jahrhundert eine einfache Wahrheit verkündete: »No Man Is an Island«. So lautet der Titel eines seiner Gedichte: »Kein Mensch ist eine Insel.« Darin heißt es: »Jedes Menschen Tod ist mein Verlust, denn ich bin Teil der Menschheit; und darum verlange nie zu wissen, wem die Stunde schlägt; sie schlägt dir selbst.«

Uns Menschen zeichnet ein Gefühl von Verbundenheit und Gemeinschaft aus, das nicht auf die unmittelbare Umgebung beschränkt ist. Nicht sein eigener Tod oder der Tod seines Bruders, des Nachbarn oder Hufschmieds bedrückt Donne. Der Tod eines *jeden* Menschen ergreift ihn. Dass wir alle unbestimmt, aber doch unendlich miteinander verbunden sind, diese Idee erregte John Donne, und Immanuel Kant machte sie zum grundlegenden Prinzip seiner Theorie der »öffentlichen Menschenrechte«. In seinem Traktat »Zum ewigen Frieden« sprach Kant von der »Gemeinschaft« unter den »Völkern der Erde« und hob hervor, dass »die Rechtsverletzung an *einem* Platz der Erde an *allen* gefühlt wird«.

Verbundenheit und Zusammenhalt gibt es auch in der

Tier- und Pflanzenwelt. Wälder bilden Ökosysteme, in denen die Bäume über ihre Wurzeln Wasser und Nährstoffe teilen, vor Gefahren durch die Ausscheidung von Duftstoffen warnen und manchmal sogar ihre toten Brüder aufrecht halten, damit diese nicht umstürzen und andere Bäume mit sich zu Boden reißen. Ein wenig Einsicht in das, was sich Erstaunliches in der Welt der Bäume ereignet, lässt sogar abgehärtete Seelen zu *tree huggers* werden. Gleichzeitig wirken an diesen Verhaltensweisen Eigeninteresse oder natürliche Selbsterhaltung durchaus mit. Bäume sind auf ein stabiles Ökosystem angewiesen. In diesem Sinne sind Bäume den »Metzgern«, »Bierbrauern« und »Bäckern« ähnlich, die nach Adam Smith nicht deshalb gute Waren anbieten, weil sie anderen in »Wohlwollen« verbunden sind, sondern weil sie ihrer »Eigenliebe« dienen wollen.

Bei dem Phänomen, das John Donne beschreibt (und das Adam Smith mit dem schönen Wort *fellow-feeling* bezeichnet), geht es um etwas anderes – um ein Leben als Teilnehmen. Wir müssen nicht herausfinden, wem die Stunde schlägt, »for whom the bell tolls«, es kommt nicht darauf an, ob ein Freund, Feind oder Fremder stirbt. Sie schlägt für uns. Einer Kleinigkeit bedarf es dennoch: Wir müssen den Schlag hören. Nur wenn wir ihn hören, sind wir beeinträchtigt und betroffen, berührt und besorgt.

Deshalb unterscheidet sich die Erbsenzählerei, mit der ich mich in diesem Buch dem Tod und dem Töten genähert habe, drastisch von der Erbsenzählerei, die ich davor betrieben habe. Zusammen durchmessen wir ein unerschlossenes Land, in dem die Stunde des Todes schlägt. Zu lange war dieses Land – das Land der menschlichen Opfer unseres Handelns – unentdeckt. Ernest Hemingway machte das Gedicht von John Donne in seinem 1940 erschienenen Buch *Wem die Stunde schlägt* quasi über Nacht weltberühmt. Im Vorfeld hatte er jedoch einen anderen Titel erwogen: *Das unentdeckte Land*. Nur wenn wir dieses unentdeckte, unbekannte Land erschließen, können wir die erste PR-Krise der Nachhaltigkeit überwinden und unsere Mitmenschlichkeit überhaupt wahrnehmen.

Was sollen wir jetzt tun? Bei der Beantwortung dieser Frage müssen wir uns mit der zweiten großen PR-Krise der Nachhaltigkeit auseinandersetzen. Auch hier treffen wir auf Ökos und Erbsenzählerinnen, deren Weltbilder mit einem Entweder-oder operieren, Fundamentalisten im guten Glauben. Die einen sagen: Entweder wir sind Engel, die sich vegan ernähren, mit dem Fahrrad zur Arbeit fahren und als Selbstversorger leben, oder wir sind Täter, die töten. Wir müssen persönliche Verantwortung übernehmen, unsere CO_2-Fußabdruck-Rechner zur Hand haben und uns nachhaltig verhalten. Die anderen sagen, es gebe kein richtiges Leben im falschen; Konsum zu verändern, sei ein Tropfen auf dem sich erhitzenden Stein. Eine Vorschau dieser Diskussion über Fußabdruckrechner haben wir bereits hinter uns. Das Entweder-oder lähmt auch den politischen Diskurs, der sich allzu oft um die vermeintliche Feststellung dreht, dass entweder die »Klimaziele erreicht« würden oder die »globale Zerstörung endgültig und unwiderruflich« sei. Gibt es nichts dazwischen? Gewiss gibt es das! Nachhaltigkeitsdebatten bringen allzu oft Zwischentöne zum Verstummen.

Irgendwie verstehe ich schon diesen Fundamentalismus. Angesichts des gewaltigen Ausmaßes der Zerstörung, die Menschen herbeigeführt haben, müssen heutige Entscheidungen für morgen gerade, direkt und zielführend sein und dürfen nicht das Kompromissgerangel eines Arbeitskreises widerspiegeln. Während meiner beruflichen Tätigkeit habe ich jahrelang gegen faule Kompromisse gekämpft und versucht, Unternehmen und Regierungen dazu zu bringen, sich in Sachen Nachhaltigkeit ehrgeizige(re) Ziele zu setzen. Aber zwischen der Steuerung unpersönlicher Organisationen und der Orientierung individuellen Verhaltens bestehen gewichtige Unterschiede. Nach meiner Erfahrung können konkrete Anschuldigungen Unternehmen und Regierungen – also die Systemrepräsentanten – durchaus veranlassen, endlich aktiv zu werden. Bei den Menschen in meinem persönlichen Umfeld liegen die Verhältnisse wiederum ganz anders. Eine solche binäre Geschichtserzählung, man möchte sie fast *Dialektik der Nachhaltigkeit* nennen, frustriert viel zu viele Menschen. Hier lähmt der Fundamentalismus, trifft oft sogar auf kalte Abneigung. Das höchste Gut erscheint oft unerreichbar, und das erreichbare, machbare Gute bleibt angesichts des Übermaßes an Schlechtem, das sich ständig ereignet, unzulänglich. Wenn ich so oder so an meinen Idealen scheitere, muss ich, soll ich, kann ich genauso gut gar nichts tun.

Am Ende eines Buches über den Kill Score vor Schuldgefühlen und Absolutheitsansprüchen zu warnen, mag befremden. Schließlich ist doch nichts so absolut, so endgültig wie der Tod, und schließlich geht es hier um die tödliche Wucht und Wirkung unseres Handelns. Liegt die Annahme nicht geradezu auf der Hand, mir, Ihnen, gewissermaßen allen die Gewissensfrage zu stellen? Aber genau hier ist ein menschenfreundlicher Pragmatismus gefragt: *Akzeptanz.* Keine Billigung kollektiven Versagens, sondern das Zugeständnis, fehlertolerant auch mit uns selbst und unseren Mitmenschen umzugehen. Reinheitsgebote nützen uns nicht. Mein moralphilosophisches Fundament hat Erich Kästner in seinem Kurzgedicht »Moral« unüberbietbar pointiert und für jeden verständlich formuliert:

»Es gibt nichts Gutes,
außer man tut es.«

Verharren wir nicht im Selbstmitleid der Hilfs- und Tatenlosigkeit. In Wahrheit ist es wesentlich weniger mühsam, unseren Fußabdruck zu verringern, als wir üblicherweise glauben, und die Wirkung, die wir erzielen können, ist größer.

Ein Beispiel mag das veranschaulichen: Wir können den Fußabdruck beim Netflix-Streaming um bis zu 80 Prozent senken, wenn wir die Standardauflösung und nicht HD-Streaming wählen. Ein Drittel bis zwei Fünftel der CO_2-Emissionen, die bei unserer Ernährung anfallen, hängen allein an Kuh, Rind und Lamm. Entsprechend groß wäre die Ersparnis, wenn wir auf diese Nutztiere verzichten. Der nächste Schritt, die vegane Ernährung, spart dann »nur« noch weitere 20 Prozent.

Die Macht im Kleinen, die beim Kampf gegen die Klimakatastrophe Wirkung zeigt, erstreckt sich auch auf andere Felder der Nachhaltigkeit. Noch ein hoffentlich schlagendes Beispiel: *Plastikwindeln.* Jo Royle, eine Expertin für dieses Thema sowie Gründerin und Geschäftsführerin von Common Seas, hält »schmutzige Windeln« für »die schädlichste Art von Abfall in den Weltmeeren«. Ihre Umwelt-NGO entwickelt Techniken zum Sammeln von Plastikmüll auf den Malediven, in Griechenland und anderswo. Als Vater eines kleinen Sohnes graust mir ein bisschen bei der Vorstellung, auf wiederverwendbare Windeln umzusteigen. Aber wenn man diese Idee etwas abwandelt, verliert sie ihren Schrecken. Statt einen radikalen Wechsel zu fordern, begnüge ich mich mit dem Vorschlag, dem Kind eine wiederverwendbare Windel immer dann anzulegen, wenn es gerade ein größeres Geschäft verrichtet hat. Wenn das Kind gesund ist, wird man mit fast hundertprozentiger Wahrscheinlichkeit hinterher lediglich Urin herauswaschen müssen. Mit dieser Strategie lässt sich der Verbrauch von Plastikwindeln sofort um 20 bis 40 Prozent senken. Im Haushalt einer jungen Familie fällt ohnehin jede Menge Abfall an, aber auf diese Weise verringert man spürbar besonders schädlichen Abfall, ohne dass der Alltag der Familie stark beeinträchtigt wird und Eltern dauernd braune Windeln auswaschen müssen. Mit meinem Vorschlag verringert man den Verbrauch von Plastikwindeln nicht um 80 Prozent, aber man erzielt dennoch einen sichtbaren Effekt.

Kleine Ursachen sind manchmal genau das: Sie sind klein. Und die oben genannten Beispiele sind eben Beispiele. Aber sie zeigen die »Lücke, die der Teufel lässt«, nämlich das Potenzial, das sich zwischen Perfektion und Nihilismus befindet, aber noch nie ausgeschöpft wurde.

Der hadernde Verleger, der nicht als »Mörder« abgestempelt werden wollte, befürchtete, ich könne Spielräume nur im Kleinen erforschen. Er hatte nicht unrecht, aber seine Skepsis war fehl am Platz. Es gibt dort viele Überraschungen, Einsichten und Chancen. »Die Götter sprechen mit kleinen Ursachen.«

Wenn unser Fußabdruck die Grenzen unserer Macht

misst, dann besteht unsere Fürsorgepflicht darin, mit dieser Macht verantwortungsvoll umzugehen. Scheitern wir an dieser Aufgabe, gehen wir also leichtfertig oder rücksichtslos mit unserem Fußabdruck oder Kill Score um, machen wir uns schuldig. Das gilt im Großen wie im Kleinen. Die entscheidenden Fragen lauten: Was darf man sich unter diesen kleinen Ursachen vorstellen? Und welche Macht zur Veränderung steckt in uns?

Auf der Suche nach der Antwort müssen wir über das Korsett des Konsums hinausdenken – ein Appell, den ich schon im letzten Kapitel angeführt hatte. Der Fokus auf uns Menschen als Konsumenten ist ein altes Problem in der Nachhaltigkeits-Erbsenzählerinnen-Welt. Doch wie der Römerbrief (8,37) verkündet, dass wir mehr seien als überragende Sieger, so sind wir ebenso mehr als nur Konsumenten. Da in der Nachhaltigkeitsdebatte das Verhältnis zwischen persönlicher Verantwortung und Systemverantwortung ungeklärt ist, wird das Individuum in die Ecke gedrängt – komplett überfordert von der Aufgabe, durch eng begrenzte Konsumentscheidungen eine große Transformation herbeizuführen. Dabei gerät aus dem Blick, dass wir doch auch jenen Teil unseres Fußabdrucks beeinflussen können, der nicht an uns als Individuen, sondern an die Welt, in der wir geboren sind, gebunden ist. Gemeint ist, dass wir alle – zumindest in demokratischen Ländern – auch zum System gehören, es als Teil der Wähler- und Bürgerschaft tragen und verändern. Es ist bequem und sehr billig, der Verantwortung für die Rahmenbedingungen des Systems, in dem wir leben, auszuweichen und sich ihr nicht zu stellen.

Diese Welt reflektiert leider zu oft auch die gesellschaftliche Veränderung des Menschenbilds: An die Stelle des *zoon politikon* des Aristoteles trat zunächst der *homo oeconomicus* von Vilfredo Pareto, und daraus wurde dann der *homo consumens* – eine Begriffsprägung des Philosophen und Psychologen Erich Fromm aus dem Jahr 1965. Wohl niemand stellte diese Idee – unabsichtlich und unbeholfen – so plastisch dar wie der frühere US-Präsident George W. Bush. Nach dem Terroranschlag vom 11. September 2001 erklärte er, Amerikaner ließen sich von Terroristen nicht derart einschüchtern, »dass sie aufhören zu shoppen«.

Aber was gibt es denn noch? Unsere Investitionsentscheidungen haben wir schon – zumindest in Teilen – am Tatort und in der Gerichtsverhandlung bebildert. Wir treffen mit unserem Geld nicht nur im Supermarkt eine Wahl, sondern auch am Kapitalmarkt und bei den Wahlen der Aktionärsversammlungen.

Außer zu wählen, tun wir noch andere Dinge im Leben, die sich auf unsere Umwelt auswirken. Zuallererst denken wir dabei an unsere Arbeit. Ich persönlich finde es schwierig, berufliche Entscheidungen in die Diskussion über den Fußabdruck einzubeziehen. Selbstverständlich sind sie alles andere als bedeutungs- und folgenlos. Dass Öl- und Gasunternehmen Mühe haben, gute Leute einzustellen, führt zu nicht trivialen Konsequenzen. Doch die Rede von beruflichen Entscheidungen oder Karriereschritten hat einen elitären Beigeschmack, denn sie legt nahe, dass wir uns tatsächlich unseren Arbeitsplatz aussuchen, unabhängig von ökonomischen und anderen Zwängen. Vielleicht bin ich hier unwissenschaftlich, aber ich lasse mich nicht hinreißen, unseren arbeitsbedingten Fußabdruck mit Kategorien wie *nachhaltig* oder *noch zulässig* oder *nicht mehr zulässig* zu beurteilen.

Dann gibt es noch unser soziales Leben. Wir beeinflussen Freunde, wir spielen unsere Rolle in sozialen Beziehungen und Netzwerken, wir bringen ein Familienmitglied dazu, kein Rindfleisch mehr zu essen, und so weiter … Diese informellen Aktivitäten wirken sich gleichfalls auf unseren Fußabdruck aus. Sie einzubeziehen, würde das Panorama, das ich hier aufrolle, überlagern und überfrachten.

Aber auch wenn wir Arbeit und Soziales vernachlässigen, müssen wir eine andere Seite von uns beachten, mit der wir punkten können. Wir sind nämlich nicht nur ein konsumierendes oder ökonomisches Tier, sondern auch ein politisches.

Brauchen wir also auch einen Fußabdruckrechner für Politik? Das klingt zunächst merkwürdig. Von der Gegenüberstellung persönlicher und systemischer (und dabei politischer) Verantwortung im Ringen der Nachhaltigkeitsexperten war bereits die Rede. Wieso macht sich keiner die Mühe, hier nicht nur zu ringen, sondern auch zu zählen?

Genau dieser Mühe will ich mich in einem letzten Akt der Erbsenzählerei unterziehen.[15] Ich beginne mit den Optionen, die bei einer politischen Wahl offenstehen. Der deutsche Thinktank »Konzeptwerk Neue Ökonomie« hat vor der Bundestagswahl 2021 die politischen Programme der fünf größten Parteien unter die Lupe genommen und deren »Klimabudget« und »CO_2-Budget« geschätzt. (Das Wahlprogramm der AfD wurde nicht berücksichtigt, weil – wie es hieß – eine »Partei, die den menschengemachten Klimawandel leugnet, irrelevant aus einer Klimagerechtigkeitsperspektive« sei.)

Die Analyse ergab, dass die FDP mit ihrem Wahlprogramm für einen Fußabdruck von 9,4 Gigatonnen CO_2

steht, CDU/CSU und SPD für je 7,1, die Grünen für 5,3 und Die Linke für 4,2 Gigatonnen. Die Summen bezeichnen jeweils die gesamte Menge CO_2, die von 2022 bis zu dem Zeitpunkt anfällt, an dem Klimaneutralität, also die sogenannte Nettonull, erreicht ist. Doch wie verteilen wir den Fußabdruck auf die Wählerinnen? Dazu muss man ein wenig rechnen und manchmal auch schätzen, denn die Fußabdrücke der Parteien beziehen sich auf einen Zeitraum von 15 bis 30 Jahren, also etliche Wahlperioden. Wahlentscheidungen führen in Deutschland fast immer zu Koalitionsregierungen, also kann keine Partei ihre politischen Perspektiven und Interessen unmittelbar umsetzen. Internationale, globale Einflüsse kommen hinzu. Damit nicht genug: Man muss bestimmte Annahmen machen, um das CO_2-Budget der Parteiprogramme auf die Wähler zu beziehen, und davon ausgehen, dass diese Programme bis zu einem gewissen Grad tatsächlich umgesetzt werden.

Indem ich all diese Einreden und Bedenken erwähne, tue ich genau das, wovor ich in Kapitel 1 gewarnt habe. Ich schrecke davor zurück, eine Geschichte zu erzählen. Damit ist jetzt Schluss. Wenn so lange wie nötig und so sorgfältig wie möglich gerechnet wurde, kann man zum Beispiel zu dem Ergebnis gelangen, dass eine deutsche Wählerin ihren eigenen politischen CO_2-Fußabdruck um 6871 Kilogramm pro Jahr verringern könnte, wenn sie von der FDP zur SPD wechseln würde. Die Reduktion um 6871 Kilogramm pro Jahr ist erheblich. Sie besagt nichts anderes, als dass ein Mensch im Lauf seiner Karriere als Wählerin ein halbes Menschenleben *weniger* tötet.

Was geschähe, wenn unsere Wechselwählerin noch weiter ginge und ihre Stimme nicht der FDP, sondern der Partei Die Linke gäbe (eine dramatische Politikwende)? Dann würde sie ihren CO_2-Fußabdruck sogar um 16 183 Kilogramm pro Jahr verringern. Ihnen wird nicht entgangen sein, dass Die Linke bei der Wahl 2021 beträchtlich verloren hat, nicht zur Regierungskoalition gehört, folglich die aktuelle Politik nicht (zumindest nicht regierend) mitgestaltet und auch nicht zu 100 Prozent verlässlich ist, wenn es darum geht, ein Wahlprogramm in politische Praxis umzusetzen. Eine Schwäche aller Parteien. Ist es sinnvoll, einen Menschen für die Verringerung seines CO_2-Fußabdrucks (oder seines Kill Score) zu loben, wenn die Partei, die er gewählt hat, gar nicht in die Lage kommt, eine klimafreundliche Politik umzusetzen?

Der Fußabdruck misst, wie gesagt, weder die Verantwortung noch die konkreten Auswirkungen unseres Tuns, sondern das Ausmaß und die Grenzen unserer Macht. Zum CO_2-Fußabdruck gehört nicht, die Zu- oder Abnahme von Emissionen in der realen Welt zu messen. Er beschränkt sich darauf, einer Person Emissionen aufgrund ihrer Entscheidungen zuzuschreiben. Unsere Wählerin hat einen kleineren CO_2-Fußabdruck, wenn sie Die Linke wählt, so wie sie auch einen kleineren CO_2-Fußabdruck hat, wenn sie kein Fleisch kauft oder mit dem Zug statt mit dem Flugzeug reist. Keine dieser Entscheidungen hat per se direkte Auswirkungen auf die Gesamtmenge der Emissionen, solange das Fleisch weiterhin produziert wird und das Flugzeug auch ohne sie fliegt. Auf diesen Punkt habe ich schon hingewiesen, als ich zwischen dem Fußabdruck oder Kill Score und seinem Effekt auf die Welt unterschieden habe.

In gewisser Weise hat der Ansatz, Nachhaltigkeit per Fußabdruck zu messen, absurde Züge. Wir nehmen zunächst an, der Fußabdruck stehe dafür, wie sich unser ökologisches Verhalten auf die Welt auswirke. Diese Annahme liegt nahe, denn ein Abdruck ist das, was nach unserem Schritt in Sand, Gips oder Beton sichtbar ist. Aber wenn es um die Umwelt geht, funktioniert die Buchhaltung anders. Wie bereits in Kapitel 11 erwähnt, misst er unser Potenzial, die Welt zu verändern, nicht diese Veränderung selbst.

Wenn wir in diesem Sinn über unseren Fußabdruck nachdenken, werden wir vor komplizierte Entscheidungen gestellt. So könnten wir zum Beispiel auf eine Pazifikinsel auswandern und unsere bisherige Staatsbürgerschaft aufgeben. Dann wären wir den Fußabdruck los, der dadurch entsteht, dass wir aufgrund unserer Wahlentscheidung Anteil am CO_2-Budget einer Partei haben. Doch wir würden damit auch unsere Macht einbüßen, die Politik in Deutschland zu verändern, zumindest die Macht, die uns unsere Staatsbürgerschaft verleiht. Wenn wir jedoch weiterhin in einem westlichen Land mit hohen CO_2-Emissionen leben, schlägt dies auch auf unseren Fußabdruck durch. Einerseits sind wir bei der ökologischen und sozialen Nachhaltigkeit darauf angewiesen, Effekte in der realen Welt zu messen. Andererseits legen wir Wert darauf, Verantwortliche zu benennen und Strategien zur Veränderung zu entwickeln. Es liegt eine eigene Tragik darin, dass diese beiden Anliegen nicht nahtlos zusammenpassen, denn die Effekte lassen sich oft nicht eins zu eins auf Täter zurückführen, und der Fluch mancher guten Tat liegt darin, dass sie die heiß ersehnte Änderung gar nicht herbeiführt.

Ein unbefriedigender Zustand. Indem wir uns unseren Investitionen zuwenden, erleben wir leider ein ähnliches Dilemma. Wie nachhaltig sind Investitionen eigentlich?

Wer 5000 Euro in Aktien anlegt und zu einem kohlenstoffarmen Fonds wechselt, verringert seinen CO_2-Fußabdruck um circa 1500 Kilogramm pro Jahr.

Wie sieht es nun bei Konsumentscheidungen aus? Der typische individuelle CO_2-Fußabdruck einer Deutschen verringert sich um 800 bis 1000 Kilogramm pro Jahr, wenn sie ihre Ernährung auf vegetarische oder vegane Kost umstellt. Wer von einem Auto mit Verbrennungsmotor auf ein Elektroauto umsteigt, reduziert die Emissionen noch einmal in gleicher Höhe. Der Wechsel von Flug- zu Bahnreisen bringt Ersparnisse von durchschnittlich 500 Kilogramm, grüne Elektrizität hat nochmal den gleichen Effekt. Wir nehmen hier immer aggregierte Durchschnittswerte. Wenn wir dann die »Gewinne« zusammenrechnen, verursacht diese Person fast 3000 Kilogramm CO_2 weniger jährlich – ein beachtlicher Erfolg.

Ich fasse zusammen. Wer bei Wahlen zwischen demokratischen Parteien wechselt, kann seinen jährlichen CO_2-Fußabdruck um rund 6800 Kilogramm reduzieren (im Rahmen nicht allzu »optimistischer« Parteiwanderungen). Rund die Hälfte dieser Ersparnis ergibt sich, wer seinen Konsum in den Bereichen Ernährung, Elektrizität und Mobilität nachhaltiger gestaltet. Die Hälfte davon wiederum wird zusätzlich eingespart, wenn man 5000 Euro klimafreundlich anlegt.

Das Ganze hat wie gesagt einen Haken. Wenn wir zum Beispiel aufhören, Rind- oder Lammfleisch zu essen, dann können wir einen CO_2-Fußabdruck-Rechner stolz mit dieser Information füttern und gespannt darauf warten, wie sich dies auf unsere Ökobilanz auswirkt. Blicken wir nun aber auf die Wirkungen unseres Tuns. Welches Bild ergibt sich dann? Nehmen wir an, unser Kaufverzicht beträfe eine Portion Rinderhack pro Woche für die Spaghetti Bolognese. Die »kleine Welle«, die von unserer Entscheidung ausgelöst wird, muss beim Supermarkt unserer Wahl landen und ihn veranlassen, weniger Rind- und Lammfleisch beim Groß-händler zu bestellen. Die sinkende Nachfrage nach Rind-fleisch sollte dann auch der Großhändler bemerken, der seinerseits weniger Rindfleisch bzw. Rinderhack bei seinem Lieferanten ordert. Dieser Lieferant muss dann entscheiden, ob er weniger Fleisch produziert oder nicht.

Bei dem geschilderten Einzelfall handelt es sich um die scheinbar minimale Menge von 200 Gramm pro Woche, also 10 Kilogramm pro Jahr. Aber erst wenn die Domino-steine bis hin zum Lieferanten umfallen, reduzieren sich die Emissionen tatsächlich. Erneut klafft ein breiter Graben zwischen Wirkung und Fußabdruck. Vielleicht hatte der zynische Verleger doch recht, als er sagte, dass wir alle »so-wieso Mörder« seien.

Ähnlich verhält es sich beim Investieren. Wer einen Bit-coin verkauft, schafft ihn nicht aus der Welt, sondern über-trägt ihn nur einem anderen Eigentümer. Folglich frisst die Kryptowährung fortwährend Serverstrom, und Transaktio-nen kosten sogar zusätzliche Energie.

Konsum und Investment unterscheiden sich jedoch an einigen Stellen markant. Wer das Hackfleisch nicht kauft, entzieht der Fleischindustrie Geld. Sie macht weniger Um-satz. Das ist im Fall von Investitionen anders. Dort kaufe ich Aktien von Tim, der sie von Hannah erworben hat, die sie wiederum Maria abgekauft hat. Wenn ich auf dem Aktien-markt investiere, gibt es normalerweise keinen Transfer, bei dem Geld vom Unternehmen zum Anteilseigner fließt oder umgekehrt – außer wenn Dividenden ausgeschüttet werden und bei der Erstausgabe von Aktien. Im Fall des Konsums gibt es einen solchen direkten Transfer eigentlich immer.

Ein Konsument kann – wie im Bolognese-Beispiel – für indirekte und verschobene Effekte sorgen und darüber hinaus direkt Einfluss ausüben. Jedes Mal, wenn ich zu Fuß gehe, statt mit dem Auto zu fahren, ein Video in Standardauflösung und nicht in höchster Qualität anschaue, das Licht lösche, die Heizung herunterregele, die Plastiktüte im Supermarkt ablehne, ändert sich die Welt minimal, kaum wahrnehmbar, aber sie ändert sich.

Positive Auswirkungen kann es aber auch im kulturellen Bereich geben, und zwar, wenn der Wandel sozialer Normen, Werte und Verhaltensmuster langsam, aber sicher in die alltägliche Entscheidungsfindung vieler Menschen einsickert. Wenn ich mit meinen Aktien so viel Druck auf ein Unternehmen ausübe, dass es seine Geschäftspraktiken ändert, dann hat dies Folgen für den Fußabdruck unseres eigenen Investierens, aber auch für den meiner Mitmenschen, die unverhofft Produkte von nachhaltigeren Firmen kaufen.

Der Investitionsfußabdruck lässt sich viel leichter reduzieren als der Fußabdruck, den wir im Supermarkt hinterlassen. Dafür gibt es viele Gründe. So verlangen zum Beispiel die Fonds, die sich als »nachhaltig« bezeichnen, normalerweise keine höheren Gebühren als »normale« Fonds (Ausnahmen bestätigen die Regel). Die durchschnittliche Rendite »nachhaltiger« Fonds liegt ungefähr auf dem gleichen Niveau wie diejenige »normaler« Fonds – laut einigen Studien sogar manchmal höher. Überdies ist nachhaltiges Investieren vergleichsweise einfach. Man gibt das Signal, die

Vermögensverwalterin kümmert sich um den Rest. Ganz anders verhält es sich, wenn wir jeden Tag, jede Woche in den Supermarkt gehen und uns jedes Mal mit traurig-wehmütigem Blick die Avocado versagen.

Ich habe in dem letzten Absatz einen Widerhaken eingebaut, indem ich von »Fonds, die sich als ›nachhaltig‹ bezeichnen«, gesprochen habe. Ich könnte ein ganzes Buch über die Fallstricke schreiben, die bei »nachhaltigen Anlagen« lauern. Schon am Anfang dieses Buches kamen die Probleme, die mit den sogenannten grünen Anleihen verbunden sind, zur Sprache.

Meine Lieblingsanekdote bei diesem Thema bezieht sich auf den Index-Anbieter MSCI, der 2015 seine ersten kohlenstoffarmen Indizes lancierte. Indizes muss man sich wie Leitfäden für die Fondskonzeption vorstellen. Zu ihnen gehörte auch der MSCI World Low Carbon Leaders Index. Als dieser zum ersten Mal auf den Markt kam, hatte er eine kuriose Pointe: ExxonMobil, das größte Öl- und Gasunternehmen der Welt, war darin noch stärker vertreten als an der Börse insgesamt. Als der Fonds lanciert wurde, hatte ExxonMobil sogar den höchsten Anteil aller Unternehmen. Niemand, der bei klarem Verstand ist, wird ExxonMobil in einem Index, der die »Low Carbon Leaders« erfassen soll, den Löwenanteil geben, auch wenn es seine technischen Gründe hatte (unter anderem motiviert von dem Versuch, sektorneutral zu investieren und den kanadischen Ölsandfirmen aus dem Weg zu gehen). Bei den Umweltfonds oder den sogenannten ESG-Fonds (Environment, Social, Governance) grassiert ein ähnliches Problem. Vor ein paar Jahren bin ich auf einen ESG-Fonds gestoßen, in dem McDonald's den größten Anteil hatte.

Nun hat sich seit dem Jahr 2015 einiges geändert – nicht zuletzt die Welt der Indizes. Heute werden die Aktienmärkte von Unternehmen aus dem Hightech-Bereich beherrscht. Das heißt nicht, dass die Top Ten der Unternehmen nun auch für Lösungen in Sachen Nachhaltigkeit sorgen. Zumindest ist ExxonMobil nicht mehr an erster Stelle. Wer will, mag das Fortschritt nennen.

Doch nicht nur in den Kapitalbeteiligungen, sondern auch in der Vermarktung dieser Fonds ist der Wurm drin. So erklärte eine große Vermögensverwaltung ihren europäischen Kunden: »Wenn Sie 100 000 Euro in diesen Fonds investieren, dann tragen Sie dazu bei, CO_2-Emissionen um 400 Tonnen zu reduzieren. Das entspricht 60 Fahrten um die Welt mit Ihrem Auto.«

Wie bereits erwähnt, ist es nicht dasselbe, ob ich darauf verzichte, mit dem Auto um die Welt zu fahren, oder mein Vermögen umschichte. Oder nehmen wir das Kleingedruckte bei jenen Fonds, die sich damit brüsten, auf Investitionen in fossile Energien zu verzichten. Eine Studie hat ergeben, dass rund jeder zweite Fonds, der Investitionen in die Kohleindustrie ausschloss, doch Kohle im Portfolio hatte. Die Schlupflöcher, die im Kleingedruckten eröffnet werden, sind so groß, dass Öltanker (oder Kohlezüge) hindurchpassen.

Für die Normalverbraucherin ist es nicht gerade einfach, sich in diesem Durcheinander zurechtzufinden. Das gilt für Konsum und Investitionen gleichermaßen. Wer seine Entscheidungen im Sinne des »nachhaltigen Konsums« optimieren will, ist in Supermärkten und Kaufhäusern rasch aufgeschmissen. Die NGO Changing Markets hat zum Beispiel herausgefunden, dass die »Conscious Collection« des Textilhändlers H&M »mehr Synthetik als die reguläre Kollektion« enthielt und »jedes fünfte untersuchte Kleidungsstück aus Synthetikstoffen hergestellt war, die zu 100 Prozent aus fossilen Energieträgern stammten«. Dieser NGO zufolge sind 59 Prozent der Behauptungen, die europäische Unternehmen im Marketing aufstellen, »unbegründet« oder »irreführend«. Was nun die Finanzbranche betrifft, so kommt eine andere Studie zu dem Ergebnis, dass 99 Prozent der Informationen zu Umweltcharakteristika der Fonds nicht so »spezifisch, unmissverständlich und genau belegt« sind, wie dies die Vorschriften verlangen. Immerhin gibt es inzwischen mehr kundige Konsumenten, die sich dem Greenwashing in der Geschäftswelt widersetzen. Hier hat sich viel zum Besseren geändert.

Wissenschaft und Recht liefern die Basis für Regeln, die das Greenwashing und den gesamten Bereich der Nachhaltigkeit betreffen. Doch letztlich entscheiden die Konsumenten und Investoren, wie sie damit umgehen.

Mit ein bisschen Mühe kann man jedoch auch im Dickicht Glanzlichter entdecken. Auf der Plattform MeinFairMögen sind 5000 Anlagefonds erfasst. Die Nutzer können mit ein paar Mausklicks die Themen auswählen, die ihnen am Herzen liegen – etwa Arbeitsschutz, Gender, Tierrechte oder Klimaschutz. So finden sie beispielsweise 1000 Fonds, in denen nur Firmen sind, die beim Arbeitsschutz glänzen. Wohlgemerkt heißt das nicht, dass sie insgesamt makellos wären. Spezielle Kriterien erfassen nicht alles, aber sie sind besser als nichts. Die Aufmerksamkeit, das Wissen und die Sorge um solche Themen sind auf dem Vormarsch. Dies ergibt sich nicht nur aus einzelnen Gesprächen, die ich mit Anlageberatern und Vertriebsexpertinnen geführt habe, sondern auch aus der akademischen Forschung. Und es gibt wirklich kreative und ambitionierte Anlagemodelle. Der englische Vermögensverwalter WHEB konzentriert sich auf Investitionen in Unternehmen, die im sozialen und Umweltbereich eine positive Wirkung haben. McDonald's hat in seinen Portfolios ebenso wenig zu suchen wie irgendeine Ölfirma. Bei solchen Fonds mögen die Risiken etwas höher sein, doch umgekehrt versprechen sie auch öfter höhere Rendite.

Das gute Leben wartet nicht hinter der nächsten Ecke und hängt auch nicht an einem einzigen ESG-Fonds oder sonst einer nachhaltigen Geldanlage. Immerhin haben Plattformen wie MeinFairMögen die Mühen oder – ökonomisch gesprochen – die Transaktionskosten drastisch reduziert, mit denen jemand die Geldanlage, die am besten zu seiner subjektiven Deutung der »Fürsorgepflicht« passt, ausfindig machen kann. Welche Fonds in die engste Wahl kommen, bleibt letztlich der persönlichen Entscheidung überlassen. Manche sind zufrieden mit Investitionen mit dem gewissen (ökologischen) Extra, auch wenn der Fonds, der ihnen dies anbietet, heftig bei McDonald's engagiert ist. Andere schauen genauer hin. So oder so gilt, dass in der großen weiten Welt der Nachhaltigkeit nichts einfacher ist, als den eigenen Fußabdruck im Bereich der Investitionen zu verändern.

Freilich ist dieser einfache Weg letzten Endes nicht derjenige mit der größten Wirkung. Das Potenzial hierzu liegt nach wie vor im Bereich der Politik, wo Menschen ihre Stimme erheben. Das wissen wir deshalb, weil wir den Fußabdruck analysiert haben. Die Analyse hat uns die Grenzen unserer Macht, aber auch unser Potenzial aufgezeigt.

Um den Schritt von der Macht zur echten Wirkung zu vollziehen, müssen wir uns zu einer Gemeinschaft zusammentun und an einem Strang ziehen. In diesem Punkt unterscheidet sich die politische Welt nicht allzu sehr von der Welt der Investitionen. Dort kann jemand mit einem kleinen Anteil am Unternehmen erst dann Einfluss ausüben und Geschäftspraktiken verändern, wenn er sich mit anderen zusammenschließt. Natürlich kann ein Investor auch anders vorgehen und alles, was er hat, in ein kleines Unternehmen stecken, seinen individuellen Traum verwirklichen und einer lokalen Gemeinschaft kleine Dienste erweisen. Diese Alternative kennt man auch aus der Politik. Entweder man richtet sein politisches Engagement auf eine lokale Gemeinschaft aus. Kleiner(er) Einsatz, kleine Koalition, kleiner Wandel. Oder man macht seinen Einfluss und seine Stimme gemeinsam mit anderen geltend und versucht, die Politik auf nationaler und europäischer Ebene zu verändern. Großer Einsatz, große Koalition, großer Wandel. Aber welchen Wandel genau sollen wir einfordern? Bei politischen Fragen muss ich immer an einen Cartoon denken: Zwei Männer stehen auf einer Wiese und schauen etwas ratlos drein. Der eine trägt ein T-Shirt mit dem Slogan »Revolution Now«, der andere eines mit der Aufschrift »Incremental Change at a Time That's Convenient« (»Kleinteilige Änderung zum passenden Zeitpunkt«). Letzterer sagt: »We're not having much luck, either.« (»Wir haben beide kein Glück.«)

Ich kann ja mal einen Versuch wagen und politische Forderungen aufstellen, die Sinn ergeben.

Hier sind zehn Vorschläge:
- Wir brauchen dringend eine CO_2-Steuer!
- Wir müssen ein Tempolimit auf Autobahnen einführen!

- Wir müssen Einwegplastik verbieten!
- Wir brauchen eine Plastiksteuer!
- Wir müssen Arbeitssicherheit entlang der ganzen Lieferkette durchsetzen!
- Wir müssen als globale Gemeinschaft zusammen-arbeiten!
- Wir brauchen eine Politik, die auf wissenschaftlicher Erkenntnis und Evidenz basiert!
- Wir müssen Regeln einführen, die Minderjährige von sozialen Medien fernhalten!
- Wir müssen unsere Kultur verändern und langfristiger denken!
- Wir müssen Zuschüsse für fossile Energieträger abschaf-fen und die steuerlichen Anreize im Finanzsektor refor-mieren!

Das leuchtet hoffentlich alles ein, aber lohnt es die Lektüre? Das Problem besteht meines Erachtens nicht in mangeln-den Forderungen. Die politische Nachhaltigkeitsdebatte ist keineswegs immer glänzend, aber die zirkulierenden Argu-mente sind wohlbekannt. Da ich für einen Thinktank ar-beite, gehört es zu meinen wichtigsten Aufgaben, Lösungen anzubieten. Aber besteht das Problem wirklich in einem Mangel an Lösungen?

Deutschland ist weltberühmt für seine Autobahnen, auf denen oft keine Geschwindigkeitsbegrenzungen gelten. Ein unglaublicher Luxus, den wir uns nicht mehr leisten soll-ten! Studien des Umweltbundesamts zufolge würden die Abgasemissionen auf den Autobahnen um 20 Prozent sin-ken, wenn es ein Tempolimit von 100 km/h gäbe und sich alle an dieses Limit hielten. Das entspricht 6 000 000 Tonnen CO_2 pro Jahr. 6000 Klimatote (und nicht Verkehrstote beispielsweise durch zu schnelles Fahren) könnten vermieden werden. Eine vorsichtigere Schätzung kommt auf 1500 Tote. Übrigens passt dieses Beispiel wunderbar zu unserer Diskussion über Indikatoren. Wenn Deutschland zukünftig jedes Jahr tatsächlich mit seinem Fußabdruck über 760 000 Menschen tötet, dann scheinen 6000 Klimatote verglichen damit eine geringe Zahl zu sein, nämlich weniger als ein Prozent. Aber das Leben auch nur eines Menschen darf weder für unseren Lifestyle instrumentalisiert noch als Kollateralschaden billigend in Kauf genommen werden – nicht 6000 und schon gar nicht 760 000 Menschenleben. Solche Zahlen zu lesen und zu wissen, was diese Zahlen bedeuten, muss uns erschüttern. Ich sage es noch einmal: Gott spricht in kleinen Ursachen. Was die erwartbare CO_2-Reduktion betrifft, ist sich die Wissenschaft weitgehend einig. Dass höhere Geschwindigkeiten mit höheren Emissionen pro gefahrenem Kilometer einhergehen, liegt auf der Hand. Aber offenbar fehlt die Bereitschaft, Autos nicht ständig am Limit, also mit Höchstgeschwindigkeit, zu fahren.

Ich könnte in diesem Kapitel also ein Tempolimit empfehlen. Damit ließe sich der Kill Score reduzieren – und zwar sogar dann, wenn sich nicht alle daran halten würden. Oder was wäre mit einem Verkaufsverbot von Rindfleisch? Wir könnten ohne Weiteres darauf verzichten und uns an Hühner-, Puten-, Schweine- oder Wildfleisch halten, ja vielleicht irgendwann sogar Insekten essen. Aber im Jahr 2022 fehlt die Bereitschaft, sich darüber belehren lassen, dass Schnellfahren und Rindfleischverzehr den Klimawandel beschleunigen.

Im Morast des politischen Handelns haben wir genug

Ideen darüber, wie die Welt aussehen soll, und auch in vielen Bereichen darüber, welche politischen Weichen gestellt werden sollen. Für dieses Buch von Interesse sind dabei die Weichen, die unser persönliches Handeln verändern. Und hier liegt leider der Fokus viel zu wenig auf dem vielleicht entscheidenden Hebel: Transaktionskosten.

Den ganzen Müll in eine einzige Tonne zu werfen, ist einfacher, als ihn hingebungsvoll auf fünf verschiedene Behälter zu verteilen. Oft gilt dies auch für die Entscheidung, wie man von A nach B gelangt: Nimmt man ein Taxi, den Bus, das eigene Auto oder das Fahrrad? Die Senkung der Transaktionskosten ist ein Schlüsselelement, um wirkungsvolle Strategien in Sachen Nachhaltigkeit zu entwickeln. Beschäftigen wir uns damit ein bisschen.

Ein Lehrstück für die Senkung von Transaktionskosten, das gut zu den Strategien mit Bezug auf unseren Kill Score passt, stammt aus dem Straßenverkehr. Es geht dabei, genau genommen, um den Umgang mit Fußgängern, die bei Rot eine Straße queren. Dieser Fall ist eines meiner Lieblingsbeispiele für die Diskussion politischer und administrativer Maßnahmen. Gesteuert wird hier das alltägliche Verhalten von Menschen im öffentlichen Raum, und wie bei dem Verhalten, das sich auf den Kill Score auswirkt, sind die Regeln und Umstände, unter denen es stattfindet, den Beteiligten selbst oft gar nicht klar. Und wie beim Kill Score treffen wir täglich Entscheidungen. Besonders klug ist es beispielsweise nicht, eine Straße bei Rot zu überqueren. Die Gefahr, von einem Auto erfasst zu werden, ist 10- bis 20-mal höher, als wenn man bei Grün über die Straße geht. Wie gern auch immer man über obrigkeitshörige Deutsche lästern mag, es ist riskant, eine Fußgängerampel zu ignorieren. Selbstverständlich hält man sich selbst immer für fit genug, Unwägbarkeiten zu antizipieren. Aber um die Worte des ehemaligen Boxweltmeisters Mike Tyson zu bemühen: »Jeder hat einen Plan, bis er eins aufs Maul bekommt.«

Studien aus den USA zeigen, dass die Wahrscheinlichkeit, als Fußgänger bei einem Verkehrsunfall zu sterben, bei 1:500 liegt. Beim Queren einer Straße bei Rot ist die Wahrscheinlichkeit höher; solche Todesfälle machen 15 bis 20 Prozent aller tödlichen Fußgängerunfälle aus, also insgesamt einen von 3000 Todesfällen.[16] Nehmen wir an, der Altersdurchschnitt all derer, die auf diese Weise ums Leben kommen, läge bei 40 Jahren. Das hieße, dass bei einer Lebenserwartung von rund 80 Jahren mit jedem Tod 40 Lebensjahre verloren gingen. Daraus ergibt sich im Gesamtdurchschnitt, dass die Lebenserwartung jedes Menschen, der gern mal bei Rot über die Straße geht, um rund fünf Tage sinkt (im Schnitt gehen bei jedem zusätzlichen Todesfall 14600 Tage verloren, aber dies nur mit einer Wahrscheinlichkeit von 1 in 3000). Damit fehlt die Zeit, siebenmal den ganzen *Ring des Nibelungen* von Richard Wagner oder – um es zeitgemäßer auszudrücken – jede einzelne Folge von *Friends* anzuschauen.

Fast immer ist es nervig, an einer roten Ampel zu warten. Ähnlich genervt reagieren wir auf die Herausforderung, den eigenen Kill Score zu verringern – eine Aufgabe, die sich in jeder Lebenslage stellt und auf unzählige kleine Handlungen verteilt, mit denen wir das Leben und die Welt beeinflussen. Für den Umgang mit genervten Fußgängern sind nun ganz verschiedene Strategien denkbar. Eine erste Strategie setzt auf kulturellen Wandel. Sozialer Druck ändert Verhalten. Tatsächlich steigt die Zahl derer, die bei Rot stehen bleiben, wenn sie sich in Gesellschaft anderer Fußgänger befinden. Wie stark dieser Druck wirkt, hängt vom sozialen Zusammenhalt und anderen Faktoren ab, doch das Beispiel zeigt, dass ein Normverstoß wie die Querung der Straße bei Rot Transaktionskosten nach sich ziehen kann, die nicht nur monetär sind. Umgekehrt hat die Regelbefolgung auch Transaktionsvorteile. Wer in Anwesenheit eines Kleinkindes an einer verlorenen Straßenecke der Dinge harrt, während die Ampel rot leuchtet, der weiß, wovon ich rede.

Mehrere Punkte sind hier anzumerken. Mit einer Kombination von monetärem und nichtmonetärem Druck kann man die Einhaltung von Verkehrsregeln (und analog die Entscheidung für nachhaltiges Verhalten) befördern, weil die negativen Konsequenzen eines Verstoßes verstärkt werden. Das heißt: Der Fußgänger ist vom Warten genervt, aber was ihm widerfährt, wenn er die rote Ampel missachtet und losläuft, ist noch lästiger und peinlicher. Die Transaktionskosten auf allen Ebenen hochzuschrauben, ist aber nur die erste Variante. Man kann auch einen anderen Weg einschlagen und die Transaktionskosten, die beim Warten bei Rot (oder bei nachhaltigem Verhalten) entstehen, senken. Statt an negativen Sanktionen zu schrauben, setzt man positive Anreize und legt den Leuten nahe, dass das Warten auch etwas Gutes habe. Letztlich geht es dabei nicht nur um ökonomische Mechanismen, sondern hier schlägt nun die Stunde der Kultur, der Identifikation mit einer bestimmten Lebensweise. Eine solche Strategie funktioniert, wenn Menschen nicht nur mit knirschenden Zähnen Regeln befolgen, sondern sich Verhaltensweisen aneignen und an Werten orientieren. Letztlich sagen sie also (wie der deutsche Dichter Friedrich Hölderlin): »So will ich auch sein.« Dies gilt für Fußgänger – und vielleicht stärker noch in der Welt der Nachhaltigkeit, wenn Menschen sich von Slogans wie »Mehr ist besser« oder »Schneller ist besser« verabschieden und dies nicht als Verlust, sondern als Gewinn empfinden.

Neben der Strategie, die auf kulturellen Wandel setzt, gibt es eine zweite, die mit der guten alten Methode »Verbieten und Strafen« arbeitet. In Japan ist die Strafe für das Überqueren einer Straße bei Rot besonders hoch, laut einer akademischen Studie liegt sie bei rund 260 Euro. Zugleich ist dort der Anteil derer, die gegen diese Verkehrsregel verstoßen, extrem niedrig. Forschungsergebnisse besagen jedoch, dass gesetzliche Regeln nicht für sich stehen, sondern mit kulturellen Kontexten verbunden sein sollten. Es wäre viel zu plump, die niedrigen Zahlen in Japan allein auf die hohen Strafen zurückzuführen. Dies zeigt ein Vergleich zwischen Frankreich und Deutschland, wo die Höhe der Strafen ziemlich ähnlich (5 bis 10 Euro in Paris und Berlin), die Bereitschaft, gegen die Regel zu verstoßen, aber unterschiedlich ist. Im Straßenverkehr wie auch – analog – beim nachhaltigen Verhalten leidet die Methode »Verbieten und Strafen« daran, dass sie auch kontraproduktiv wirken kann, dass Menschen sich also bewusst über Regeln hinwegsetzen und der Parole »Was verboten ist, das macht uns gerade scharf« folgen. Und mehr noch, leider kennen wir zu oft die Regeln gar nicht. Ist es zum Beispiel gesetzwidrig, bei Rot eine Straße zu überqueren? Wie hoch ist allenfalls die Strafe? Ein Freund, dem ich als Versuchskaninchen diese Frage stellte, sagte: »Es gibt mehr Leute, die wissen, wer *Harry Potter* geschrieben hat, als Leute, die wissen, ob sie gegen ein Gesetz verstoßen, wenn sie bei Rot über die Straße laufen.« Eine dritte Strategie setzt auf smartes Design. Ein Beispiel hierfür ist ein Fußgängerüberweg namens *puffin*, der in Großbritannien zunehmend an die Stelle eines anderen Modells namens *pelican* tritt. *Puffin* meint in diesem Fall nicht den Papageientaucher, sondern steht für *pedestrian user-friendly intelligent*. Mit lauter kleinen *nudges* (»Stupsen«) erhöht das *Puffin*-Design die Sicherheit beim Überqueren der Straße. Es scheint zu bewirken, dass die Bereitschaft zu warten zunimmt und die Zahl der Unfälle an Fußgängerüberwegen sinkt.

Wenn eine Strategie Anreize schafft, die zu bestimmten Handlungen oder Transaktionen führen, ist sie erfolgreich und hat eine Wirkung. »Repetitio est mater studiorum«, *Wiederholung ist die Mutter der Studien*, sagt Dr. Sobol in einer Erzählung Anton Tschechows, bevor er sich ein weiteres Glas Wein einschenkt. Wir sollten vom Problem der Fußgängerampel lernen. Es stehen verschiedene Lösungsansätze zur Verfügung, um Schaden zu reduzieren. Für jeden ist etwas dabei. Wer den starken Arm des Gesetzes liebt, wird auf Verbote und Strafen setzen. Wer liberal gesinnt ist, wird den Betroffenen einen »Stups« geben im Sinne des seit Längerem zumindest im angelsächsischen Raum populären *nudging* oder der Idee des Kipppunkts. Auch für Libertäre, die für die Minimierung von Regeln eintreten, ist etwas dabei, denn sie können alle Ampeln abschaffen, auf diese Weise die Unsicherheit und gleichzeitig die Vorsicht bei allen Verkehrsteilnehmern erhöhen und entsprechend die Zahl tödlicher Unfälle reduzieren (das Konzept sogenannter nackter Straßen gibt es tatsächlich). All diese Ansätze nehmen Einfluss auf die Transaktionskosten der Person, die unruhig darauf wartet, dass die Ampel endlich auf Grün umspringt. Es erweist sich gewissermaßen als billiger, einfacher oder stressfreier, das Richtige zu tun. Dadurch steigen die Chancen, dass wir uns menschlich verhalten – im Straßenverkehr oder analog bei der Nachhaltigkeit.

Die meisten, die dieses Buch lesen, haben eine bestimmte Weltsicht, eine politische Weltanschauung. Sie verorten sich in einem Spektrum, das üblicherweise von links bis rechts reicht. Ich werde dies nicht ändern.

Aber ich wäre schon zufrieden, wenn ich die Aufmerksamkeit auf diesen Aspekt lenken könnte: auf die Transaktionskosten. Mir liegt viel daran, weil sie Ausdruck eines Politikmodells sind, in dem es auf das Handeln jeder und jedes Einzelnen ankommt. Konsumenten, Investoren, Produzenten verfügen über *soft power*, und es ist wichtig, ihre Handlungsfähigkeit zu stärken. Hier muss die Politik eingreifen und die Menschen ernst nehmen. Es reicht nicht, mit Statistiken zu wedeln und auf die rote Ampel zu zeigen oder die Vorteile des Mülltrennens zu beschwören, sondern die Politik muss die Bedingungen dafür schaffen, dass wir das »Richtige« tun, um unseren Kill Score zu reduzieren.

Das heißt eben nicht nur, den Nutzen zu erhöhen, sondern auch, die Kosten zu reduzieren. Egal, in welcher politischen Weltanschauung wir zu Hause sind, das Reduzieren von Transaktionskosten im Sinne der Nachhaltigkeit sollte uns lagerübergreifend begeistern können.

Eine kluge Debatte über den richtigen Weg, unsere *soft power* einzusetzen, schafft keine Sperrbezirke, sondern öffnet Freiräume. Es gibt – wie oben erwähnt – diejenigen, die die Kraft des Wandels an den Zusammenschluss der Menschen binden. Großer Einsatz, große Koalition, großer Wandel. Es gibt auch diejenigen, die ihre Energie und ihre Bemühungen darauf verwenden, Änderungen im persönlichen Leben, in vielen täglichen Entscheidungen vorzunehmen. Kleiner Einsatz, kleine Koalition, kleiner Wandel.

Diese verschiedenen Wege haben eines gemeinsam: Sie setzen auf die Stimme, die Handlung, die »Welle der Hoffnung«. Schottet man sich dagegen ab, verwandeln sich die Gedanken und die Absicht, das Leben und die Welt zu ändern, in Stimmen im Weltraum, die ungehört verhallen. Hier auf der Erde ist unser Schrei zu hören. Wir mögen uns darin unterscheiden, wie stark wir auf ein Echo hoffen und welches Echo wir uns wünschen. Wir sind nicht alle in der Lage, das Ausmaß unserer Macht in jeder einzelnen Lebensentscheidung zu erkennen. Entscheidend ist jedoch, dass wir anfangen. »Es gibt nichts Gutes, außer man tut es.« Und wenn wir auch nichts Vollkommenes schaffen können, hält uns nichts davon ab, im Kleinen, in Winkeln und Ritzen, an den Rändern zu beginnen.

Dieses Buch ist eine lange Erzählung über kleine Ursachen, darüber, wie wir mit unseren kleinen Entscheidungen töten. So wie John Steinbecks *paisanos* mit einem leichtfertig weggeworfenen Streichholz das Haus abbrennen, zündeln wir an unserer Welt. Dabei könnten Steinbecks Protagonisten das Feuer schnell löschen. Stattdessen sitzen sie »lächelnd [...] da. Wie eine Schlange kroch die Flamme an die Zimmerdecke hinauf, brach durch das Dach und zischte auf. Dann erst erhoben sich die Freunde von ihren Stühlen und schritten wie Träumende zur Tür hinaus.« Zu spät, möchte man ihnen zurufen, zu spät! Sehenden Auges lassen sie das Unheil seinen Lauf nehmen.

Steinbecks Geschichte beginnt im heißen Monterey, Kalifornien. Unsere Geschichte oder – weniger großspurig gesprochen – jedenfalls meine persönliche Geschichte, die zu diesem Buch führte, begann an einem kalten Januarabend, als ich mir den Schal enger zog und mich in den Eiswüsten Walter Benjamins, in den Abstraktionen des Diskurses über Nachhaltigkeit verirrt hatte. Und durch diese Irrwege auch den Blick auf die gesellschaftliche Kraft verlor, in kleinen Ursachen die Welt zu verändern.

Ich hoffe, dass unsere Geschichte nicht das gleiche Ende nimmt wie *Tortilla Flat*. Wir wollen nicht wie Steinbecks *paisanos* wie Träumende zur Tür hinausgehen, das Feuer brennen lassen. Ein inneres Feuer sollte uns bewegen. Wenn unsere Geschichte mit Walter Benjamin begonnen hat, möge sie auch mit ihm enden, nämlich mit seinem Aufruf, den Tag, der uns jeden Morgen wie ein frisches Hemd auf unser Bett gelegt wird, entschlossen zu beginnen. Ziehen wir das Hemd an, »das Glück der nächsten vierundzwanzig Stunden hängt daran«. Erheben wir uns also von unserem Stuhl, löschen wir das Feuer! Retten wir den Planeten! Retten wir ein Leben!

ANHANG

DANK

Mein Dank geht an Dieter Thomä, Daniela Hartmann-Thomä, Otto Thomä-Walford, Lottie Walford, Anna Walford, Tom Kraushaar, Petra Eggers, Jane Finigan, Ferdinand Maubrey, Shawn Williams, Anne Schönauer, Alex Michie, Nina Koltermann, Raphael Schöttler, Franziska Mager, Amr Aswad, Julia und die Familie Gutwenger, das Klett-Cotta-Team und die Person, ohne die dieses Buch nicht möglich gewesen wäre.

ANMERKUNGEN

1 Eine Frage, die die Europäische Kommission 2021 übrigens in ihrer
sogenannten Taxonomie-Verordnung, die nachhaltige Investitionen
erleichtern soll, mit Ja beantwortet hat, entgegen den Empfehlungen
eines wissenschaftlichen Beirats. Neben Atomkraft hat es auch Gas
in die Liste geschafft. Wohlgemerkt vor dem Ukrainekrieg.

2 Fairerweise muss man sagen, dass dies nicht nur ein Problem der
Nachhaltigkeitsforschung ist. Große Teile der Wissenschaft bilden
sich etwas darauf ein, nicht für »normale« Menschen verständlich
zu sein, den Zugang zum Exklusivklub der eigenen Fachrichtung
durch komplexe Begriffe und Konzepte zu vermauern. Wem nützt
das? Oder quo vadis?, wie die Bildungsbürgerin jetzt einwerfen
würde.

3 Richard Parncutts Position ist nicht ohne Kontroversen. 2012
forderte er die Todesstrafe für Klimaleugner. Daraufhin wurde ein
Disziplinarverfahren gegen ihn eröffnet. Später entschuldigte er
sich für seine Aussagen.

4 Tatsächlich ist die genaue Zahl nicht bekannt. Wenn man forscht,
findet man Dutzende Quellen, die von 100 Millionen sprechen, jedoch augenscheinlich jeweils falsch voneinander abgeschrieben haben: 100 Millionen Tonnen umfasst der Plastikmüll. Andere nennen
eine Million, aber diese Zahl wiederum bezieht sich anscheinend auf
eine Quelle von 1986, die jedoch selbst nur vage andere Experten
erwähnt. Kurz gesagt: Wir wissen es nicht.

5 Gruppen, die sich vom Staat ohnehin gegängelt oder an der Nase
herumgeführt fühlen, halten sich besonders stark zurück. Menschen,
die mit Fehlinformationen überflutet werden, haben es ebenfalls
nicht leicht. Als jemand, der persönlich diese Kämpfe anderer Per-

sonen mitbekommen hat, möchte ich diese inneren Konflikte nicht kleinreden. Farrel fällt in keine dieser Kategorien.

6 Die Wirkung von *Huel* ist wissenschaftlich nicht geklärt, aber seine Anhänger sind meistens glühende Verfechter der gesundheitlichen Vorteile.

7 Um den Leserinnen und Lesern den Genuss deutscher Pedanterie nicht vorzuenthalten: Tatsächlich festgehalten wurden die beiden Unfallarten folgendermaßen: V011 – »Fußg. b. Zus.-stoß mit Fahrrad verletzt: Verkehrsunf.« – und V019 – »Fußg. b. Zus.-stoß mit Fahrrad. verl.: N. n. bez. ob Verkehrsunf. o. Unfall außerh. d. Verkehrs«.

8 *Idiocracy,* ein Film von 2006, schildert eine Zukunft, in der nicht mehr die Intelligentesten und Stärksten überleben, sondern sich die Schwächsten und Dümmsten vermehren. Der Film basiert auf keiner ausgewiesenen wissenschaftlichen These; und trotzdem dürfte die Annahme zutreffen, dass wir in einem Zeitalter leben, in dem die natürliche Auslese nicht nur ausgehebelt und aufgehoben ist, sondern auch ihre lenkende Funktion verloren hat.

9 Eine andere Studie der ILO ist einen Tick konservativer und auch etwas aktueller und schätzt die jährlichen Todeszahlen auf knapp unter 2 Millionen.

10 Diese Studie ist inzwischen auch schon 20 Jahre alt, aber so viel scheint sich seitdem nicht getan zu haben. Die WHO schätzt, dass sich die Zahl bis 2030 auf 250 000 erhöht. Dramatischer ist eine Studie von Forschern an der Universität Monash, die von 5 Millionen Toten im Jahr ausgeht, schon heute.

11 Die genaue Anzahl der Kriterien bei Blackstone kann unterschiedlich interpretiert werden, und es gibt auch Forscherinnen, die nur fünf Kriterien sehen. Ich benutze sechs, da wir damit meines Erachtens in unserer Diskussion präziser arbeiten können.

12 In den meisten westlichen Ländern hatten zunächst die Alten einen privilegierten Zugang zu Corona-Impfstoffen. In Indonesien wurden umgekehrt die Jungen bevorzugt behandelt. (Unabhängig von der Frage von Alt und Jung war dies eine, gelinde gesagt, unorthodoxe Strategie angesichts dessen, was über die Verteilung von Risiken und Todesfällen auf verschiedene Altersgruppen bekannt ist.)

13 Als hartnäckiger Erbsenzähler hätte ich dieses Buch wohl mit dem Titel *Quality-Adjusted Life Year Reduction Score* versehen müssen,

doch als Erbsenzähler auf dem Weg zur Besserung bevorzuge ich »Kill Score«.

14 Der Vollständigkeit halber sei gesagt, dass Elektroautos auch keine Engel sind, insbesondere beim bereits eruierten Thema Konfliktmineralien.

15 Die hier dargestellten Berechnungen bauen auf einer Analyse von 2021 auf, die bereits publiziert wurde.

16 Wenn jeder sechste Fußgängertodesfall mit einer roten Ampel verbunden ist und 1 in 500 Menschen als Fußgänger sterben, dann sterben 1 in 3000 Menschen als Fußgänger, die eine rote Ampel überqueren.

LITERATURHINWEISE

VORBEMERKUNG UND KAPITEL 1

Eugeni d'Ors, *La Vie de Goya*. Paris 1928. S. 41.

George Gordon Noel Lord Byron, »Manfred«. In: Joseph Hilscher (Hrsg.), *Dichtungen: Originale und Übersetzungen aus Byron, Moore, Goldsmith, Southey, Waller, Lamartine, Ariosto, Foscolo*. Budapest 1840. S. 114.

Sahra Wagenknecht, *Die Selbstgerechten: Mein Gegenprogramm – für Gemeinsinn und Zusammenhalt*. Frankfurt a. M. 2021.

Walter Benjamin, zitiert in: Theodor W. Adorno, *Negative Dialektik*. Frankfurt a. M. 1975. S. 9.

Commerzbank, »Partner der Climate Bonds Initiative«. *Commerzbank.de*.

Bundesfinanzministerium, »Grüne Bundeswertpapiere: Die grüne Renditekurve für mehr Nachhaltigkeit im Finanzmarkt«. *Bundesfinanzministerium.de*.

2° Investing Initiative, »Infomaterial«. *Meinfairmoegen.de*.

Frederick Fabian et al., »Swipe Left: Warum es bei nachhaltigen Finanzprodukten keine Matches gibt«. *2° Investing Initiative*. Berlin 2020.

Damian Carrington, »Why the Guardian is changing the language it uses about the environment«. *Theguardian.com*.

350.org, »History«. *350.org*.

James Hansen et al., »Target atmospheric CO_2: Where should humanity aim?«. *Open Atmospheric Science Journal Vol. 2*. 2008. S. 217–231.

Umweltbundesamt, »Meine CO_2-Bilanz«. *Uba.co2-rechner.de*.

Umweltbundesamt, »Treibhausgas-Emissionen in Deutschland«. *Umweltbundesamt.de*.

TransitionMonitor, »Paris Agreement Capital Transition Assessment«. *Transitionmonitor.com*.

Richard Parncutt, »Death Penalty for Global Warming Deniers«. *Umwelt-watchblog.de*. 2012.

Richard Parncutt, »The Human Cost of Anthropogenic Global Warming: Semi-Quantitative Prediction and the 1,000-Tonne Rule«. *Frontiers in Psychology Vol. 10*. 2019.

Der Standard, »Disziplinarverfahren gegen Grazer Professor nach Todesstrafe-Forderung«. *Derstandard.at*, 14/01/2013.

Daniel Bressler, »The Mortality Cost of Carbon«. *Nature Communications Vol. 12*. 2021.

The Ocean Conference, »Factsheet: Marine Pollution«. *Sustainable-development.un.org*.

J. K. Rowling, *Harry Potter und der Stein der Weisen*. Hamburg 1998. S. 194.

Judith Thomson, »Killing, Letting Die, and the Trolley Problem«. *Monist: An International Quarterly Journal of General Philosophical Inquiry Vol. 59*. 1976. S. 204–217.

Michael Sandel, »Trolley Cart Dilemma«. *Audience Debate – Harvard*. 2016. https://www.youtube.com/watch?v=TSH-m5GtrzE.

Leo Tolstoi, *Anna Karenina*. München 2015. S. 7.

Friedrich Nietzsche, »Die fröhliche Wissenschaft«. In: Friedrich Nietzsche, *Werke in drei Bänden*. Band 2. München 1954. S. 165–166.

Isaiah Berlin, »Zwei Freiheitsbegriffe«. In: Julian Nida-Rümelin et al. (Hrsg.), *Ethische und politische Freiheit*. Berlin 1998. S. 144.

KAPITEL 2

NBC News, »Florida radio and Newsmax host who opposed Covid vaccine dies of Covid complications«. *Nbcnews.com*, 08/08/2021.

Statistisches Bundesamt, »Sterbefälle – Fallzahlen nach Tagen, Wochen, Monaten, Altersgruppen, Geschlecht und Bundesländern für Deutschland 2016–2022«. *Destatis.de*. 2022.

Office for National Statistics UK, »Avoidable mortality in Great Britain: 2019«. *Ons.gov.uk*. (*Da aufgrund der Corona-Pandemie die Daten von 2020 nicht repräsentativ sind, wurde hier der ältere Datensatz berücksichtigt.*)

U. S. Department of Health and Human Services, Centers for Disease Control and Prevention, National Center for Chronic Disease Prevention and Health Promotion, Office on Smoking and Health, *The*

Health Consequences of Smoking – 50 Years of Progress: A Report of the Surgeon General. Atlanta (Georgia), USA, 2014.

Robert Koch-Institut, »Übergewicht und Adipositas«. *Rki.de.* 2022.

G. B. M. Mensink et al., »Übergewicht und Adipositas in Deutschland: Ergebnisse der Studie zur Gesundheit Erwachsener in Deutschland«. *Bundesgesundheitsblatt 2013 Vol. 56.* S. 786–794.

David Ludwig, *Always Hungry? Conquer Cravings, Retrain your Fat Cells, and Lose Weight Permanently.* New York 2018.

Taylor Miranda, »Daily Sugar Intake«. *Los Angeles Institute.* 2022.

Gitanjali Singh et al., »Estimated Global, Regional, and National Disease Burdens Related to Sugar-Sweetened Beverage Consumption in 2010«. *Circulation Vol. 132(8).* S. 639–666.

IHME, »Global Burden of Disease – 2019«. *The Lancet GBD Special Issue.* 2020.

Statista, »Anzahl der Toten im 20. Jahrhundert nach ausgewählten Todesursachen«. *De.statista.com.*

Anne Case & Angus Deaton, *Deaths of Despair and the Future of Capitalism.* Princeton 2021.

Steven Pinker, *Gewalt: Eine neue Geschichte der Menschheit.* Berlin 2011.

Ralph Waldo Emerson, *Essays.* Zürich 1983. S. 138.

Thomas Carlyle, *On Heroes, Hero-Worship & the Heroic in History: Six Lectures.* London 1841. S. 1.

History Today, »Is there Still Value in ›Great Man‹ History?«. *History-today.com.* 2019.

Diarmaid MacCulloch, *Thomas Cromwell: A Revolutionary Life.* London 2018.

Bertolt Brecht, *Poetry and Pose.* London 2003. S. 62.

Leo Tolstoi, *Krieg und Frieden.* Darmstadt 1989. S. 828.

Change.org, »Tony Blair to have his ›Knight Companion of the Most Noble Order of the Garte‹ rescinded«. *Change.org.* 2022.

Hannah Arendt, »Collective Responsibility«. In: dies., *Responsibility and Judgment.* New York 2003. S. 147–158, hier S. 147.

Gustave Le Bon, *Psychologie der Massen.* Stuttgart 1982. S. 16.

William Shakespeare, »Wie es euch gefällt«. In: Anselm Schlösser (Hrsg.), *William Shakespeare: Sämtliche Werke. Band 1.* Berlin 1994. S. 673.

Jean-François Lyotard, *Das postmoderne Wissen.* Wien 1996. S. 14.

Tamma Carleton et al., »Valuing the Global Mortality Consequences of Climate Change Accounting for Adaptation Costs and Benefits«. *University of Chicago, Becker Friedman Institute for Economics Working Paper No. 2018–51.* 2018.

Jakob Thomä et al., »The Value of Life: What would climate policies look like if they mirrored the COVID-19 response«. *2° Investing Initiative Working Paper.* 2022.

Antonio Gasparrini et al., »Projections of temperature-related excess mortality under climate change scenarios«. *The Lancet Planetary Health Vol. 1.* 2017. S. 360–367.

Daniel Bressler, »The Mortality Cost of Carbon«. *Nature Communications Vol. 12.* 2021.

Richard Fuller et al., »Pollution and Health: A Progress Update«. *The Planetary Planet Health Vol. 6.* 2022. S. 535–547.

Mari Williams et al., »No Time to Waste«. *A report by Tearfund, Fauna & Flora International (FFI), WasteAid and The Institute of Development Studies (IDS).* 2019.

P. Hämäläinen et al, »Global Estimates of Occupational Accidents and Work- related Illnesses 2017«. *XXI World Congress on Safety and Health at Work, Singapore, Workplace Safety and Health Institute.* 2017.

International Labour Organization, »Summary of Work-Related Mortality«. *ILO.org.*

WHO/ILO, »WHO/ILO Joint Estimates of the Work-related Burden of Disease and Injury, 2000–2016«. *ILO.org.* 2022.

Carl Friedrich von Weizsäcker, *Der Garten des Menschlichen: Beiträge zur geschichtlichen Anthropologie.* München 1992.

Splendid Research, »Wie einsam fühlen sich die Deutschen?«. *Splendid Research.* 2019.

Julianne Holt-Lunstad et al., »Social Relationships and Mortality Risk: a Meta-Analytic Review«. *PLoS Med. Vol. 7(7).* 2010. S. 1–20.

William Shakespeare, »Hamlet«. In: Anselm Schlösser (Hrsg.), *William Shakespeare: Sämtliche Werke.* Band 4. Berlin 1994. S. 290 und 382.

Antimicrobial Resistance Collaborators, »Global Burden of Bacterial Antimicrobial Resistance in 2019: A Systematic Analysis.« *The Lancet Vol. 399.* 2022. S. 629–655.

Statista, »Zahl der Einwohner der Weimarer Republik (Deutsches Reich) in den Jahren 1919, 1925 und 1933«. *De.statista.com.*

Matthew White, »Historical Atlas of the 20th Century: Necrometrics«.
http://necrometrics.com/index.htm.

Office for National Statistics, »UK Population Estimates 1851 to 2014«.
Ons.gov.uk. 2015.

Gideon Polya, »Britain Robbed India Of $45 Trillion & Thence 1.8 Bil-
lion Indians Died From Deprivation«. *countercurrents.org.*

Randeep Ramesh, »India's secret history: ›A holocaust, one where millions disappeared …‹«. *The Guardian*, 24/08/2007.

Charissa Chew, »The British Raj: The atrocities of British Colonial Rule
in India«. *Historiesofcolour.com*, 16/03/2021.

Alexander Koch et al., »Earth System Impacts of the European Arrival
and Great Dying in the Americas after 1492«. *Quaternary Science
Reviews Vol. 207.* 2019. S. 13–36.

KAPITEL 3

C Kemeson & S A Glantz, »How the tobacco industry built its relationship with Hollywood«. *Tobacco Control Vol. 11.* 2002. S. 81–91.

Todd Heatheron & James Sargent, »Does Watching Smoking in Movies
Promote Teenage Smoking?«. *Curr Dir Pyschol Sci. Vol. 18(2).* 2009.
S. 63–67.

Natalie Wolchover, »Can a Butterfly in Brazil Really Cause a Tornado in
Texas?«. *Live Science,* 13/12/2011.

Edward Lorenz, »Predictability: Does the Flap of a Butterfly's
Wings in Brazil Set Off a Tornado in Texas«. *Presented before the
American Association for the Advancement of Science, December 29,
1972.*

Farnam Street, »The Butterfly Effect: Everything You Need to Know
About This Powerful Mental Model«. 2022.

James Gleick, *Chaos: Making a New Science.* New York: Penguin Books.
2008.

Imada, Y., H. Kawase, H. Watanabe, H. Shiogama, and M. Arai, »The
July 2018 high temperature event in Japan could not have happened
without human-induced global warming«. *SOLA Vol. 15A.* 2019.
S. 8–12.

Robert F. Kennedy, »Day of Affirmation Address, University of Capetown, Capetown, South Africa, June 6, 1966«.

Timothy Brook et al., *Death by a Thousand Cuts*. Cambridge: Harvard University Press. 2008.

Jakob Thomä et al., »A Taxonomy of Climate Accounting Principles for Financial Portfolios«. *Sustainability Vol.10*. 2018. S.1–18.

Amartya Sen, *The Idea of Justice*. Cambridge: Harvard University Press. 2011.

William Shakespeare, »Hamlet«. In: Anselm Schlösser (Hrsg.), *William Shakespeare: Sämtliche Werke, Band 4*. Berlin: Aufbau Verlag. 1994. S.382.

KAPITEL 4

Robert Burns, »An eine Maus«. In: Edmund Ruete (Übers.), *Gedichte von Robert Burns*. Bremen 1890. S.27.

The Mainichi, »6-year-old boy dies from heatstroke after field study«. *Mainich.jp*, 28/07/2018.

EOS, »The First Undeniable Climate Change Deaths«. *EOS*.18/08/2020.

Quartz, »A 1912 news article ominously forecasted the catastrophic effects of fossil fuels on climate change«. *Quartz*. 24/10/2016.

NASA, »10 Interesting Things About Air«. *NASA*. 12/09/2016.

QI Zhao et al., »Global, regional, and national burden of mortality associated with non-optimal ambient temperatures from 2000 to 2019: a three-stage modelling study«. *The Lancet Planetary Health Vol.5*. 2021. S.415–425.

Tamma Carleton et al., »Valuing the Global Mortality Consequences of Climate Change Accounting for Adaptation Costs and Benefits«. *University of Chicago, Becker Friedman Institute for Economics Working Paper No.2018–51*. 2018.

Jakob Thomä et al., »The Value of Life: What would climate policies look like if they mirrored the COVID-19 response«. *2° Investing Initiative Working Paper*. 2022.

Antonio Gasparrini et al., »Projections of temperature-related excess mortality under climate change scenarios«. *The Lancet Planetary Health Vol.1*. 2017. S.360–367.

Daniel Bressler, »The Mortality Cost of Carbon«. *Nature Communications Vol.12*. 2021.

Bramka Arga Jafino et al., »Revised Estimates of the Impact of Climate Change on Poverty by 2030«. *World Bank Research Working Paper 9417.* 2020.

Richard Parncutt, »The Human Cost of Anthropogenic Global Warming: Semi-Quantitative Prediction and the 1,000-Tonne Rule«. *Frontiers in Psychology Vol.10.* 2019.

Statistisches Bundesamt, »Lebenserwartung in Deutschland seit Beginn der Pandemie gesunken«. *Destatis.de.* 2022.

Tagesschau, »Atmen wir das Klima kaputt?«. *Tagesschau,* 11/10/2019.

Umweltbundesamt, »Meine CO_2-Bilanz«. *Uba.co2-rechner.de.*

Umweltbundesamt, »Treibhausgas-Emissionen in Deutschland«. *Umweltbundesamt.de.*

BAT, »BAT 2020 ESG Report«. *BAT.* 2021.

BAT, »BAT 2021 ESG Report«. *BAT.* 2022.

Florian Berg et al., »Aggregate Confusion: The Divergence of ESG Ratings«. *Review of Finance.* 2022.

Statista, »Cigarette Volume of British American Tobacco by Region«. *Statista.com.* 2022.

WHO, »Tobacco Factsheet«. *WHO Factsheets.* 2022.

Tobacco Atlas, »Product Atlas«. *Tobacco Atlas.* 2022.

Climate Accountability Institute, »Carbon Majors«. *Climate Accountability Institute.* 2020.

Our World in Data, »Who has Contributed Most to Global CO2 Emissions«. 2022.

Daniel Yergin, *The Prize: The Epic Quest for Oil, Money & Power.* New York 1990.

GHG Protocol, »GHG Protocol Corporate Standard Revised«. *GHG Protocol.* 2015.

Railways Pension Scheme, »2021 Annual Report and Audited Financial Statements«. *Railways Pension Scheme.* 2022.

Railpen, »Net Zero Plan«. *RPMI.* 2021.

Statista, »Distribution of oil demand in the OECD in 2020, by sector«. *Statista.com.* 2022.

KAPITEL 5

Wilhelm Busch, *Gedichte*. Berlin 2014. S.119.

Nassim Nicholas Taleb, *Antifragile: Things that Gain from Disorder*. New York 2013.

BBC, »Ella Kissi-Debrah death: Family ›didn't know about toxic air‹«. *BBC News*, 07/12/2020.

Thomson Reuters Foundation, »Coroner urges UK to clean up toxic air after London girl's death«. *Thomson Reuters Foundation*. 21/04/2021.

Undark, »Special Project: Breathtaking – The Weight of Numbers: Air Pollution and PM2.5«. *Undark.org*. 2018.

The Guardian, »Microplastics cause damage to human cells, study shows«. *The Guardian*, 08/12/2021.

Emily Elhacham et al., »Global human-made mass exceeds all living biomass«. *Nature Vol.588*. 2020. S.442–457

Damian Carrington, »Bottle-fed babies swallow millions of microplastics a day, study finds«. *The Guardian*, 19/10/2020.

Bart Koelmans, zitiert in XioaZhi Lim, »Microplastics are everywhere – but are they harmful?«. *Nature News Feature*, 04/05/2021.

Anthony Boardman et al., »The Social Cost of Informal Electronic Waste Processing in Southern China«. *Administrative Sciences Vol.10(1)*. 2020. S.1–21.

György Varga et al., »Saharan Dust and Gian Quartz Particle Transport towards Iceland«. *Scientific Reports Vol.11*. 2021. S.1–12.

Federioc Karagulian et al., »Contributions to cities' ambient particulate matter (PM): A systematic review of local source contributions at global level«. *Atmospheric Environment Vol.120*. 2015. S.475–483.

European Environment Agency, »Europe's Air Quality Status 2022«. *EEA*. 2022.

European Environment Agency, »Air Pollution: How it Affects our Health«. *EEA*. 2022.

Netherlands Environment Agency, »Cities in Europe«. *NEA*. 2016.

UN Environment, »Global Environment Outlook – GEO-6: Healthy Planet, Healthy People«. *UN Environment*. 2019.

Mari Williams et al., »No Time to Waste«. *A report by Tearfund, Fauna & Flora International (FFI), WasteAid and The Institute of Development Studies (IDS)*. 2019.

Susan Anenberg et al., »A global snapshot of the air pollution-related health impact of transport sector emissions in 2010 and 2015«. *International Council on Clean Transportation / Climate and Clean Air Coalition*. 2019.

Guillaume Chossiere et al., »Public health impacts of excess NO_x emissions from Volkswagen diesel passenger vehicles in Germany«. *Environmental Research Letters Vol.12*. S.1–15.

Statista, »Where EU Air Pollution Kills the Most People«. *Statista.com*. 2018.

Otto von Bismarck, *Briefe*. Hrsg. Hans Rothfels. Göttingen 1970. S.87.

KAPITEL 6

Rainer Maria Rilke, *Sämtliche Werke, 1. Band: Gedicht, 1. Teil*. Frankfurt a.M. 1987. S.399.

Elizabeth Day, »Moritz Erhardt: the tragic death of a City intern«. *The Observer,* 05/10/2013.

Florian Hamann, »Erstes Interview: Moritz Erhardts Vater erzählt vom Tod seines Sohnes und beschuldigt die britische Regierung«. *Efinancial Careers,* 07/10/2013.

Maev Kennedy, »Bank intern Moritz Erhardt died from epileptic seizure, inquest told«. *The Guardian,* 22/11/2013.

Joanna Rothkopf, »Goldman Sachs reduces intern day to 17 hours after death of Bank of America Corp. intern«. *Salon,* 18/06/2015.

Jonathan Timm, »The Plight of the Overworked Nonprofit Employee«. *The Atlantic August 2016 Edition*. 2016.

Henry David Thoreau, »Walden«. In: Anton Zanker (Hrsg.), *Henry David Thoreau Gesammelte Texte: Die Welt und Ich*. Gütersloh 2021. S.37.

International Labour Organization, »Summary of Work-Related Mortality«. *ILO.org*.

WHO/ILO, »WHO/ILO Joint Estimates of the Work-related Burden of Disease and Injury, 2000–2016«. *ILO.org*. 2021.

Erin Smith et al., »Health Trends among 9/11 Responders from 2011–2021: A Review of World Trade Center Health Program Statistics«. *Prehospital and Disaster Medicine Vol.36(5)*. 2021. S.621–626.

Dan Latu, »Worker allegedly texted ›Amazon won't let us leave‹ before he was killed in tornado«. *Daily Dot,* 13/12/2021.

Global Slavery Index, »GSI 2018 Download«. *Global Slavery Index.* 2018.

Frank Pega et al., »Global, regional, and national burdens of ischemic heart disease and stroke attributable to exposure to long working hours for 194 countries, 2000–2016: A systematic analysis from the WHO/ILO Joint Estimates of the Work-related Burden of Disease and Injury«, *Environment International,* Vol. 154, S. 1–15.

British Heart Foundation, »Facts and Figures«. *BHF.org.uk.* 2022.

Werner Enz, »Martin Senn wählt den Freitod«. *NZZ,* 30/05/2016.

Noelia Trujillo, »18 of the Most Dangerous Jobs Around the World«. *Readers Digest,* 26/07/2021.

Alistair MacDonald et al., »The Hidden Deaths of Mining«. *Wall Street Journal,* 31/12/2019.

KAPITEL 7

Oscar Wilde, *Lady Windermere's Fan: A Play About a Good Woman.* London 1893. S. 94.

Murasaki Shikibu, *Die Geschichte vom Prinzen Genji.* Zürich 2014.

Tess de la Mare et al., »Girl saw social media posts ›too disturbing for police‹ before taking her own life«. *Mirror,* 26/09/2020.

Jamie Harris, »Psychiatrists call for social networks to hand over data amid suicide concerns«. *Yahoo Finance,* 17/01/2020.

Julianne Holt-Lunstad et al., »Social Relationships and Mortality Risk: a Meta-Analytic Review«. *PLoS Med. Vol. 7(7).* 2010. S. 1–20.

Splendid Research, »Wie einsam fühlen sich die Deutschen?«. *Splendid Research.* 2019.

Keith Oatley, »A feeling for fiction«. *Greater Good Magazine,* 01/09/2005.

Sarvada Tiwari, »Loneliness: A disease?«. *Indian Psychiatry Vol. 55(5).* 2013. S. 320–322.

Shogo Toyama & Hemant Poudyal, »Prevalence of kodokushi (solitary deaths) in the Tokyo metropolitan area«. *SN Social Sciences Vol. 1.* 2021.

Soprano, »Mon précieux«. *Songtexte.com.* 2021.

Dalia Ramirez, »AI ChatBot has made 660 million best friends«. *Medium,* 01/08/2020.

Mauro de Gennaro et al., »Effectiveness of an empathetic chatbot in combating adverse effects of social exclusion on mood«. *Frontiers in Psychology Vol. 10.* 2020. S. 1–14.

Gilly Dosovitsky, »Bonding With Bot: User Feedback on a Chatbot for Social Isolation«. *Frontiers in Digital Health Vol. 3.* 2021. S. 1–11.

Jacqui Taylor-Jackson, »The relationship between social media use and factors relating to depression«. In: Ahmed Moustafa (Hrsg.), *The Nature of Depression.* London 2021.

Amazon, »Herzlichkeit ist das beste Geschenk«. *Amazon YouTube Channel,* 08/11/2021.

Paul Haggis & Boby Moresco, »Crash Screenplay«. *Bob Yari Productions.* 2004.

Bianca Bosker, »The Binge Breaker: Tristan Harris believes Silicon Valley is addicting us to our phones. He's determined to make it stop«. *The Atlantic November 2016 Issue.* 2016.

MSCI, »MSCI World Factsheet«. *MSCI Index Factsheets.* 2022.

WHO, »Physical Inactivity«. *The Global Health Observatory – WHO.* 2022.

Kassandra Alcaraz et al., »Social Isolation and Mortality in US Black and White Men and Women«. *American Journal of Epidemiology Vol.188(1).* 2019. S. 102–109.

Statista, »Percentage of disposable income spent online in selected countries in February 2012«. *Statista.com.* 2012.

KAPITEL 8

Mexico Daily News, »19 bodies left on boulevard in Uruapan, Michoacán, as gang war flares«. *Mexico Daily News,* 08/08/2019.

Michael Deibert, *In the Shadow of Saint Death: The Gulf Cartel and the Price of America's Drug War in Mexico.* Guilford 2015. S. 135 f.

Franz Viohl, »Mexico's bloody fight over avocados«. *DW News,* 03/03/2020.

Africanews, »Eighteen workers killed in Niger mine collapse«. https://www.africanews.com/2021/11/09/eighteen-workers-killed-in-niger-mine-collapse/ [Letzter Zugriff: 29.08. 2022].

Pete Pattisson et al., »Revealed: 6 500 migrant workers have died in Qatar since World Cup awarded«. *TheGuardian.org,* 23/02/2021.

Nicolas Berman et al., »This Mine is Mine! How Minerals Fuel Conflicts in Africa«. *The American Economic Review Vol.107(6)*. 2017. S.1564–1610.

ACLED, »Dashboard«. *Acleddata.com*. 2022.

Zachary Wagner et al., »Armed conflict and child mortality in Africa: a geospatial analysis«. *The Lancet Vol.392(1050)*. 2018. S.857–865.

Vally Koubi, »Climate Change and Conflict«. *Annual Review of Political Science Vol.22*. 2019. S.343–360.

Dennis Mares & Kenneth Moffett, »Climate change and interpersonal violence: a global estimate and regional inequities«. *Climatic Change Vol.135(2)*. 2016. S.297–310.

United Nations Office on Drugs and Crime, »Global Study on Homicide – 2019 Edition«. *UNODC*. 2019.

Marshall Burke et al., »Warming increases the risk of civil war in Africa«. *Proceedings of the National Academy of Sciences*, Vol.106 (49). 2009, S.20670–20674.

Marshall Burke et al., »Climate and Conflict«. *Annual Review of Economics Vol.7*. 2015. S.577–617.

Elizabeth Lung et al., »Social Isolation, Loneliness, and Violence Exposure in Urban Adults«. *Health Affairs Vol.38(10)*. 2019.

Margaret Cooke & Jeffrey Goldstein, »Social isolation and violent behavior«. *Forensic Reports Vol.2(4)*. 1989. S.287–294.

Focus Online, »Millionen aus Deutschland für Putins ›Kriegskasse‹? Habeck wiederspricht ARD-Mann deutlich«.

Volker Quaschning, »Putins Krieg und unser Öl und Gas«. klimareporter. de, 02/03/2022.

Statistisches Bundesamt, »Fakten zum Außenhandel mit Russland«. *Pressemitteilung Nr. N 010*.

Aleksey Maltsev, »What's the cost of war for Russia, and what could be done with this money?« *Geneva Solutions*, 04/05/2022.

Tanisha Rajput, »Ukraine war: Russia shells out $900 million a day over ›special military operation‹«, *WION News*, 07/05/2022.

GunfreeFunds, »Invesco S&P Global Water Index ETF«. *Gunfreefunds.org*. 2022.

Icke & Er, »Exit Strategie Songtext«. *Lyrix.at*. 2022.

Arthur Schopenhauer, *Preisschrift über die Freiheit des Willens*. Hamburg 1978. S.58.

KAPITEL 9

Rachel Nuwer, »Investigating the case of the earliest known murder victim«. *Smithsonian Magazine*, 27/05/2015.

William Blackstone, *Commentaries on the Laws of England, Book the Fourth*. London 1836.

Susan Frese, »Murder«. *Crime Museum Blog*. 2015.

William Holdsworth, »Sir William Blackstone«. *Oregon Law Review Vol.7*. 1928. S.155–157.

Strafgesetzbuch, § 211.

RP Online, »Weitere Mordfälle ohne Leiche. *RP Online*, 09/01/2008.

Ludwig Marcuse, *Obszön: Eine Geschichte der Entrüstung*. Zürich 1973. S.184.

Muhammad Jawad Mughniyya, *The Five Schools of Islamic Law*. Qum 2003. S.303.

DW Staff, »Polish Prime Minister Brings World War Two Into EU Vote Debate«. *DW News*, 21/06/2007.

»Master Settlement Agreement«. https://publichealthlawcenter.org/sites/default/files/resources/master-settlement-agreement.pdf.

Jakob Thomä et al., »A Burden They Will Carry: The Potential Economic & Financial Cost of Climate Liabilities to Companies and Investors«. *2° Investing Initiative Working Paper*. 2021.

Germanwatch, »The Climate Case Saul vs. RWE«. *Germanwatch.org*. 2022.

R.F. Stuart-Smith et al., »Increased outburst flood hazard from Lake Palcacocha due to human-induced glacier retreat«. *Nature Geoscience Vol.14*. 2021. S.85–90.

Nikolaos Antonakakis, »Fiscal Austerity, Unemployment and Suicide Rates in Greece«. *MPRA Paper No.45198*. 2013.

Strafgesetzbuch, § 323c.

William Blackstone, »The Lawyers Farewell to His Muse«. In: Robert Dodsley (Hrsg.), *A Collection of Poems in Six Volumes. By Several Hands*. Vol.IV. London 1763. S.224–228.

Supreme Court of Pennsylvania, »Commonwealth v. Malone«. *Supreme Court of Pennsylvania 47 A.2d 445*. 1946.

rbb24, »Urteil gegen Ku'damm-Raser wegen versuchten Mordes ist rechtskräftig«. *rbb Abendschau*, 25/01/2021.

Alton Ochsner, »My First Recognition of the Relationship of Smoking and Lung Cancer«. *Preventive Medicine Vol.2*. 1973. S.611–614.

KAPITEL 10

Fjodor Dostojewskij, *Verbrechen und Strafe*. Frankfurt a. M. 1996. S. 701 f.

Aldous Huxley, *Schöne neue Welt*. Frankfurt a. M. 1974. S. 30.

Thomas Hobbes, *Leviathan*. Frankfurt a. M. 1984. S. 67.

Daniel A. Farber, »The Shadow of the Future: Discount Rates, Later Generations, and the Environment«. *Vanderbilt Law Review Vol.46(2)*. 1993. S. 268–304.

M. Krahn & A. Gafni, »Discounting in the economic evaluation of health care interventions«. *MedicalCare Vol. 31*. 1993. S. 403–418.

Markus Haacker et al., »On discount rates for economic evaluations in global health«. *Health Policy and Planning Vol.35(1)*. 2020. S. 107–114.

Shane Frederick, »Valuing future life and future lives: A framework for understanding discounting«. *Journal of Economic Psychology Vol.27(5)*. 2006. S. 667–680.

Thomas Hobbes, *Leviathan*. Frankfurt a. M. 1984. S. 96.

Jakob Thomä et al., »The Value of Life: What would climate policies look like if they mirrored the COVID-19 response«. *2° Investing Initiative Working Paper*. 2022.

Jeremy Bentham, *An Introduction to the Principles of Morals and Legislation*. London 1970. S. 184 (Kapitel 15, Abschnitt 24).

Robert Nozick, *Anarchy, State, and Utopia*. New York 2013.

David Portnoy, »Tweet 17/12/2021«. https://mobile.twitter.com/stoolpresidente/status/1471859356174016520.

Al Jazeera, »Young people first: Indonesia's COVID vaccine strategy questioned«. *AlJazeera*, 13/01/2021.

Joy Ogden, »QALYs and their role in the NICE decision-making process«. *Prescriber*. 2017.

Ben Trachtenberg, »Health Inflation, Wealth Inflation, and the Discounting of Human Life«. *Oregon Law Review Vol.89*. 2011. S. 1313–1348.

Bundesverfassungsgericht, »Beschluss vom 23. März 2021«. *BVR 2656/18*. 2021.

Joel Feinberg, »Die Rechte der Tiere und zukünftiger Generationen«. In: Dieter Birnbacher (Hrsg.), *Ökologie und Ethik*. Stuttgart 1980. S. 140–179, hier S. 170.

The King's Fund, »Ministers, not NHS England, should decide on the affordability of cost-effective new treatments«. *The Kings Fund*. 08/02/2017.

Legal Expert, »Compensation For Murder Victims Families Partner Or Relative 2021 Update«. *Legalexpert.co.uk.* 2021.

Rex Feral, *Hit Man: A Technical Manual for Independent Contractors.* Boulder (Colorado), USA, 1983.

Nina Shen Rastogi, »Dirty deeds done dirt cheap: How much does it cost to put a hit on someone?«. *Slate,* 26/02/2009.

Aldous Huxley, *Schöne neue Welt.* Frankfurt a.M. 1974. S.174.

Karl Marx, *Ökonomisch-philosophische Manuskripte.* In: ders./Friedrich Engels, *Werke, Ergänzungsband, I.Teil.* Berlin 1974. S.465–588, hier S.566f.

Joseph Blocher & Darrell Miller, *The Positive Second Amendment: Rights, Regulation, and the Future of Heller.* Cambridge 2018. S.190.

Giffords Law Center, »Gun Industry Immunity«. *Giffords Law Center Laws & Policies.* 2022.

Jefferson Fisher, »So how do you hold this thing again? Why the Texas Supreme Court should turn the safety off the negligent entrustment of a firearm cause of action«. *Texas Tech Law Review Vol.46.* 2013. S.489–518.

Andrea Gerlin, »A Matter of Degree: How a Jury Decided That a Coffee Spill Is Worth $2.9 Million«. *Wall Street Journal,* 01/09/1994.

Equity Generation Lawyers, »Mark McVeigh v. Retail Employees Superannuation Pty Ltd«. *Equitygenerationlawyers.com.* 2020.

Climate Leadership Council, »The Conservative Case for Carbon Dividends«. *Clcouncil.org.* 2017. S.1.

KAPITEL 11

Immanuel Kant, »Idee zu einer allgemeinen Geschichte in weltbürgerlicher Absicht«. In: *Werke.* Band 9. Darmstadt 1983. S.41.

Mathis Wackernagl & William Rees, *Our Ecological Footprint: Reducing Human Impact on the Earth.* Gabriola Island (British Columbia, Canada) 1996.

CDP, »CDP'S 20th Anniversary Video«. *Cdp.net.* 2020.

Dante Alighieri, *Die Göttliche Komödie.* Band 1. Hermann Gmelin (Übers.). München 1988. S.37.

Gregory Solman, »BP: Coloring Public Opinion«. *Adweek,* 14/01/2008.

Mark Kaufman, »The carbon footprint sham«. *Mashable.* 2020.

John Kenney, »Beyond Propaganda«. *New York Times Op-Ed,* 14/08/2006.

David Chandler, »Leaving our mark: MIT class tracks carbon footprint of different lifestyles; finds even the smallest U.S. footprints are relatively large«. *MIT News,* 16/04/2008.

Bloomberg News, »2021 Tracking Carbon emissions«. *Bloomberg.com.* 2021.

UNEP-FI /PRI, »Fiduciary duty in the 21st century«. *UNEP-FI /PRI Joint Report.* 2019.

Frederick Fabian et al., »Swipe Left: Warum es bei nachhaltigen Finanzprodukten keine Matches gibt«. *2° Investing Initiative.* Berlin 2020.

InfluenceMap, »CA100+ Investor Hub«. *Ca100.influencemap.org.* 2022.

George Orwell, *1984*. München 2021. S.15.

Magnum, »Magnum Ice Cream Sustainability«. *Magnumicecream.com/uk.* 2022.

FAO, »Global Food Losses and Food Waste: Extent, Causes and Prevention«. *Study conducted for the International Congress SAVE FOOD! at Interpack2011 Düsseldorf, Germany.* 2011.

Joshua Becker, »21 Surprising Statistics That Reveal How Much Stuff We Actually Own«. *BecomingMinimalist.com.* 2022.

KAPITEL 12

John Steinbeck, *Tortilla Flat*. München 1987. S.176.

Ernest Hemingway, *Wem die Stunde schlägt*. Berlin 1979.

Immanuel Kant, »Zum ewigen Frieden«. In: ders., *Werke in zehn Bänden*. Darmstadt 1983. Band 9. S.193–251, hier S.216.

Peter Wohlleben, *Das geheime Leben der Bäume: Was sie fühlen, wie sie kommunizieren – die Entdeckung einer verborgenen Welt*. München 2015.

Adam Smith, *Der Wohlstand der Nationen*. München 1978. S.17.

Adam Smith, *Theory of Moral Sentiments*. London 1812. S.5.

New York Times, »The Private Hemingway«. *New York Times Books,* 15/02/1981.

Erich Kästner, *Es gibt nichts Gutes, außer: Man tut es*. E-Book. 2015.

The Royal Society, »Digital Technology and the Planet: Harnessing Computing to achieve Net Zero«. *Royal Society Report.* 2020.